U0536418

出版传媒研究论丛

众筹出版发展源流及运作模式研究

ZHONGCHOU CHUBAN FAZHAN YUANLIU
JI YUNZUO MOSHI YANJIU

梁徐静　著

图书在版编目（CIP）数据

众筹出版发展源流及运作模式研究 / 梁徐静著. —
北京：中国书籍出版社，2018.4
ISBN 978-7-5068-6824-2

Ⅰ.①众… Ⅱ.①梁… Ⅲ.①出版业—商业模式—研究—中国 Ⅳ.①G239.2

中国版本图书馆CIP数据核字（2018）第056907号

众筹出版发展源流及运作模式研究
梁徐静 著

策划编辑 庞 元
责任编辑 庞 元
责任印制 孙马飞 马 芝
封面设计 文人雅士
出版发行 中国书籍出版社
地 址 北京市丰台区三路居路97号（邮编：100073）
电 话 （010）52257143（总编室） （010）52257140（发行部）
电子邮箱 eo@chinabp.com.cn
经 销 全国新华书店
印 刷 三河市顺兴印务有限公司
开 本 787毫米×1092毫米 1/16
印 张 16.75
字 数 248千字
版 次 2018年4月第1版 2018年4月第1次印刷
书 号 ISBN 978-7-5068-6824-2
定 价 38.00元

前言 PREFACE

随着互联网技术的快速发展，越来越多的用户开始借助移动智能终端进行图书阅读，移动智能终端也成为大众青睐的阅读载体，对用户的阅读行为及习惯产生了深远的影响，信息碎片化也更加明显。自媒体中包含了海量优质的信息内容，读者用户开始购买电子图书来满足自身对信息内容的迫切需求，这使得纸质图书的销量急剧下降，传统出版业似乎面临着衰亡的困境。为了寻求出版业发展的新思路、新路径，出版业必须勇于面对互联网时代的挑战，积极主动地向数字化转型，借助新兴的出版模式促进自身的发展与进步，从而在互联网浪潮中占据有利的地位。众筹出版模式是一种依托于互联网的新兴商业融资模式，也是一种具有创新价值的出版模式，它的出现与兴起为传统出版业的转型与改革提供了机会。换言之，众筹出版作为一种互联网时代的金融产物，使得出版者必须以互联网的思维来重新界定与思考出版模式的内涵。

通过对国内外众筹出版模式现状的调查与研究，可以发现众筹出版在较短时间内实现了飞速的发展与进步，并且取得了显著成绩，为我国出版业的未来发展奠定了良好的基础，同时传统出版机构在不断尝试众筹出版的过程中也改善了我国出版业的发展环境，因此，众筹出版是否是我国出版业的发展方向之一，已经成为一个重要的研究课题。虽然众筹出版在发展的过程中面临着诸多问题，例如缺乏专业的众筹出版平台、法律条文缺失、严重的信用危机以及出版质量较低等，但是通过制定针对性的解决策略，能够切实地解决众筹出版中存在的种种问题与缺陷，为众筹出版的发展提供了良好的条件。本书重点分析与研究了众筹出版模式以及国内外众筹出版的案例，对众筹出版与传统出版模式进行了对比分析，并对众筹出版的发展历程、商业逻辑、存在的问题以及未来前景展开了全面、系统的论述，以此推动我国众筹出版的良好发展，使得众筹出版成为我国出版业的一种新兴营销手段，最终充分发挥互联网金融所具有的普惠性特征。

目 录

导论

INTRODUCTION

第一节 研究背景

一、众筹起源及进化

信息技术的快速发展，使得人们的行为习惯得到很大的改变，对各行各业也产生了深远的影响。在互联网与金融业相互碰撞、相互融合的过程中，就出现了众筹，“众筹”一词本质上是互联网与金融业相互作用下的结果。众筹指的是大众筹资，主要依托于先进的互联网平台进行各种形式的融资行为，换句话说，就是项目发起方为了推动项目的顺利实施与开展，借助互联网平台向大众进行资金的筹集，并且会给予支持者某些物质或者精神层面的报酬。实际上，无论是个人还是组织，都可以通过互联网平台进行资金筹集，以此满足自身筹资的需求，从而顺利地推动项目计划的实施与开展。普通大众可以依据自身的实际情况或者兴趣爱好等因素选择不同的项目进行资助，同时在项目顺利完成之后获得项目发起方给予的一定回报。

众筹在西方拥有十分悠久的历史，英国著名的桂冠诗人亚历山大·蒲柏为了顺利完成希腊诗歌的翻译工作，通过大众筹集资金的途径来获得充足的资金支持，从而为自身的翻译工作提供了一定的物质保障。刚开始的时候，亚历山大·蒲柏向大众展示了自己筹集资金的方案，随后这个方案吸引了大众的注意力，并最终获得了大众的认可与支持，筹集了大约四千多，这使得亚历山大·蒲柏完成了《伊利亚特》诗歌的翻译，这部诗歌作品也成为西方文学界最著名的作品之一。同时，亚历山大·蒲柏为了回报大众对自己工作的支持与资助，决定将资助者的姓名印刷在《伊利亚特》的翻译版本上。1885 年，美国计划为自由女神像的底座进行大众筹集，这是近代史上一个比较著名的众筹项目。自由女神像是美国人民追求民主与自由的象征，但是由于自由女神像缺少底座，使得自由女神像无法安置在纽约的港口，这一问题引起了当时著名新闻家的重视。这位著名的新闻家就是纽瑟夫·普利策，普利策开始借助纽约最具影响力的报纸——《纽约世界报》进行广泛的宣传，向纽约市民展示了自由女神像没有底座这一现象，并鼓励市民积极捐款，呼吁纽约市民共同为自由女神像的底座募资，最终普利策的众筹行为得到了社会大众的强烈反响与支持，获得了推动这一众筹项目顺利开展的资金，完成了向大众集资的目标。

虽然众筹起源于西方国家，我国古代也经常发生众筹事件，例如向大众募集资金修建寺庙等，但是由于我国古代缺乏完善、系统的筹资渠道，同时也没有采取有效的方式回报出资人，这使得我国古代的众筹行为并不符合商业众筹模式的标准与要求。随着互联网时代的到来，众筹逐渐具备了一定的现代意义，实际上，现代化的众筹与互联网之间具有紧密的联系。由于互联网技术的快速发展，人们的行为方式与生活习惯发生了根本性改变，并且对各个行业都产生了深远的影响。众筹的本意是大众筹资，主要是借助先进的互联网平台来开展各种形式的融资活动。2001 年，Artist Share 的诞生，意味着互联网众筹网站的成立。2009 年，美国建立了综合型的众筹网站，大众开始接触众筹这一新兴的商业模式。最近几年，世界范围内的众筹行业得到了迅猛的发展，融资规模逐渐扩大。

2011 年，美国经济趋势基金会主席杰里米·里夫金第一次提出了“第三次工业革命”的理念，里夫金指出新兴的通信技术在互联网环境中占据着重要地位，加强新能源与新通信技术的良好融合能够推动经济的转型与变革，大众可以借助先进的数字化技术分享与展示物品的真实概貌，通过充分发挥大数据的作用来进一步提升生产效率。互联网凭借自身自由、开放的特性为众筹的发展与完善提供了充足的空间，而众筹也利用互联网的优势得到了强大的发展，逐渐实现了自身内涵与本质的丰富与完善。众筹属于互联网时代中的商业融资模式，打破了传统产业融资模式的限制与弊端，从而建立了一种崭新的产业生态体系，因此，对传统产业的重构最终推动了人类历史的发展，具有里程碑的价值与意义。美国于 2012 年发布了《促进创业企业融资法案》，该法案奠定了众筹融资的法律地位，为众筹的合法化提供了法律保障，指出个人或者组织可以借助互联网平台进行各种形式的融资行为。

面对国际众筹平台发展的浪潮，我国也逐渐出现了各种形式的众筹社交平台，但是由于我国起步较晚，发展比较缓慢，众筹平台尚处于发展的初期阶段。

2011 年，众筹开始进入我国金融行业的视线。2011 年 7 月，点名时间正式成立，这是我国第一个互联网众筹平台，标志着我国初步建立众筹模式，随后一批又一批的众筹平台开始建立，主要包括以下众筹平台：追梦网、青橘众筹、摩点网、天使汇、淘宝众筹、淘梦网、云筹等，这些众筹平台的相继建立引起了国内外的关注，众筹模式也逐步得到国人越来越多的关注。2013 年，众筹网成立，经过长时间的发展历程，众筹网已经成为我国最具有代表性的众筹平台，进一步推动了我国众筹模式的发展与完善。

而淘宝众筹与京东众筹拥有强大的电商背景，凭借甚自身的优势获得了稳定、快速的发展，无论是资金、销售、生产还是法律、审计等，都具有一定的优势，同时淘宝与京东的用户群体十分广泛，这使得淘宝众筹与京东众筹的资金规模逐步扩大，最终推动了淘宝众筹与京东众筹的飞速发展。由于 2014 年我国众筹平台的数量得到了迅猛增长，融资规模也呈指数级增长，这一年成为我国国内众筹元年。根据调查显示，2015 年我国众筹平台的数量已经达到了两百余家，而处于正常运营状态的众筹平台就有两百余家。而截至 2013 年，我国众筹平台数量才四十余家，2014 年我国众筹平台数量猛增，相继成立了一百余家众筹平台。如今，我国众筹平台已经延伸到了各个地区，以北京、广州、上海等经济发达地区为主，其他经济欠发达地区的众筹平台也发展得十分活跃。

2015 年，我国贵阳开办了世界众筹大会，展示了各种具有创意的优质众筹项目，并且举办了主题式的国际众筹论坛，引起了国内外大量众筹平台的积极关注与参与，最终选出了一千多个众筹项目，筹集到了充足的资金。

众筹涉及多个行业、多个领域，例如房地产、音乐、出版等，徐志斌《社交红利》的众筹成功为众筹在出版行业中的发展奠定了良好的基础，众筹出版逐渐成为图书的一种新型发展模式。不过我国学者对众筹出版的发展存在不同的看法，部分学者认为众筹出版为出版行业的发展提供了新思路、新理念，另一部分学者则认为众筹出版并没有什么价值与意义，虚有其表。

二、众筹与出版行业的融合与发展

虽然众筹属于一种新型的商业模式，但是由于众筹对社会关系、经济结构以及产业链等多个方面发挥着重要的作用，众筹模式逐渐渗透到各个行业与领域中。众筹模式在出版行业中能够实现稳定、快速发展的重要原因在于两点：一是众筹模式已经在其他行业领域中获得了成功，并积累了大量的实践经验，为众筹模式在出版行业的兴起与发展提供了丰富的参考依据；二是处于互联网时代中的大众逐渐表现出了鲜明的参与意识，能够积极主动地参与到各种事业中，并且具有一定的创新精神，大众在众筹出版中起到了传播与制作的作用。众筹出版模式实际上突破了传统出版的固定思维模式，在内容生产者与用户之间建立了良好的沟通桥梁，借助产品拉近了用户与内容生产者之间的距离，从而有效地清除了用户与内容生产者之间的沟通障碍。另外，由于传统出版时常受到多种条件的限制，如出版流程、资金、市场、出版社定位等，一些具有创意性、个性化的内容图书得不到顺利出版，难以满足用户对优质且小众图书的阅读需求，同时传统出版行业正面临着数字化出版的挑战，库存积压等现象也时常发生，因此，我国出版业亟须寻找出一条新的发展模式，从而顺利地实现转型。

众筹出版主要依靠的是社会化的媒介平台，是一种具有创新意识的商业融资模式及应用模式。众筹出版不仅能够对传统出版产业链进行延伸和扩展，从而实现图书的内容策划、印刷与发行，同时也能够通过众筹出版模式使图书提前进入市场，接受消费者与市场的检验，这样图书出版方就能够根据消费者和市场的反馈意见建立针对性的风险预测系统，确保图书能够得到顺利出版与销售。由此可见，众筹出版本质上是另外一种形式的出版，是对现有出版方式的补充，实现了我国出版行业的突破与创新，从而提升了我国传统出版行业的自信心，赋予了出版行业充足的发展活力与动力。换言之，众筹出版在学术交流、满足消费者特定的阅读需求等层面发挥着重要的作用。如今，21 世纪已经形成一个全民积极参与的社会，社会中的每一个成员都在积极主动地参与到各项事业中，这使得当今社会发展成为一个讨论与学习的社会，进而促进了社会的发展与进步。在众筹出版中，读者以及出资者的积极参与、众筹出版运作模式是众筹出版发展的内在动力，也是决定众筹项目能够获得成功的关键因素，因此，研究与分析众筹出版发展源流与运作模式至关重要。

三、我国众筹出版的成功案例

媒介技术的突破性变革为众筹的发展奠定了良好的基础，使得众筹逐步渗透到了各行各业中，因此，众筹实际上起源于互联网时代，是互联网时代的产物，对传统出版业的生产理念、出版方式、传播形态等进行了一定的改变和创新，使得出版业的发行、营销等呈现出多元化的鲜明特征。最近几年，个人或者出版机构借助各种形式的众筹平台向大众筹集资金，从而为图书出版提供充足的资金支持，使得大量有创意的众筹出版项目得到了顺利完成，并且获得了消费者的支持与认可，也不断地突破了众筹出版的纪录。

2013 年，一本图书众筹获得了成功，出版业开始关注众筹模式，并尝试将众筹模式引入到图书出版中。随着微博营销、微信营销等新型营销方式的普及与走红，腾讯微博平台负责人徐志斌开始意识到了图书出版与营销的发展契机，寻找到了一种新型的图书出版与营销方式，与黑天鹅图书一起在众筹平台上进行了图书众筹的项目，仅仅两周的时间，《社交红利》这本图书就借助众筹出版的方式预售了三千多本，共筹集资金近十万元，为了满足越来越多读者的需求，《社交红利》总共加印了三次，最终在一个月的时间内销售了近五万本，打破了当月图书销售的纪录。实际上，《社交红利》众筹图书的传播理念与方式始终坚守在关系链中实现信息的流动，积极调动用户的参与度，通过主动传播以及众筹的形式让读者亲身经历图书的出版过程，为用户带来了丰富、独特的体验。另外，用户也可以根据自身的资助情况获得相对应的回报，回报方式多种多样，例如拿到预售新书、获得作者亲笔签名、发放研讨会入场券、与作者闲聊以及赠送图书的周边产品等，这些回报方式在很大程度上调动了用户参与的积极性与热情，最终使得《社交红利》这本书获得了成功的众筹。《社交红利》众筹成功意味着众筹出版模式在市场上得到了认可与支持，其出现与发展是合理的，能够在我国出版领域获得较大的发展空间。

88众筹于2014年11月共同创作了《风口：把握产业互联网带来的创业转型新机遇》，并及时上线，吸引了将近八百人的参与，其中主要包括著名企业家、投资家、媒体人以及PE教父，这些用户纷纷参与这起项目的众筹，仅花费一个月的时间就筹集到了充足的资金，创下了众筹出版数量、金额与人数的最高纪录，也成为我国众筹出版行业的榜样与奇迹。

通过对我国众筹出版市场的研究与分析可以发现，如果众筹项目能够得到知名人士或者明星的参与与支持，就很容易获得成功。因为知名人士与明星所拥有的资源能够得到更好的整合与利用，借助知名人士与明星的社会影响力可以有效提升众筹项目的知名度，从而使得众筹项目得到一定的支持。例如，360公司董事长兼CEO周鸿祎与中信出版社合作，借助京东众筹平台开展了《周鸿祎自述：我的互联网方法论》的众筹项目，这一项目为资助者提供了多种形式的回报，资助者可以获得周鸿祎的新书，也能够与周鸿祎进行面对面的交流与沟通。周鸿祎凭借个人魅力与社会影响力，使得这一众筹项目在一个月的时间内共筹集资金一百六十万元，同时也获得了较高的项目关注人数和点赞数。

2013年10月，时代华语图书在众筹平台发起了《本色》的图书众筹，

《本色》的作者乐嘉是中国性格色彩研究中心的创办人，在众筹平台设置了不同的资金数额，读者可以根据自身情况选择任何一种资助价格。《本色》图书众筹项目上线一天便获得了一万元，总共筹集到项目资金五万元，获得了超过八百人的支持与认可。2013 年 12 月，我国著名网络问答社区知乎与中信出版社、美团网共同开展了《创业时，我们在知乎聊什么?》的项目，获得一千多名用户的支持，该众筹项目在上线十分钟后就筹集到资金九万元，同时知乎会将筹集到的资金提供给第一版图书，为第一版图书的顺利出版提供了充足的资金。实际上，《创业时，我们在知乎聊什么?》这一众筹项目是完全依靠众筹来开展的，选题策划、组稿编辑、出版发行、营销销售等都是在众筹的支持下才得以顺利开展的。读者用户可以参与图书制作的全过程，并且成为图书的联合出版人，一旦这本图书的出版获得了成功，那么参与众筹的用户就能够获得专属于自己的典藏版图书，典藏版图书上还印刷上参与众筹用户的姓名，这一举措切实地调动了用户的参与积极性与热情，使得众筹项目最终获得成功。

由此而见，众筹出版在我国得到了快速的发展与进步，并获得了大量成功的众筹出版经验，为出版业的发展注入了活力与生命力，给我国出版业带来了充足的自信心，部分学术类期刊和专业性图书都开始借助众筹出版平台来获得需要的资金支持，众筹出版模式为这些图书的出版提供了更加广阔的销售渠道，最终实现了内容生产。《清华金融评论》成为我国第一个首次尝试众筹的学术类期刊，为了满足潜在消费群体对内容的阅读需求，该杂志采用预购方式，借助微信平台获得了用户的广泛支持，最终筹集到资金共七万元。同时，为了回报每一位资助者，《清华金融评论》众筹项目为用户提供了很多增值性服务，主要包括金融学院课程、课件、参加金融沙龙服务等。另外，《金融法苑》杂志也开始尝试以内容众筹的手段进行出版，其中部分栏目向读者进行公开征稿，并回报给被收录的作者一定报酬。同时，《金融法苑》与其他众筹项目相似，都根据不同的筹集金额对不同的支持者回报以特定的服务。专业期刊借助众筹出版实现了自身的发展，在杂志与读者之间建立了良好的沟通桥梁，实现了两者之间的互动，同时也为学术类期刊的发展提供了新的思路、新的理念。另外，我国广播电视行业也采取了众筹出版的方式推动了教材的顺利出版，这本首次借助众筹出版的教材名为《有线电视经济学导论》，该书作者利用经济学理论对广播电视行业的发展现状进行了探讨，为有线电视行业的发展提供了一定的指导，并且获得了充足的资金支持，完成了目标，为接下来的教材类图书众筹奠定了基础。

众筹出版的迅猛发展也引起了我国知识产权界的重视，并采取有效的途径加强与众筹出版之间的合作。例如国家知识产权局主办、知识产权出版社承办的信息年会于2014年在北京举办，在信息年会期间，知识产权出版社与其他五个著名的知识产权互联网平台共同发起了一个众筹项目，名为《智慧财产全球行销获利圣经》。这项众筹项目实际上是通过加强互联网、知识产权界、出版界三者之间的合作而顺利完成的，借助互联网的新思维以及先进的信息技术手段建立了一个崭新的图书出版众筹平台。在互联网迅速发展的浪潮中，传统出版必须采取一定的措施加强与数字化出版之间的深度合作与交融，而众筹出版本身具有鲜明的互联网特质，能够在出版业中得到支持与认可，应该继续探索众筹出版在出版业中的应用。

第二节　研究现状

众筹出版是互联网时代一种新型的融资模式，虽然众筹的发展已经过了六年，但是众筹仍然属于新兴事物，在当今时代具有鲜活的生命力，时刻活跃在金融行业中。现阶段，关于众筹的学术研究比较繁杂，缺乏系统性，理论研究主要集中在众筹融资和众筹发展模式的层面上，研究范围过于狭窄，同时众筹出版在出版行业中起步较晚，关于众筹出版的相关研究尚不完善，没有形成较为系统、全面的理论研究体系。例如在中国知网检索“众筹出版”，获得相关文献资料两千多篇，然后依据主题排序，从检索出的两千多篇文献资料中选取一些具有权威性、文章与主题关联程度紧密的文献进行研究与分析，发现部分研究文献与众筹出版关联程度较低，如众筹新闻、自主出版等文献，不予采纳。

另外，由于众筹模式具有特殊的经济学背景，在中国知网中检索“众筹”，得到相关文献资料共两万余条。通过对这些检索出的文献进行一定的分析可以看出，众筹的相关研究主要集中在众筹商业模式、众筹法律风险、众筹融资模式等领域中。比如肖本华在《美国众筹融资模式的发展及其对我国的启示》一书中分析了美国众筹融资模式的概念、原因、发展现状、存在问题等多个方面，指出应该在维护融资者自身利益的前提下借鉴与学习美国众筹融资的经验，从而寻找出适合我国国情的众筹融资模式。而范家琛在《众筹商业模式研究》中，从价值发现、价值匹配、价值获取三个角度深入研究了众筹的商业模式，得出众筹商业模式不仅属于一种融资行为，更是一种创新模式，能够对“草根”创新发挥一定的激励作用。邓建鹏在《互联网时代众筹模式的法律风险分析》中指出中国监管机构应该打破传统守旧的民间融资思维模式，为小企业融资提供更多的优惠政策或者监管制度，从而解决小企业在融资过程中出现的各种法律问题。

实际上，国内外关于众筹以及众筹出版的相关理论研究主要体现在以下五个方面，分别是众筹出版的相关研究、众筹出版发展模式的相关研究、国内外众筹出版案例的相关研究、众筹出版存在问题及发展前景的相关研究以及我国众筹出版发展现状的相关研究，从实践的角度来看，国内外关于众筹及众筹出版的理论研究系统地整理了众筹出版市场的发展现状，为本书的研究提供了丰富的研究资料与数据，使得本书的研究更加具有科学性与系统性。

一、众筹出版的相关研究

众筹出版的相关研究主要体现在以下方面，分别是众筹出版概念研究、众筹及众筹出版作用研究、众筹出版的平台研究、众筹出版国内外发展的对比研究、众筹出版中用户支付意愿研究以及众筹出版的社交化特点研究。

（一）众筹出版概念研究

众筹出版的概念与内涵并没有得到明确界定，因此国内外学者在研究与分析众筹出版的过程中，普遍从众筹的概念出发，以此探索众筹出版的概念与本质。Joseph Feller，Rob Gleasure，Stephen Treacy（2013）认为众筹是从众包演化而来的，随着社交网络的快速发展与进步，通过募集的方式实现了公众的集体智慧逐渐向公众的集体财富的转化。Babington B 也认为众筹应是众包的另一种形式的应用，指的是借助主动投资、被动投资、提供捐赠等融资方式为项目的顺利进行与开展提供充分的融资。Mollick 也根据自身的理解对众筹的概念作出了一定的界定，认为众筹指的是融资者利用各种形式的众筹融资平台进行大范围的融资，从而获得投资者给予的资金支持，同时每一位投资者都可以从融资者那里得到相应的报酬，例如产品或者股权。Armin Shwienbacher和 Benjamin Larralde 在其著作中对众筹的基本概念进行了全面的界定，由于早期的众筹平台尚处于发展的初期阶段，缺乏一定的完善性，因此 Armin Shwienbacher 和 Benjamin Larralde 将研究重点集中在了众筹项目的投资者与创业者上，认为众筹与 WEB2.0 之间具有明显的相似性，借助各种众筹方式可以实现大众资源与知识的汇集，大众可以在互联网上根据个人兴趣、专业性质等自主选择不同的项目进行参与。

众筹模式一般依靠内外两个方面来吸引投资者的注意力，内在因素主要包括投资者对融资项目的兴趣程度，这一因素具有十分重要的意义，因为众筹市场是以奖励或者捐赠的方式为主，而投资者普遍重视自我心理的满足，只要众筹投资能够切实地满足投资者自身的心理需求，就能获得投资者的青睐。外在因素主要包括投资项目的优先权、参与项目的决定权、项目未来的现金流权、项目未来的控制权等。Tanja Aitamurto 在其关于众筹的著作中，认为众筹是一种驾驭集体的指挥，投资者的投资与参与能够切实地增强发起人的责任心，从而为读者提供高质量的文章作为回报，众筹行为的动机实际上是获得共同利益，促进社会的变革。Amanda Barbara 对众筹出版的概念进行了界定，认为群众筹资是出版的核心与关键，众筹能够有效地解决传统出版中存在的高费用现象，只有好的众筹出版项目才能吸引投资者的注意力，从而获得充分的资金支持，以此实现出版的成功，这也是出版界的根本性变革与突破。Matthias Matting 与 Jon Fine 通过研究发现，众筹出版能够解决传统出版中存在的各种问题，打破传统出版的僵硬与守旧，最终实现发布者需求与读者爱好之间的良好融合。

国内在定义众筹及众筹出版概念的过程中，比较具有代表性的有以下几种观点。范家琛认为众筹是众包模式的一种延伸或者变体，其含义指的是创意人或者小企业等项目发起者借助各种形式的众筹网站进行项目提案的宣传，使得出资人能够明确地知晓项目的相关事宜，从而获得出资人提供的资金或者其他形式的物质支持。众包实际上指的是某个机构将自己内部工作的一部分以外包的形式交给非特定大众，众筹与众包之间具有一定的相似性。肖本华指出众筹本质上与微型金融是类似的，与众包也存在某些相似之处，即出资者不仅需要为项目提供充分的资金支持，同时也要为项目的顺利实施提供良好的建议或者策略，积极主动地参与到整个项目的实施过程中去。零壹财经在《众筹服务行业白皮书》中将众筹出版看作群众募资或者大众募资，直译为Crowdfunding，即一群人为了某个人或者某个企业进行必要的募资，借助充足的资金为个人或者企业的正常生产、运营、创作、生活等提供一定的支持。实际上，众筹出版并没有一个明确的概念，其概念界定也缺乏权威性。郭泽德在《出版发行研究》一书中将众筹出版的概念定义为出版方借助各种形式的众筹平台向社会大众募集较小数额的资金，是一种崭新的商业模式，其中出版项目、众筹平台是众筹出版的核心要素。

同时，国内学者也对众筹及众筹出版的起源展开了深入的研究与分析，比如范家琛认为18世纪的“订购”实际上是众筹的根源，众筹具体商业模式的形成则在美国，众筹的发展已经历了十余年。肖本华则从另一个角度探讨了众筹在美国得以发展与盛行的主要原因，认为美国后危机时代使得中小企业面临着更加严峻的融资困境，而众筹可以拉近企业与消费者之间的距离，满足企业和消费者双方的需求，从而为企业的发展提供基本的资金支持。

（二）众筹及众筹出版作用研究

国内关于众筹及众筹出版作用的研究成果很多，国内学者普遍将研究重点集中在了众筹及众筹出版作用的层面上，比如张宗希、马良在其著作《艺术众筹：他们在为谁的梦想买单》一文中指出，互联网时代不仅对人们的生活和工作产生了深远的影响，同时也使得每一位网民成了众筹的参与者与赞助者，众筹与投资之间是有区别的，仅仅将众筹简单地看作投资是比较片面的，众筹也不是纯粹意义上的慈善，众筹本质上是一种具有情感参与的购买行为。众筹一方面有助于公众通过预付的方式提前购买到自己感兴趣的产品或者服务，另一方面帮助缺乏资金的艺术家实现了自己的梦想，由此可见，众筹具有十分重要的作用与价值。曹小林在《众筹模式的多重维度，不只是电商的拓梦》一文中认为，商业模式与拓梦模式之间的良好融合产生了众筹模式，众筹与商业模式之间具有紧密的联系，但同时众筹也与艺术、理想、资助等拓梦模式保持一定的关联性。曹小林的这篇文章意识到了众筹拥有多重维度，也认识到了众筹的本质与价值，值得学习与思考。

（三）众筹出版的平台研究

国内大多数学者在研究众筹出版平台的过程中，普遍是以国外优秀的众筹出版平台为视角展开一系列的研究与探讨，并且取得了丰富的研究成果。张廷凤、徐丽芳在《Pentian：实现共赢的众筹出版平台》一文中对西班牙具有代表性的众筹出版平台进行了介绍与总结，发现了影响众筹平台成功的重要因素，主要包括开展立体营销、严格把控筹资时间与金额、提供专业服务等多个方面，徐丽芳的这篇文章积极主动地研究与探索了西班牙优秀的众筹平台的成功因素，为国内关于众筹出版平台的相关研究提供了丰富的参考依据，并且促进了国内众筹出版平台的发展与完善。王慧、徐丽芳在《Unglue. it：众筹出版界的理想主义者》一文中系统地总结了 Unglue. it 众筹出版业务的内容，指出 Unglue. it 成立的主要目的并不是提升电子书籍的销量，而是为更多的人提供大量免费的图书资源，体现了一定的公益性。

Unglue. it 众筹出版开放电子书主要拥有三个模式，一是感谢开放模式，二是购买开放模式，三是承诺开放模式。

（四）众筹出版国内外发展的对比研究

中国国情的特殊性，使得国内的众筹出版发展情况与国外众筹出版的发展情况存在明显的差异。通过对众筹出版国内外发展的对比研究，探索出适合我国国情的众筹出版发展模式，因此，对国内外众筹出版发展情况展开一定的对比研究具有深远的价值与作用。

徐艳、胡正荣研究了国外众筹出版的现状，并对国外众筹出版的实践经验进行了全面的阐述与总结，指出国外众筹出版体现了明显的优势，国外的经济、政治、法律、人文环境以及系统的运营模式、科学的经营理念、良好的营销技巧、完善的传播策略等为众筹出版的发展提供了充分的保障，使得国外众筹出版具有明显的优势。同时，徐艳和胡正荣还发现了国内众筹出版面临的现实困境，主要包括内部结构化问题与外部发展环境问题两个方面，众筹出版的现实困境集中在众筹出版模式层面中。在文末，作者还针对众筹出版的未来发展趋势做出了自己的解释，指出小规模的定制出版是众筹出版未来的发展方向，这样才能建立新颖的出版产业生态系统。廷磊、潘旭华两位学者则从多个角度深入地对比与研究了国内外众筹出版平台的发展现状，研究角度主要包括众筹模式、法律与监管环境、市场环境、发展数据等，从中寻找到了国内众筹出版平台发展面临的主要问题及不足，并针对国内众筹出版平台的实际情况提出了针对性建议，认为从根本上进行金融体制改革是推动国内众筹出版平台发展的重要措施之一。

（五）众筹出版中用户支付意愿研究

用户的信任与支持是众筹出版项目成功的关键因素，因此，研究与分析众筹出版中用户的支付意愿具有一定的价值与新意。蒋骁采取问卷调查的方式研究了影响众筹出版用户支付意愿的各个因素，发现受众对众筹出版项目的信任与支持是影响众筹出版用户支付意愿的重要影响因素，同时众筹出版项目的信任也受到其他多个方面的影响，例如受众对互联网的信任、对众筹平台的信任、对作者的信任等。众筹网站不仅要对出版项目进行严格的审查和核验，从中选出具有较高声誉或者专业资质的作者展开众筹，以此增强用户对众筹平台、作者、项目的信任，最终有效地提升用户的支付意愿，同时众筹网站也需要采取针对性的措施增强自身的信誉和质量。另外，用户也十分注重众筹平台的安全性与隐私性，众筹平台要切实地推动网络环境的建设，这样才能彻底消除用户对众筹平台、对作者的支付顾虑。

（六）众筹出版的社交化特点研究

由于众筹出版项目的实施与开展是以互联网为基础的，与传统出版项目相比较，众筹出版体现了多种新特点，其中社交化特点是众筹出版最明显的特征之一。张劼圻在《从众筹出版看出版的社交化》一文中指出，众筹出版与传统出版相比较，其中最具有代表性的区别之一就是众筹出版项目的整个过程呈现了一定的社交化特征，众筹出版的社交化特征随着互联网的普及与发展逐渐转化为了开放式的社交，打破了原先局限在某个圈子中的封闭式社交方式。同时，张劼圻还分析与研究了《创业时，我们在知乎聊什么?》这一案例，对众筹出版项目在互联网时代下如何展开社交化创作进行了一定的研究与分析。另外，作者在论述图书社交化的出版营销过程中，认为出版物周边以及与之相关的价值在图书社交化的出版营销中已经得到了充分开发。大多数众筹出版项目的发起人都将捐款者的姓名列入了感谢名单中，并将作者的签名、活动入场券等赠送给捐款者，这些回报方式一般要高于图书周边产品的价值，这样才能有效地吸引项目投资者的注意力，从而获得充足的资金支持，实现众筹出版的顺利实施与完成。

（七）众筹出版营销方式的影响研究

众筹出版作为一种新兴的图书出版融资模式，由于其自身的融资方式、借助平台等存在一定的特殊性，众筹出版的营销方式与传统出版的营销方式存在明显的差异，对众筹出版营销方式的研究具有重要的作用与价值。陈锐在《众筹对出版营销方式的影响》一文中认为众筹出版具备三大特征，分别是开放性、定制性、低风险性。同时，陈锐在此基础上对众筹出版的营销方式提出了具体操作路径，从而推动众筹出版营销方式得到多元化的发展与完善。张立红也对传统出版模式与众筹出版模式进行了详细的对比分析，认为在众筹出版过程中，读者扮演着重要角色，众筹出版应该采取有效的措施提升读者参与的积极性与热情，让读者充分参与到图书策划、出版、营销、推广等各个环节中，这样读者才能与出版商及作者进行良好的沟通与交流，并为图书出版提供建设性意见。另外，作者与出版商也能够根据读者反馈的信息制定针对性的出版与营销方案，向读者提供针对性的一对一服务，从而为读者带来丰富的体验，最终促进众筹出版的顺利开展与完成。

二、众筹及众筹出版模式的相关研究

国内外学者不仅对众筹及众筹出版的概念进行了深入研究，同时也剖析了众筹及众筹出版的模式，例如 Belieflamme P，Lambert T，Schwienbacher A. 在其著作中对两种较为普遍的众筹模式进行了一定的对比与分析，一种模式是采取预售产品的方式，另外一种模式是通过预付一定的资金来获得相应的利润报酬，经过对比与分析发现，这两种模式适用于不同形式的项目中，对于融资金额相对较小的项目来说，以预售产品的方式更能为其提供充分的资金支持，同时也更能够获得创办人的青睐，而对于融资金额相对较大的项目来说，项目创办人则会选择以共享利润的方式来获得一定的资金支持。这一研究结果实际上为众筹项目创办人制定与设计项目提供了可靠的参考依据。实际上，众筹模式是借助互联网进行融资的，属于一种新兴的融资营销模式，与传统的融资模式之间存在鲜明的差异，众筹模式自身具有一定的独特性，因此国外学者也对众筹模式的特征展开了全面、系统的研究与分析，Ajay Agrawal 在美国某个著名的报纸上发表了一篇关于众筹的文章，对众筹的经济学理论进行了简要论述，同时也阐释了众筹的七大特征，第一特征是不受地域的限制，第二特征是体现了较高的偏度性，第三特征是具有鲜明的羊群效应，第四特征是亲友在众筹早期阶段发挥着重要的作用，第五特征是拥有一定的聚集效应，第六特征是投资者与创业者双方往往对项目的效果评估不准确，第七特征是众筹模式中的资本可能会被传统融资渠道所取代，由此可见，Ajay Agrawal 基本上概括了众筹模式的本质特征。

然而欧洲学者将研究重点集中在了影响众筹项目成功的因素层面上，并且展开了全面的分析与研究，得出以下结论：影响众筹项目成功的关键因素主要包括众筹项目的融资计划、项目管理者的经验及教育背景、项目管理人数规模、风险因素等，而技术专利以及政府奖励等并不能对众筹项目的成功产生任何影响。另外，国外学者还针对众筹模式的法规进行了一定的研究，众筹模式在发展的初期阶段一直处于探索的状态，很多学者对众筹模式的法律法规存在明显的争议，因此国外学者对众筹模式的法律规范方面展开了一系列的研究与分析，旨在探索出一套完善的众筹模式法律规范。Michael Dambra，Laura Casares Field，Matthew T. Gustafson 三位学者在其发表的文章中详细地介绍了美国于 2012 年签署的《促进初创企业融资法案》，这部法案集中在众筹模式中的股权型模式，为股权型众筹模式提供了一定的保障，同时也为美国整个众筹模式的进一步发展奠定了良好的基础。《促进初创企业融资法案》具有鲜明的作用与价值，主要体现在以下三个方面：一是奠定了股权众筹模式的法律基础，使得股权型众筹模式得到了法律的认可。二是对美国资本市场的准入门槛作出了明确规定，只有年总营业额低于 10 亿美元的企业才能获得进入美国资本市场的资格。三是对于成长型企业采取差异性的管理方式，运用更加灵活的管理手段推动新生的成长型企业的发展与完善。

国外学者普遍认为以美国为首的欧美国家由于法律以及市场机制等方面的因素，其众筹出版模式的应用情况表现良好，国外学者以具有代表性的众筹平台为研究对象，对众筹出版的模式展开了相关研究，从选题策划、盈利模式等角度分析与总结了众筹出版盈利模式的优缺点，指出众筹出版作为一种新型的出版商业模式，具有明显的变革性，能够为出版方与大众带来诸多便利，因此众筹出版这种经营模式值得提倡和发展。虽然国外学者十分认可众筹出版模式的作用与价值，但是也不能忽视众筹出版模式中存在的一些问题。Bobbie Johnson 认为，部分众筹看似是强迫消费者进行消费，而另外一部分众筹又看似是在向消费者进行乞讨，与众筹原先的本质出现了严重的矛盾。众筹出版成了一种简单的图书营销措施或者发行渠道，甚至众筹出版被当作是套利的有效措施。

国内学者也十分关注众筹及众筹出版的基本模式，并从多个角度研究分析了众筹及众筹出版的基本模式。肖本华主要研究与分析了互联网众筹融资模式的本质及内涵，并且详细探讨了互联网众筹融资模式出现的原因，对美国众筹融资模式的发展现状展开了一定的梳理，在学习与借鉴美国众筹融资模式的基础上倡导以试点的方式建立适合我国国情的众筹融资模式，而金融和文化行业则是开展众筹融资模式试点的最合适领域。

刘尧远在其《浅析众筹出版的融资模式》一文中分析了众筹出版的融资模式与传统出版融资模式之间的区别，指出众筹出版是一种借助数字技术而发展起来的电子商务出版模式，是互联网的衍生品，具有更加鲜明的具象特征，同时刘尧远认为众筹出版一般具有两种不同的模式，一种模式是在传统出版模式的产业链基础上进行全面的移植与完善，另一种模式则是基于出版产业的大众融资模式，这两种众筹出版模式具有各自鲜明的特征，英国著名众筹出版网站 Unbound 是第一种模式的典型代表，而荷兰知名众筹出版网站 Ten Pages 是第二种模式的典型代表。张书勤在其著作中对众筹出版的基本运行机制展开了讨论，认为众筹出版的基本运行机制主要是以众筹网站以及其他形式的网站为基础的，出版项目发起人采取设定期限与金额的方式进行资金的募集，募集对象一般是潜在的读者群体，另外，张书勤也系统地分析研究了众筹出版运行机制中的三方主体，分别是出版项目的筹资人、出版项目的受众以及各种形式的众筹平台，并且借助一些案例分析了众筹出版三方主体的角色与特征。李婷、杨海平在其合著的《众筹出版新模式研究》一文中分析与总结了国内外众筹出版的发展现状，并且以实例的方式讨论了众筹出版目前的发展困境，指出了我国众筹出版在发展过程中面临的机遇与挑战，并针对国内众筹出版的发展现状提出了一种新型的众筹出版模式。罗显华在《图书出版与众筹模式》中指出众筹是一种建立在互联网基础上的人类精神契约，随着互联网的普及与发展，大众越来越容易接受众筹这一新兴模式。众筹出版模式是未来 Web3.0 时代图书出版的最主要渠道，但是由于我国图书众筹出版面临着重重阻碍，我国众筹出版模式的发展艰辛又漫长。只有依靠出版社自身的努力以及社会各界的力量，我国才能建立稳定、长远的书籍众筹互信机制，从而促进我国众筹出版的进一步发展与完善。

汪莹与王光岐则从另一个角度研究了众筹模式面临的风险，指出我国众筹模式不仅时常受到信用、知识、产权、经营等多方面的影响，同时也缺乏一定的法律地位，目前我国的众筹融资模式尚未得到法律的充分认可，使得众筹融资模式面临着一定的风险。另外，我国众筹模式缺乏完善的运作与监管，这些都严重阻碍了众筹模式的发展与进步，因此，政府部门要积极主动地采取有效措施制定完善的众筹模式法律法规，切实维护众筹模式中的各方利益，并且建立必要的监管机制，这样才能推动我国众筹模式的健康、稳定发展。

任翔在《众筹与出版新思维——欧美众筹出版的现状与问题》一文中分析了 Unbound 与 Ten Pages 两种众筹出版商业模式之间的利弊，指出了互联网模式与传统出版思维的相互融合、相互碰撞诞生了新兴的众筹出版模式，并且认为目前我国的众筹平台发展尚不完善，应该积极地借鉴与学习国外众筹平台的成功经验。同时，任翔提出众筹出版模式并不是长期不变的，而是处在时刻发展与完善的过程中。虽然欧美国家的众筹出版模式具有明显的优势，但是并不意味着欧美国家的众筹出版模式就是十分完美的，我国出版行业应该坚持不懈地创新众筹出版模式，这样才能实现互联网与出版行业之间的良好结合，推动我国众筹出版的发展与进步。张书勤在《众筹出版运营机制探析》中指出众筹模式是建立在大数据技术基础上的一种新兴的互联网金融商业模式，其中众筹出版运行机制的三方主体在众筹出版的发展中发挥着重要的作用。郭泽德在《众筹出版模式对出版业创新的启示》一文中阐述了众筹出版模式的作用与价值，认为众筹出版模式为寻求个性趋同或者价值认同的群体提供了良好的平台，借助社群的方式形成了一个较为稳定且忠实的链接群体。张劼圻在《从众筹出版看出版的社交化》中认为社交化是推动小众出版物发展的重要因素，而众筹出版模式的社交化则有利于打开和拓宽小众出版物的市场，提升了小众出版物的核心竞争力。另外，也有部分学者认为目前我国的众筹平台发展尚不完善，由于出版项目的规模较小，还需要继续深入地探讨众筹出版的盈利模式以及其他相关问题。范军、沈东山在《众筹出版：特点、回报和风险分析》一文中论述与分析了众筹出版的特征及回报方式，也对众筹出版面临的风险展开了一定的研究，认为开放性、互动性是众筹最为明显的特征。众筹出版模式的回报方式主要包括两个方面，一是对投资人的回报，二是对出版企业的回报，无论众筹出版的回报对象是出版企业还是读者用户，众筹出版的回报都能够为其带来一定的利益。同时，他们也发现了众筹出版模式中存在的一些风险性问题。武小菲在《众筹模式：网络时代书籍出版传播的路径与思考》中指出在先进的互联网时代，众筹模式是推动图书出版与传播的一种重要路径，是对传统出版模式的突破与创新。

国内学者也对众筹出版模式提出了一定的质疑，例如沈利娜的《一场试探图书市场反应的出版营销》与马瑞洁的《众筹能否出版？关于众筹出版的价值与反思》都对众筹出版模式进行了思考与质疑，指出个人众筹出版与出版社众筹出版之间存在明显的冲突和矛盾，目前我国众筹出版存在普惠性效益较低的现象，众筹出版成为名人出书的营销工具，也逐渐沦为出版社进行市场验证的一种手段，缺乏对普通大众的个性化出版诉求的重视，应该给予一定的关注。范军和沈东山在《众筹出版：特点、回报和风险分析》一文中详细研究了众筹出版的特征、回报以及所面临的各种风险，指出众筹出版仍然需要经过很长一段时间的发展历程。魏艳华在《众筹新闻发展及其在中国的可行性分析》一文中从三个方面阐述了我国新闻众筹的观点与意见，这三个方面分别是创新商业模式、注重众筹新闻推广、完善平台运营规则。王佳在《众筹视域下学术出版路径思考与探析》中研究了众筹出版模式在学术出版领域中的可行性，认为应该在学术论坛中建设相关的众筹板块，以此发挥众筹出版在学术出版领域中的积极效用。

三、国内外众筹出版案例的相关研究

任翔在 2014 年发表了《众筹与出版新思维——欧美众筹出版的现状与问题》疑问，对欧美两个最典型的众筹出版平台进行了详细的阐述和探讨，深入分析了 Unbound 和 Ten Pages 这两个众筹出版平台的商业发展模式、存在问题、发展现状，并指出了 Unbound 和 Ten Pages 在发展过程中对出版产业所产生的作用，从而揭示了 Unbound 和 Ten Pages 这两个众筹出版平台发展过程中存在的各种问题。白志如在其发表的《国内众筹出版项目的内容分析与发展建议》中采取有效的途径对比研究了国内两百余个出版项目，主要包括众筹网、中国梦网、追梦网等，其研究内容是借助科学的研究方法对众筹出版项目进行整体的量化分析、内容分析以及特征分析等，并且对比研究了不同的众筹出版平台项目的区别，实现了众筹出版的横向与纵向研究。根据第一手资料揭示出了众筹出版现象背后所体现出的规律，总结了众筹出版发展的成功经验以及教训，为未来众筹出版的发展指明了前进的方向。

四、众筹出版存在问题及发展前景的相关研究

众筹出版为出版业的发展注入了活力和生命力，也为部分有创意的项目或者作品提供了充分的发展平台，使得这些具有创意的项目或者作品得到了展示，但是由于众筹出版属于一种新型的出版模式，在操作过程中也存在诸多问题与缺陷，同时也极易遭受到各种形式的风险，例如市场性风险与政策性风险。国外著名学者Jones指出，在众筹出版发展的过程中会面临很多限制性的影响要素，主要包括众筹出版项目发起者的执行能力十分欠缺、作者与出版商之间尚未寻找到合适的平衡点，这些都会对众筹出版的发展产生一定的制约作用，只有寻找到有效的解决方式，才能推动众筹出版的科学发展与进步。罗雪英、周淑云在《中国众筹出版何处去——对国内众筹出版热的冷思考》一文中认为，我国众筹出版存在诸多问题，其中比较明显的问题是众筹网站发展迟缓、盈利模式不健全、项目营销推广能力欠缺、回报内容缺乏新颖性与吸引力、众筹模式存在一些法律风险等，这些问题的存在严重制约了我国众筹出版的进一步发展与完善，并针对国内众筹出版存在的问题提出了具体的发展建议，提倡采取有效的措施建立健全的运营模式，积极探索新颖的盈利模式，并且确保众筹出版拥有完善的信用机制，从而实现众筹出版的稳定发展。刘尧远在《浅析众筹出版的融资模式》一文中也指出了国内众筹出版面临的主要问题及缺陷，认为我国众筹出版主要存在以下问题：缺乏充足的管理经营、运营模式尚不完善、盈利模式比较模糊、没有建立专门的法律法规、人文环境缺失等，这些问题使得国内众筹出版缺乏一定的普及度，难以实现大范围的发展与延伸，同时也发挥着较小的作用。武小菲在《书籍

众筹：问题与对策——基于构建以出版社为主导的书籍众筹出版传播模式的思考》中通过量化分析指出了我国书籍众筹的发展现状，认为众筹出版应该勇于直视现实的发展情况，根据形势制定针对性的发展策略，最重要的就是建立完善的众筹出版传播模式，以此推动众筹出版的发展与进步。之后武小菲在其《众筹模式：网络时代书籍出版传播的路径与思考》一文中分析了处于互联网时代下众筹出版的成效，并为众筹出版未来的发展指出了明确的方向，一是建立完善的众筹出版网站，借助众筹网站实现出版的良好运作。二是出版社可以充分利用自身平台的优势，设立专门的众筹板块，进而推动众筹出版的运作。

徐琦、杨丽萍在合著的《大数据解读国内众筹出版的现状与问题》则对我国四家众筹平台展开了详细的研究与分析，分别是众筹网、追梦网、中国梦网、乐童音乐，通过对这四家众筹平台的数据分析与验证，揭示出了我国众筹出版发展的实际情况，指出了众筹出版发展过程中存在的各种问题。徐琦和杨丽萍认为，目前我国众筹出版的发展并不能完全摆脱和突破传统出版的限制，如果众筹出版要想促进自身的可持续发展，不仅需要依赖于我国众筹行业的发展态势，同时也需要采取有利的措施增强众筹出版与传统出版之间的深层次合作与交流。黄河、刘玲玲在《出版众筹运作方式及发展路径》中对众筹出版未来的发展方向与核心进行了研究，从众筹出版的背景与起源、运作方式、出版业影响等方面提出了众筹出版未来的发展方向，认为内容是众筹出版未来的发展核心与重点，要采取积极有效的措施提升群体参与的积极性与热情，并且建立完善的众筹平台，实现众筹出版项目的规范化运营，从而推动众筹出版的稳定发展与进步。罗显华在《图书出版与众筹模式》一文中指出了图书出版众筹面临的问题，认为图书众筹出版在发展过程中需要注意多方面的视像，积极主动地提升众筹平台的知名度与影响力，引导与培养大众的众筹意识，并且要注重众筹出版的相关法律法规，维护众筹出版出资人的合法利益，最终实现众筹出版的规划化运作。

五、关于众筹的相关行业报告

清科研究中心在 2014 年年末发表了《2015 年中国众筹市场发展报告》，

对国内外众筹平台的实际发展状况进行了全面、系统的分析与研究，并采取案例分析的方式对我国主流众筹平台展开了一定的探讨与梳理，从宏观与微观两个角度揭示出了我国众筹平台的发展现状，同时也展示出了我国众筹市场在发展过程中面临的各种问题以及多种形式的风险，对不同类型的风险进行了对比分析，为未来我国众筹市场的稳定发展指明了前进的道路。而网贷之家联合盈灿咨询发布的《2015 年中国众筹行业半年报》中对 2015 年我国排名靠前的众筹行业事件进行了系统的总结与分析，并介绍了我国众筹平台的发展现状以及众筹平台运营的实际状况，详细分析与研究了众筹平台项目的发展，对我国未来众筹市场发展的前景做出了良好的预估与展望。

本书不仅对众筹及众筹出版的新闻事件、论文资料、发展报告等进行了一定的研究，同时也搜集了众筹出版相关的书籍，其中数字出版书籍最为典型，例如师曾志、胡泳共同编著的《新媒介赋权及意义互联网的兴起》。本书期望通过对这些书籍资料的研究与分析，揭示众筹及众筹出版的发展现状，根据目前我国众筹出版面临的主要问题制定针对性的发展战略，并在此基础上探索众筹出版发展的新视角、新思路，借助相关学术理论研究为众筹出版的发展提供充实的参考依据。

综上所述，众筹出版属于互联网时代下的一种新兴图书出版模式，它的出现与兴起为传统出版业的发展提供了新思路、新路径，使得传统出版业获得了发展的动力与生命力。然而，由于国内众筹出版尚处于摸索阶段，理论界关于众筹出版的研究内容缺乏一定的系统性与全面性，同时也没有建立完善的众筹出版研究体系，因此，本书对众筹出版的相关内容进行了深入的研究与分析，综合论述了国内外众筹出版发展的现状，从多个角度探讨了众筹出版在国内外发展的实际概况，具有明显的新意与价值。另外，本书剖析了众筹出版中存在的问题，对众筹出版的限制性因素及阻力展开了讨论，为国内外众筹出版的进一步完善与拓展提供了理论依据，有助于众筹出版建立系统的研究体系。另外，关于成功的众筹平台相关研究比较少，尤其是国内已有的理论研究很少涉及这一方面，因此，本书选取了国内外典型的众筹出版平台为研究对象，对其案例进行了深入的解读，系统分析与研究了成功的众筹出版平台的发展模式、改进方式等，体现出了一定的理论价值与实践价值。

第三节 研究的整体思路与内容

本书的基本思路是从宏观与微观两个角度对众筹出版展开系统、全面的分析与研究。宏观角度是对国内外众筹出版发展案例的深入解读，以此揭示出国内外众筹出版发展的实际现状。微观角度是对我国一些具有代表性的众筹出版平台及项目进行分析与研究，探讨我国主流众筹出版平台的发展模式、出版方式以及营销推广等多个方面，从而实现对众筹出版整体上的认知与了解，以此刻画出我国众筹出版发展历程的全貌。同时，本书借助新闻学、心理学、社会学等学科理论对众筹出版的运作模式、商业逻辑、发展历程以及特征等方面展开了一系列的分析，并且在本书的最后对众筹出版未来的发展前景及趋势进行了描述与总结。

本书主要分为五个章节，从众筹出版概念、运作模式、国内外案例解读、发展问题及策略、未来前景等方面对众筹出版进行分析与研究，旨在通过这五个章节的研究刻画出众筹出版的整体概貌，并作出系统、科学的全面总结与概括。

第一章为众筹出版概述。本章节详细分析了众筹模式及众筹出版的概念认知，对众筹出版的发展历程进行了简练的阐述，并且深入地探讨了众筹出版的原因及流程，对众筹出版的商业逻辑进行了一定的探讨，最后展示出了众筹出版的特征。在进行众筹出版概述的研究中，对众筹出版这一新兴的商业融资模式展开了详细探讨，可以划分为六个部分，第一部分探讨众筹作为一种互联网时代下的新兴应用模式，其具体内涵包括多个方面，在众筹产业与出版产业结合的过程中对众筹出版的发展现状展开了讨论，揭示出了众筹出版的概念、内涵与外延。第二部分是本章节的重点内容，对众筹出版的发展历程进行了全面阐述，并描绘了每一个发展时期众筹出版所体现出的不同特征。第三部分根据众筹出版的发展现状、具体情况及时代特征，阐述了众筹出版的发展现状，揭示出了众筹出版兴起与发展的原因。第四部分对传统出版业与众筹出版之间的区别进行了阐述，认为众筹出版作为一种具有创新性的图书出版模式，其出版过程、发展流程都体现出了鲜明的特性，从宏观与微观两个角度论述了众筹出版的发展流程。第五部分论述了众筹出版的商业逻辑，在前四部分的基础上分析了众筹出版在面对激烈的市场竞争中是如何生存与发展的，对众筹出版背后所蕴含的商业逻辑展开了论述，进一步证明了众筹出版在出版行业中具有一定的发展优势，能够得到出版行业的支持与认可，顺应了时代的要求。第六部分概括性地阐述了众筹出版这一新生事物所具有的特点与特质，揭示出了众筹出版在互联网的浪潮中实现自身发展所体现出的鲜明特性。

第一章节从六个部分对众筹出版进行了概述，为本书接下来的研究奠定了良好的基础，使得读者对众筹出版有个大概的认知与了解。

第二章是众筹出版运作模式分析。这一章节分为五个部分，第一节是众筹出版发展现状分析，在这里讲述了国内和国外众筹出版发展现状，在国内主要从国内众筹出版平台概况和项目分析如项目数量、项目主题、项目发起方、项目回报内容等方面来进行说明；在国外主要从国外众筹出版平台概况和个案分析两个角度来切入。在第二节主要讲述了众筹出版的运作模式分析，在这一节内容中主要从众筹出版的主体构成、众筹出版运作机制、众筹出版集资方式、众筹出版回报方式、众筹出版实施内容、众筹出版盈利模式这几个方面来说明。在第三节中，讲述了众筹出版模式的优势，主要从整合有效资源，提高图书出版服务质量、提供特色分区服务，增强客户的使用率、平衡各方利益，共创共赢局面、提升传统出版行业的产业链这四个方面来说明。在第四节中，众筹出版与传统出版模式的对比，主要从传统出版的运作流程和众筹出版与传统出版模式的对比两个角度来说明。在第五节中，主要讲述了众筹出版对传统出版的影响，众筹出版扩大了传统出版的运作模式和众筹出版改变了传统出版的营销方式。

第三章是众筹出版发展的案例解读。本章节划分为三个部分，第一部分对众筹出版的国内外发展环境进行分析与研究，众筹出版在我国的发展过程中具备良好的发展环境，但是不可忽视我国众筹出版发展中面临的主要问题，例如众筹出版项目网络资源分布不均衡、支持者自身的程度十分有限、出版行业发展报告不完善等。而众筹出版在国外的发展环境分析则以美国、英国、荷兰、西班牙等国家为例，探讨了国外众筹出版的发展环境，并且对国外众筹平台的案例进行了分析，综合性地研究了国外一些典型众筹出版平台的发展环境，从而展示了众筹出版平台所具有的生态发展环境。这一章节从微观的角度分析与研究了国内外众筹出版的案例，深入解读了国内、国外典型众筹出版平台的发展概况，以此揭示出了众筹出版的发展概貌。

第四章是众筹出版发展中存在的问题与策略。这一章节划分为四个部分，第一部分是我国众筹出版的量化研究，对众筹出版项目的数量、内容、筹资情况、发起者等方面展开了全面、系统的研究与分析，选取了我国具有影响力的众筹出版平台进行了研究，分别是众筹网、京东众筹、淘宝众筹、追梦网、青橘众筹、赞赏、亿书客，以这几个众筹出版平台为具体案例对我国众筹出版展开量化研究，从而探讨了我国众筹出版平台的发展情况以及运作流程。第二部分对众筹出版的效果展开分析与研究，指出众筹出版的效果主要体现在以下方面：一是承接了互联网的社会交往属性，从而建立了良好、和谐的网络社群文化。二是利用互联网大数据实现精准营销，提升传统出版行业的产业链。三是让大众参与，提高出版物的创新度与优质性，实现出版物的物质及精神价值。四是降低出版融资门槛，解决资金短缺问题。五是预测市场方向，降低出版风险。六是创新性众筹出版平台，高质量的图书出版。七是众筹出版项目的回报方式呈现多元化的特征，不仅包括物质回报，也有精神层面上的回报，以此调动读者参与的积极性与热情。对于消费者而言，实际上获得众筹出版项目的回报比单纯购买图书更加具有吸引力，因此众筹出版应该注重项目回报方式的设计。第三部分分析与研究众筹出版项目的问题，众筹出版虽然比较火热，但是其自身也存在一些鲜明的问题，一是缺乏专业的众筹出版平台，众筹出版规模十分有限。二是众筹出版平台丧失了原先的价值与作用，仅仅成为部分图书出版的推销平台。三是众筹出版平台缺乏完善的法律法规，容易带来严重的法律问题。四是众筹出版项目的发起者以及投资者存在一定的信用危机，这主要是由于众筹出版平台没有采取有效的方式维护投资者的合法利益，使得投资者丧失了对众筹出版项目的信任与热情。五是缺乏专业的营销模式，盈利方式也比较单一，难以实现我国众筹出版平台的进一步发展与扩大。六是众筹出版项目的出版质量没有保障，不仅图书本身质量存在问题，而且图书内容也存在一些明显的缺陷。七是作者版权得不到有效的保护，我国目前的产权保护法并没有将众筹项目中作品的创意纳入保护的范畴中，作者的创意经常遭到复制与抄袭，使得原版众筹项目丧失了市场竞争优势，也不利于我国整个众筹出版的发展与进步。八是众筹出版支持者的权益得不到很好的保障，众筹出版平台并没有建立明确的标准来约束一些违规行为。第四部分是分析与研究众筹出版的发展策略，一般而言，众筹出版的发展策略主要包含以下几个方面，分别是政府支持，使众筹合法化、合理化，线上线下相结合，将众筹出版与传统出版融合在一起，完善图书内容建设，提高出版图书的质量、培养宣传众筹概念，完善信用体制、规范众筹出版的融资手段与方式、寻找新的众筹出版模式和路径、采取多种途径完善营销模式、完善众筹出版的盈利模式、强化众筹意识、提升众筹网站性能，加强网站技术建设。

第五章是众筹出版发展的未来。本章节是对众筹出版未来的前景进行一定的展望，共划分为三个部分，第一部分是我国众筹出版的主流模式概述，根据众筹平台、发起者以及支持者的不同，可以将我国的众筹出版主流模式划分为以下几种：第一种是在不同众筹出版平台进行书籍出版运作，包括综合类的众筹平台、电商型众筹平台、社交型众筹出版平台、垂直化众筹出版平台。综合类众筹平台以众筹网为案例探讨了众筹出版的项目执行流程及阶段，包括项目发起阶段、募集阶段、实施阶段以及回报阶段。电商型众筹平台则以京东众筹、淘宝众筹为主，由于电商型的众筹平台拥有十分庞大的客户群体以及电商平台运营经验，众筹项目很容易获得成功。社交型众筹出版平台则体现出了鲜明的多元化，例如微博众筹、微信众筹等。垂直化众筹出版平台则以亿书客为典型，这种类型的众筹出版平台具有相当的专业性与规模化，能够满足用户的个性化需求，同时也能够充分展示自己的文化特色，以此提升整个众筹平台的黏性。第二部分重点分析众筹出版发展的限制性因素，众筹出版虽然融合了传统出版与互联网，是一种创新的尝试，但是由于我国众筹出版仍然处于发展的初级阶段，在发起者、众筹平台、支持者三方面存在一定的限制性因素，阻碍了众筹出版的进一步发展与完善。从项目发起者方面来说，限制性因素主要包括法律监管等外部环境不完善、版权保护存在风险、众筹出版项目单一、众筹出版内容存在质量问题、众筹出版效益较低。从众筹平台来看，限制性因素主要包含众筹平台盈利模式不清晰、众筹出版平台规模不足、受众参与和内容创意存在冲突、社群互动模式不完善、众筹出版平台宣传力度较小、众筹平台的不良现象、众筹项目的回报模式。从项目支持者角度来看，限制性因素主要包括众筹意识和阅读意识淡薄、缺乏完善的信用体系及项目风险控制模式、缺乏支持者权益保护机制。因此，这些限制性因素贯穿众筹出版的发展始终，对众筹出版发挥着消极的作用。第三部分是分析与研究众筹出版的未来趋势与方向，由于众筹出版现阶段的运作模式仍处于摸索阶段，缺乏完善的法律法规，难以为作者和支持者提供一定的权益保障。因此针对未来众筹出版发展的趋势及方向，可以从以下方面入手：一是健全法律法规，保障作者与消费者的权益。二是打造专业化的众筹出版类平台。三是建立多元化的众筹出版平台盈利模式。四是加强众筹出版项目的内容质量，确保众筹平台得到良性发展。五是实现众筹出版推广方式的创新，可以借助微信、微博、QQ 等新兴交互平台提升项目的知名度与影响力，加强众筹出版项目发起者与读者之间的沟通和交流。

最后是结语，对众筹出版发展的起源及运作模式进行了总结性的概括与论述，并表达了我国众筹出版平台未来将能够获得稳定、和谐的发展，给予众筹出版平台可行性的认可与支持。众筹出版未来将成为国内外一个重要的图书出版应用模式，为出版业界的发展与完善奠定了良好的基础，为出版业界提供了新理念、新思路，但是由于我国法律政策尚不完善，众筹出版在发展的过程中面临着诸多问题，频繁受到各种限制性因素的影响。传统出版在进行变革与转型的过程中，需要理解与利用互联网思维，促进传统出版与互联网之间的良好融合，这才是出版业未来发展的趋势及方向。

第一章 CHAPTER ONE

众筹出版概述

众筹作为一种新的商业发展模式，已经越来越受到国际社会的重视，也越来越受到年轻投资主体的追捧。2015 年，“众筹”一词，出现在官方语言中，李克强总理在 2015 年 9 月 16 日的国务院常务会议中正式提到，“众筹”在“互联网+”的经济大环境下，是顺应时代的发展要求，我们应积极改变传统的经济发展模式，加强“生产”和“需求”的有机对接，实现经济利益的最大化。进而，众筹作为一种新型的经济发展模式进入我国经济社会市场。

本章主要是对众筹出版这一新兴行业进行概述，主要包括六个部分：

第一部分，笔者详细探讨了众筹作为一种新兴的经济发展模式，其具体涵盖了哪些类型，众筹产业与出版产业的有机结合，众筹出版的概念、内涵、外延等内容。

第二部分，笔者着重阐述了众筹出版的发展历程，各个时期的主要发展特点。

第三部分，笔者结合众筹出版发展的具体情况、时代要求，具体阐述了众筹出版的现状、原因分析。

第四部分，笔者将传统出版产业和众筹出版产业进行对比分析，具体阐述众筹出版作为一种新兴产业，其具体的生产、发展流程，从宏观到微观具体、详细地介绍众筹出版的流程。

第五部分，在前四部分的基础上，从逻辑上具体分析、阐述众筹出版作为一种新兴行业在商业经济竞争如此激烈的环境下，如何生存、发展，然后进一步壮大，其存在和发展进一步印证了众筹出版作为一种新兴产业是顺应历史发展的时代要求的。

第六部分，在前五部分的基础上，具体阐述、概括众筹出版这一新兴行业在当今经济社会日趋快速发展的过程中呈现出的特点、特征。

本章主要从以上六个部分对众筹、出版、众筹出版，众筹出版的概念、发展历程、现状原因分析，众筹出版的生产发展流程以及众筹出版的特征进行具体详细的阐述、介绍，相信很多读者在看过本章节之后都会对以上概念有一个宏观的了解。

第一节　众筹模式、众筹出版的概念认知

本节从众筹、众筹模式、众筹出版等方面具体介绍众筹出版的相关概念，以期给以下章节做一个宏观的导入。

一、众筹的内涵

（一）众筹的定义

"众筹"一词属于外来词汇，也就是我们经常说的"舶来品"，最先起源于美国，来源于单词 Crowdfunding 一词，翻译过来大意就是大众筹集资本或者群众筹集资本，在学界被认为是 Crowdsourcing 的一种，也就是国内所说的众包的一种，"众包"一词最先见于美国的一本叫作《连线》的学术期刊，其作者杰夫·豪在其文章 The rise of the Crowd（《众包的崛起》）中第一次提出"众包"一词。众包，顾名思义是指在经济发展过程中，群众等大众主体充当外包公司的重要角色，在经营生产中承担部分生产项目。众包这种商业发展模式，有其明显的优点，它可以充分发挥广大群众的集体智慧，解决单一"作战"下存在的各种技术、资源、人脉、资金等方面的不足，同时各种思想的交叉和碰撞更有利于创新发展。根据美国学者杰夫·豪提出的观点，

众包大致分为四种情形：大众筹观点、大众筹创新、大众筹运行、大众筹资本。因此，从广义上讲众筹属于众包的第四种分类，即大众筹资本。从实践上讲，众筹分为线上众筹和线下众筹两种，但是学术界所讲的众筹仅仅指线下众筹资本。在“互联网＋”的大时代背景下，众筹作为一种新的商业模式具体可以概括为以下内容：众筹是指筹资者以生产、发展商业经济为目的，利用“团购＋预购”的资本筹集形式，向网友募集资本，进而运转项目的商业发展模式。筹资者利用现代互联网技术，扩大集资范围，让更多的中小企业、个体户、个人等潜在的资源，向公众展示其创意，进而争取广大网友的关注和资金支持，最终使项目得以运行。

（二）众筹的特征

众筹作为一种新兴的商业运行模式，在其经营管理过程中，呈现出其不同于传统经济生产管理模式的特征。这些特征主要表现在以下几个方面：

其一，准入门槛低。众筹作为一种新兴的商业生产经营管理模式，与传统商业生产经营模式相比，其准入门槛较低，没有身份、年龄、性别、职业、社会地位的限制，只要行为人具有较强的执行力、出色的想象力和创新、创造能力即可以发起相关众筹项目。

其二，众筹方向具有多样性。网络使用者和群众可以通过互联网在众筹网络上进行多种类型的众筹项目。具体众筹项目包括艺术设计、科技文化、影视娱乐、摄影漫画、期刊出版、消遣游戏等内容多样的众筹。

其三，参与范围广泛。众筹的参与者往往都是网络民众、一般的群众等广大民众而非专业性较强的投资人、金融企业或者投资公司等。

其四，具有较强的创新性和创造性。较强的创新性和创造性是众筹这一新兴商业生产模式区别于传统商业模式的特点。众筹的发起人往往通过具有创新性和创造性的观点、决策、策划方案等形式吸引投资者，进而实现众筹的目的。

其五，具有操作性和执行性。众筹“卖”的是发起人的创意或者说是“点子”，但是这个创意或“点子”一定是具有可操作性和执行性的，发起人的创意一定要得到众筹平台的测评和考核才能发起众筹。如果发起人的创意或者“点子”不具有操作性、执行性，则其不可能通过众筹平台的测评和考核，更不可能实现在网络平台发起众筹的目的。

其六，具有较大的潜在发展空间。商业的本质属性就是盈利，众筹作为一种新兴的商业生产发展模式同样不可避免。众筹的较大发展空间的特征是由其作为商业模式的性质决定的，任何不具有发展空间的众筹项目都不会有支持者参与众筹，得不到支持和拥护的众筹项目则会“流产”。

众筹的以上六个特征充分概括出众筹项目的产生、发展和最终的运行呈现出的特征。

（三）众筹的构成

众筹作为一种新兴的商业经营模式，其构成主要包括众筹的主体构成、众筹的经营板块构成，这两个大的构成模块共同促进了众筹这种商业生产发展模式的正常、顺利运行。

众筹的主体构成。众筹的主体构成主要包括三方：发起人、投资人、网络众筹平台。众筹发起人是指众筹的发起者，有好的创意但是缺乏创业基金的主体，众筹的发起人是众筹项目的主导者，在某种程度上可以说，众筹的发起人是众筹其他两个主体的基础主体，决定着其他两个众筹主体的产生。众筹投资人又叫众筹支持者，是指对众筹发起人的众筹项目感兴趣、认可发起人创意的资金提供者，在众筹项目中起着至关重要的作用，决定着众筹项目能否正常运行的主体。网络众筹平台，这个主体比较特殊，它不是自然人，而是一个连接众筹发起人和众筹支持者的网络平台。

众筹的经营板块构成。众筹的经营板块构成主要是指众筹在运营的过程中涵盖的主要板块，这些板块主要包括：创意（策划）、开发和运行、回报三个板块。创意（策划）是指发起人发起众筹的“筹码”，并且这个“筹码”是发起人发起众筹的基础。开发和运行是指好的创意和策划在得到支持后的具体执行阶段，这一阶段是众筹的重要环节，在众筹中起着承上启下的作用。回报是众筹的结果，是创意和策划在开发、运行之后的必然结果。

（四）众筹的规则

众筹的规则，顾名思义，是指一个创意或者想法以众筹的形式得以有效运行的过程中应满足和遵守的原则、规则。我们通常意义上所说的众筹的规则主要是指时间规则、金额规则以及回报规则这三种形式的规则。

时间规则。众筹的时间规则是指众筹的项目在众筹发起人发起后，在发起人发起项目之初预设的时间内达到或者超过众筹的预设金额才算成功；如不能在预设的时间内完成，则众筹失败。

金额规则。众筹的金额规则是指众筹的项目必须在设定的时间范围内完成或者超出预定金额才算成功，发起人获得足额发起资金，众筹成功；否则，众筹失败，众筹资金退回给投资者。

回报规则。众筹的商业运行模式不是我们通常理解的捐款，众筹完成后是需要向投资者进行回报的，这种回报既可以是物资，也可以是技术、服务、知识产权等其他形式的回报。

（五）众筹的发展

众筹作为一种新兴的商业经营模式在其成立之初是资金匮乏但是知识和文学造诣很高的艺术家为自身创作能够持续进行，而筹措资金的一种“谋艺术生存”的手段。但是，随着试产经济的快速发展，互联网技术的日新月异，现在逐渐演变成个人或者中小企业为了个人创新创业的项目可以实现而获取网络群众支持的一个重要资金募集渠道。而近些年，随着众筹的进一步发展，逐渐衍生出专业性加强的网络众筹平台，这些互联网平台以专业的服务、高效的执行、专业的风险防控等为众筹商业模式的发展增砖添瓦。

众筹盛行于美国，以美国网站 kickstarter 为代表。该网站通过构建专业性和操作性较强的公众筹资互联网平台，为有理想、有创意的“梦想者”筹措项目发起资金，进而使好的创意、想法得以实现。这种新兴的融资模式从根本上冲破了传统的资本募集形式，这种形式更有利于有创意、有想法的年轻人实现自身梦想，另外也激活了创新创业市场，为市场经济的发展注入新的活力，使得融资过程中的来源不再局限于传统的风投机构。众筹的商业运营模式逐渐在欧美国家成熟，并逐渐推广至其他大洲和国家。

21世纪初，众筹逐渐进入我国市场并逐渐盛行。虽然众筹这种商业运行模块在我国取得了较大发展，但是还远不及欧美国家那么发达，而且我国众筹业和欧美众筹业也存在着较大区别，区别最大的地方就是对支持者的资金回报方面，即对支持者的保护方面有所不同。在西方国家，众筹项目一旦成功，支持者就会马上注入资本进入执行阶段；但是我国95%以上的众筹项目，基于保护支持者的目的，通常会把启动资金分成两个阶段去完成，然后才能进入执行阶段。比如很多众筹项目都是前期支持者先注入50%的资金去启动项目，项目启动完成后，在确定支持者已经收到回报或者能够收到回报后，支持者把剩下的预付资金转给项目发起人。截至2017年年底，我国已经涌现出三大类型十余家不同形式的众筹网络平台。

（六）众筹的优点

众筹作为一种新兴的商业运营模式，较传统的商业融资模式有明显的优点，具体体现在以下三个方面。

其一，专业性强，拓宽融资范围。我国是一个人情观念比较严重的国家，传统的商业经济在融资过程中往往是通过亲朋好友等进行筹措的，范围较窄，而且在后期回报方面，碍于情面不利于对支持者的资金进行保护。而众筹打破了传统风投项目关系网推荐的模式，利用互联网的形式对发起人进行更为专业化的审核和考察，更快地为发起人和投资者搭建众筹网络互动“平台”。另外，互联网面对的是来自世界各地的“投资者”，网民看到自己感兴趣的项目就可以注入资本，只要达到启动金额就可以启动众筹项目。而且众筹项目较传统的商业筹资运作模式而言，它的审查过程和数据收集过程非常快，一方面节省了投资者的时间；另一方面可以为投资者筛选有效的信息，提高投资的准确率和回报率。

其二，信息共享，加快融资速度。随着互联网技术的进一步发展，网络众筹平台逐步建立了完善的信息共享长效机制，极大地加快了发起人的融资速度。如国外一些大的网络众筹平台，都建立了完善的信息共享机制，这些网络众筹平台在谈判和融资速率上都会共享操作技术，帮助简化融资过程，提高融资速度。

其三，优质的服务态度。随着众筹商业的进一步发展，网络众筹服务平台之间的竞争也日趋激烈。在众筹网络服务平台竞争的过程中，势必会以更优质、专业的服务吸引发起人和投资人，以实现自身的经济利益。据调查报告显示，在美国一些较大的众筹网络平台，在信息分析技术相当的情况下，发起人和投资者更愿意去服务态度更好的众筹平台进行“商业活动”。我国的一项调查数据显示，93.1％的发起人和投资者特别在意众筹网络服务平台的服务态度，仅有6.9％的人不去考虑众筹网络平台的服务态度。

（七）众筹与宗教

据资料显示，广义上的众筹和我国宗教事业的发展有着深刻的渊源。古代社会，在没有现在这么发达的众筹服务平台下而实现的寺庙捐赠和修建就得功于释迦摩尼。这种“因果”“善缘”的佛教伦理思想，推动了一次又一次较为原始的众筹，进而推动了东方宗教事业的文明发展。我国古代地方上的很多寺庙都是靠百姓“众筹”的形式建立和发展的，“有钱的出钱，没钱的出力”，共同推动宗教事业的发展。

即便是在互联网日趋发达的现代社会，我国依然存在着“宗教众筹”，发起人在网络平台上发布修缮古寺庙的众筹，广大民众无论出于什么目的都会积极响应，捐钱、捐物（香火、纸币、食品、建筑物资等）、捐力（参与寺庙修缮）；一般众筹结束后，发起人都会给予支持者一定的回报。在我国，目前有三种形式的宗教众筹，主要包括：物质众筹、公益性众筹和活动性众筹，比较出名的宗教众筹网络服务平台有“须弥山”宗教众筹网络服务平台。

二、众筹模式的概念、分类

（一）众筹模式的概念

众筹模式在学术界并没有严格的概念对其加以概括，但是在实践中逐渐归纳总结出众筹模式的概念。实践中认为，所谓众筹模式是指众筹模式和发起人的创意项目的结合，众筹模式的定性取决于发起人的创意项目。

（二）众筹模式的分类

众筹模式的分类可以用下面的图形具体形象地展现出来。

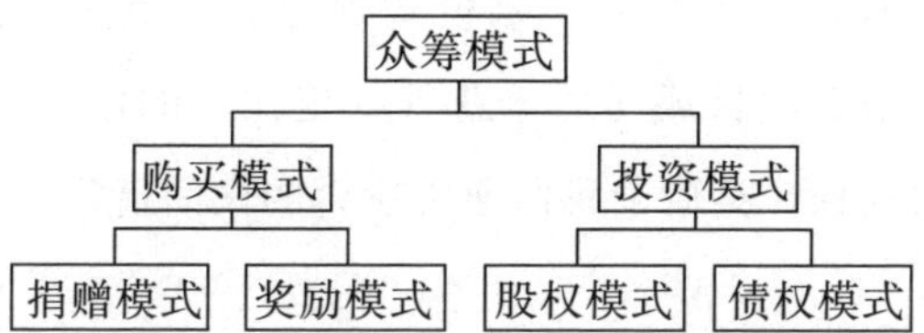

通常意义上，我们是从金融学的角度来考量和划分众筹模式的，具体包括两大板块，四种类型，即购买模块包括捐赠模式和奖励模式，投资模式包括股权模式和债券模式等四种众筹模式。下面笔者将对这四种众筹模式一一详细介绍。

捐赠模式。捐赠模式，顾名思义，是指一种投资者无偿捐赠，不求发起人给予一定回报的众筹模式。我国很多公益性质的众筹均属于捐赠众筹的模式，例如，投资于科学、教育、文化、卫生等公益性事业以及公共医疗事业等都属于捐赠模式的众筹。捐赠模式的众筹是一种依赖于道德约束的众筹模式，因为捐赠模式的众筹是无偿的众筹，发起人通过互联网众筹平台，让投资人筹集资金启动项目，但是因为缺乏一定的监管体系，投资人不能跟踪项目资金的流向和使用情况，因此在这种情况下就需要道德的约束，使众筹的项目资金用于正常渠道。

奖励模式。我们这里所说的奖励众筹也叫回报众筹，项目发起人通过互联网平台获得启动资金，项目获得成功后，投资者可以根据协议获得一定的资金、技术、服务等其他形式的资源作为奖励或者回报。奖励模式的众筹是有严格的时间限制的，众筹人按照约定在一定的时间范围内完成启动项目后，必须按照事先的承诺或者协议约定的奖励回馈给投资者。

股权模式。实践中，金融学者所说的股权模式是指项目投资者对发起人的项目注入资本后，约定获得一定的项目股权为奖励或者回报。与前两种股权模式相比，股权模式的众筹出于对双方当事人的保护，证监会对股权模式的众筹进行了监控，涉及诸多法律问题，因此股权模式的众筹的法律化程度还需要进一步加强。

债权模式。债权模式的众筹和我们通常了解到的债权债务主体间的关系有着异曲同工之妙。项目投资者对公司或者项目注入启动资金，但不是向股权模式那样获得股权，也不是像奖励模式那样获得资金、技术或者服务等，债权模式的投资者是在项目成功后，获得约定比例的债权，收回项目投资的本金并获得一定的利息，类似于我们通常所讲的民间借贷。

（三）众筹的流程

众筹项目的流程即发起人—项目（成功/失败）—投资者之间的资金流程，我们可以通过以下流程图对众筹的流程有更加直观的了解和把握。

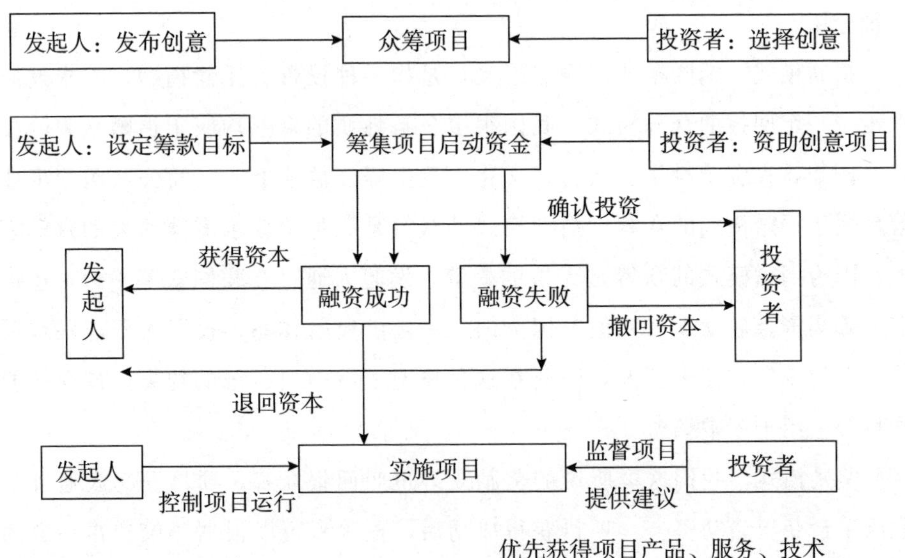

通过这个流程图我们可以看到，众筹的第一个阶段是项目发起人通过发布创意，设立众筹项目，投资者根据个人兴趣选择自己资助的项目。第二个阶段是发起人设立众筹目标，筹集项目启动资金，投资者为自己感兴趣的项目注入资本。第三阶段是在既定时间内融资成功，则项目启动，项目发起人获得启动资金，投资者确定投资；既定时间内融资失败，则项目启动失败，发起人退回资本，投资者撤回资本。第四阶段，项目实施阶段，发起人控制项目的具体实时运行，投资者负责监督项目的实施，对项目的建设和发展提供建议和意见，并对项目的产品、服务和技术享有优先权。

（四）众筹平台的分类

根据众筹平台的综合服务能力，在我国众筹平台大致可以分为两种类型，一种是综合性众筹平台，另一种则是专业性众筹平台。综合性众筹平台比专业性众筹平台设计的项目广泛，而专业性众筹平台则比综合性众筹平台具有更强的专业技术性、操作性。

综合性众筹平台涵盖的范围较广，具体包括出版业、娱乐、电影电视、艺术、摄影、科技展览等多种形式的众筹项目，具有范围广、综合性强的特点。在我国具有代表性的综合性众筹平台包括京东众筹、追梦众筹、众筹网以及淘宝众筹等都是涉及范围较广的综合性众筹平台。

专业性众筹平台是指这个众筹平台仅做某一类型的众筹项目，具有较强的针对性和专业性。比如众筹出版、众筹农业、众筹旅游项目、众筹科技项目等均属于专业性众筹平台。专业众筹平台不同于综合性众筹平台的广泛，它仅仅做众筹项目的专业硬件开发和推广；它的市场定位在于专业、专一、精湛、细致。

三、出版的内涵

关于出版的内涵，笔者从出版的概念、出版的作用、出版的制度三个方面对出版做纵向的介绍，详细具体地总结出版的内涵和外延，让读者更深刻地了解出版。

（一）出版的概念

通常意义上我们所说的出版又称为发表，是指文学作品、学术作品等的作者（或作者委托的他人）将作品通过任何方式公之于众的一种发表行为。

从法律意义上讲，作品一经完成，不论作者是否出版都享有著作权。出版一词有两层含义：一、强调行为，即把字画、书稿、期刊印刷出来的行为；二、强调出版是一种行业，即把字画、书稿、期刊印刷出来的工作。笔者在这里提到的出版是指出版这个行业，即出版业。任何一部作品在出版前一定要获得书号（国际标准书号），作品再经过有一定资质的出版社印刷成书籍，然后再发行。在这里我们就可以把拥有大量复制权或同等规模传播力的公开发表统称为出版。

（二）出版的作用

出版是人类社会文明进步的重要体现，是人类社会的政治生活、经济生活和文化生活发展到一定阶段的产物。出版物是人类社会思想和智慧的结晶，是人类社会实践和发明创造重大成果的集中体现，一定程度上从侧面反映了人类社会生活。出版业的出现推动了人类社会文明的发展，对人类社会的发展起到了重大的推动和促进作用。

第一，出版对人类社会的推动作用。出版是人类物质文明、社会文明的文化记录载体，对人类文化事业、物质事业的发展起到了推动作用，促进了人类社会文化事业的发展。

第二，出版促进文化的传播速度。出版可以大量地印刷和复制人类社会的文化成果，相比于传统的文化传播形式，出版大大提高了文化的传播速度。

第三，出版扩大文化的接受范围。出版的出现降低了文化传播的成本和速率，大量的文字资料使很多人有机会接触到更多的文化，同时使文化、科学知识的受众群体进一步扩大。

第四，出版促进社会生产力的发展。先进的科学文化技术知识在出版后，得到极大的传播，先进的科学技术被广泛运用于社会生产之中，进而推动社会生产力的发展。

（三）出版的制度

出版制度在学术界又叫作著作权制度，根据我国《知识产权法》中有关著作权的规定，我国著作权实行自愿登记制度，著作权人的作品无论是否出版发行，其著作权均不受影响。自愿登记制度的设立，有利于保护著作权人的合法权益，这项制度的设立有助于解决因著作权归属等造成的法律纠纷问题。

四、众筹出版的概念

众筹由一种理论概念逐渐衍生成一种新兴商业经营模式，与其他商业生产、发展模式广泛结合起来，摄影、娱乐、影视、农业、科技、教育、旅游等形式快速与众筹结合起来，并取得了较大的经济效益。众筹出版，顾名思义是将众筹和出版有机结合的新型出版模块，通俗地讲就是出版的项目发起人通过专业的互联网众筹平台面向广大网民筹集资金并将资金用于图书等作品的编辑、复制、印刷、传播等形式的出版活动，众筹出版在形式上以图书、期刊、杂志为主。众筹出版在类别上属于奖励（回报）性质的出版，即广大的网民投资者在众筹项目完成后，获得一定资金、图书产品、技术、服务、精神等形式的回报，是典型的奖励（回报）型的众筹模式。这种“团购＋预购”形式的众筹出版模式，从根本上克服了传统出版的“生产＋销售＋阅读”的单向、静态、封闭的出版形式，利用快速、便捷的互联网形式，可以根据不同读者的个性化需求定制多元化的出版物，进而实现了众筹出版的长效发展、循环发展、可持续发展。

众筹出版由四部分构成，具体包括出版发起人、资金支持人、专业出版众筹平台以及出版社四部分。

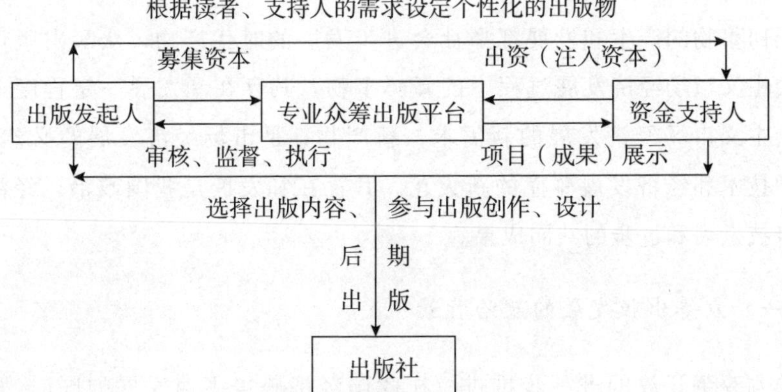

我们可以通过以上流程图对众筹出版四要素进行整体的把握和了解。从图中我们可以看到，出版发起人通过专业众筹出版平台募集资本发布出版项目，并通过前期的宣传和推广，获得支持者足够的资本后，启动出版，生产印刷图书，项目完成后给支持者一定的回报（图书、资金、服务、技术等）；与传统出版不同的是，支持者可以根据个人兴趣和喜好进行投资，还可以设定个性化的图书出版服务，一定程度上打破了传统出版的静态、封闭模式；专业众筹出版平台则是发起人和投资人之间的纽带和桥梁，是一个服务和监督的“中间人”，负责宏观把控出版项目的创意、出版物的质量、注入资本情况等。

第二节　众筹出版发展历程

本节主要介绍众筹出版这一新兴商业运营模块的发展历程，具体涵盖了三个模块，众筹出版发展的背景、众筹出版发展的现状以及众筹出版的发展前景。了解众筹发展的历程对于指导我国众筹出版未来发展具有一定的指导意义，可以针对国内外众筹出版的发展现状制定出符合我国国情的发展战略，同时对于指导同类众筹行业具有一定的借鉴意义，为发展我国社会主义市场经济具有重要促进意义，为发展我国新型经济模式注入了新活力。

一、众筹出版发展的背景

任何事物的产生和发展都是社会进步发展的时代产物，众筹出版作为我国社会主义市场经济发展过程中的新鲜事物，其存在和发展一定程度上是我国社会主义市场经济发展的新需求、新产物，是市场经济发展的必然产物，是科学技术和经济发展碰撞的新火花。其存在和发展是我国政治、经济、文化、科技发展和进步的共同成果。

（一）众筹出版发展的政治背景

随着改革开放的进一步推进，在我国经济获得飞速发展的同时，文化、教育、科学技术水平等全面地得到飞速发展，人民生活水平得到进一步提高。在这种大时代背景下，国家提出进一步深化体制改革，全面促进我国经济、文化、教育、科技大发展，为实现中华民族的伟大复兴不断努力。2015 年的政府工作报告会上，李克强总理进一步强调，我们要进一步加快改革开放的步伐，进一步加大改革开放的力度，进一步扩大改革开放的范围，进一步全面深化改革，“众筹”一词正式出现在官方语言中。

我国是社会主义国家，坚持党的领导，坚持人民民主专政，坚持走社会主义市场经济的道路，这就要求我们要坚持创新，不断把新的经济成果运用到生产生活的方方面面，提高经济效益，提高人民生活水平，不断满足人民日益增长的物质文化需要。众筹出版作为新的经济发展模式一方面顺应了我国经济发展的时代要求，另一方面符合我国经济社会发展目的，极大地促进了我国经济的发展，满足了人民的经济、文化发展需求。

（二）众筹出版发展的经济背景

社会主义市场经济发展的现实需求。我国是社会主义国家，实行社会主义制度，发展社会主义经济。我国社会主义经济的发展是改革开放的必然产物，是我国顺应时代发展的必然要求。现阶段，我们发展社会主义市场经济，在保持现有成果的基础上，应进一步全面深化改革，不断创新发展。众筹出版是社会主义市场经济发展的必然要求，是改革开放发展的必然产物。众筹出版作为一种新型的经济发展模式，是符合社会主义市场经济的发展要求的，一定程度上促进了社会主义市场经济的发展，为社会主义市场经济的发展注入新的活力。众筹出版有机调动了传统出版业在新的时代背景下寻求新的发展愿望，给传统出版业增添了新的活力，打破了传统出版业静态、封闭的经营模式。众筹和出版的有机结合，为其他传统经济模式提供了借鉴和指导。

众筹符合市场经济的发展要求。众筹作为一种新兴的经济发展模式，时代发展的要求，符合我国社会主义市场经济的发展要求。众筹的门槛低、多样性、受众范围广的特性在很大程度上迎合了当今社会经济发展的需求，极大地调动了广大人民群众参与社会主义市场经济生活，满足了人民日益增长的物质文化发展需求，更有效地实现“先富帮后富”、共同富裕的经济发展目标。众筹项目发起人把好的创意、设计、构想通过互联网众筹平台，募集资本，发起项目，完成项目，实现利润，然后再把利润回报给投资人，在这个过程中，众筹项目发起人因为出资人的支持实现了创业理想，而出资人的出资行为即投资行为，在项目完成后能够获得一定的回报，因此可以说项目发起人和项目投资人实现了“共赢”，一定程度上也提高了人民的经济收入，创造了更多的就业机会，符合市场经济的发展需求。

传统出版业需要谋求新的生机。在社会主义市场经济条件下，众筹的诞生，一方面，集中了社会闲散资金，可以集中力量办大事；另一方面，给缺乏资金但是有很好创意的项目提供了发展平台、空间，一定程度上促进了我国市场经济的发展，激发了市场活力。当今，传统出版业受到多方冲击，如果还是故步自封，不寻求新的发展模式，不改革创新，则必将被社会淘汰，退出历史舞台。而众筹和出版的有机结合，着实为传统出版业的发展劈出一条新路，极大地促进了出版业的新发展。项目发起人在出版著作、期刊、杂志时，从出版内容的策划、编辑到出版物的外观设计都需要大量的资金支持，前期工作需要投入大量资金，才能使出版物正常发行、出刊。但是实践证明，出版物的回报和盈利需要一个长期的过程，生产、宣传、销售、购买这样一个流程下来，消耗了大量人力、物力、财力，而且还有来自新媒体、电子读物的冲击，书店面临严重的生存压力，导致出版社资金回流的时间长、压力大、风险高，特别是一些中小企业，面对的资金压力可想而知，而众筹出版采用预售的售书模式，使出版物的购买资金提前支付，出版社和编辑部在新书印刷、出版、销售之前就收到资金，极大地减轻了出版机构的资金压力。

（三）众筹出版发展的文化背景

日趋多元化的理财模式。随着经济的不断发展，人们的生活节奏和生活习惯也潜移默化地发生着变化，人们的投资模式由传统的比较单一的银行储蓄变得日趋多元化，支付宝、人人贷、保险等，而众筹也是近年来比较盛行的一种新理财模式。广大网民把个人的闲置资金通过众筹平台，选择自己比较感兴趣的众筹项目进行投资，项目完成后即可根据约定获得相应的资金、技术、股份、产品等形式多样的回报，而且网民通过众筹出版的方式进行理财。其获得报酬远高于其在银行储蓄获得的利息；而且民众通过众筹出版获得的报酬模式更加多样化，按照约定既可以是资金也可以是股权、技术、产品等其他形式的回报。民众日趋多元的理财模式也是促进近年来众筹出版迅速发展的一个重要原因，在众筹出版的发展过程中起到了不可忽视的助推作用。

网络支付和消费习惯的形成。改革开放以来，随着科学技术的进一步推广，我国互联网技术的普遍运用，促使我国智能手机和手机移动互联网的使用范围急速扩大，网络流量的经济费用较低，进而导致我国网民的人数越来越多，远超世界其他国家互联网人口的使用量。据一组调研数据资料显示，截至 2017 年 1 月，互联网的使用普及率已经达到 53.9%，使用人数达到 7.6 亿，远超其他国家网络人口。互联网使用人群的不断增加同时推动了我国互联网金融业的进一步发展，支付宝、QQ 钱包、微信支付、蚂蚁花呗、京东白条等互联网金融交易平台应运而生；而且国内各大银行也顺应时代的发展要求，逐渐开发手机银行、网银等网络支付业务。电子支付的普及，逐渐改变了人们的消费习惯和支付习惯。互联网网上支付业务极大地满足了广大网民生活节奏加快的需求，其便捷、高效、智能的服务解决了广大网民因支付行为带来的交通不便、时间不便等问题。网民足不出户就可以购买到任何其需要的东西，大到家具家电，小到生活用品，只要几秒钟就可完成，如此便捷的消费方式极大地影响和改变了人民的消费习惯。网络消费和支付习惯的养成也极大地促进了众筹出版这一新兴商业模块的发展。

电子读物等日趋盛行。随着互联网技术的发展，传统的出版物逐渐被方便、快捷、更新速度快、信息量大的电子读物取代。广大网民可以通过互联网找到其想阅读的任何资料，互联网平台还设置了各种阅读平台，比如知网、独秀、数字图书馆等，还有专门的互联网公司根据读者的阅读习惯和阅读内容推荐专业性的电子读物；互联网还对电子读物进行精细化模块划分，网民可以通过互联网阅读新闻、娱乐、体育、时事政治、专业论坛等。这些专业化的电子读物的产生，一定程度上促进了众筹出版的加快发展，为众筹出版的发展提供了一定的借鉴和指导。

（四）众筹出版发展的科技背景

随着计算机互联网技术的不断发展，电子读物、腾讯新闻、微博头条、微信公众号等电子社交平台不断涌现，革新现代信息传播途径和方式的同时也给传统出版业带来了极大的商业冲击，在很大程度上促进了互联网众筹和出版业的结合。互联网技术的日益发展是一把双刃剑，给传统出版业带来极大挑战的同时也促进传统出版业谋求新出路，寻求新机遇，不断调整和优化产业结构，在保证出版物质量的前提下，不断提高电子读物的市场占有率。伴随着“互联网＋”时代的到来，出版业和众筹这一新的商业模块不断有机结合，不断改革，不断创新，逐渐摸索出一条新的、适合时代发展要求的商业经营模块。众筹作为“互联网＋”进一步发展的时代产物，在其运营过程中具有互联网思维的显著特征，而传统出版业恰巧缺乏互联网经营的这种时代思维，这也是互联网众筹和出版业“一拍即合”的重要原因之一，在某种程度上讲这既是一次互联网不断发展的时代产物，也是传统出版业寻求自身新发展、顺应时代要求的必然结果。

二、众筹出版发展的现状

众筹这一新兴发展模块于2015年进入我国官方术语，距今天仅仅两年的时间，众筹出版这一商业模块的发展时间更短，但是发展速度较快。研究我国众筹出版这一新兴商业发展模式，对指导我国互联网众筹出版的发展具有重要的现实意义，对其他模式的众筹经营方式具有重要的借鉴意义。

（一）众筹出版发展的国内现状分析

国内众筹出版的理论研究现状。近年来，随着众筹出版的发展，众筹出版取得了巨大的经济成果，这些实践成果也逐渐得到学界的关注，引发许多学者对此进行研究和探讨，但是由于众筹出版在我国仍然属于新鲜事物，之前没有相关的文献资料，现阶段学者的研究虽然较多，但多停留于初步探讨阶段，并未形成较高水平的研究。目前我国对众筹出版现状和发展历程研究主要表现在对我国众筹出版的理论探讨阶段，具体包括对众筹的概念、特点以及与传统出版业相比众筹出版存在的优势地位；还有一些学者就我国现阶段众筹出版的发展现状及存在的问题，提出对众筹出版的未来发展的定位和设计；还有一些学者对众筹出版的前景进行专业化的行业分析，众筹出版对于传统出版业的刺激，众筹出版有利于降低对出版业的风险系数，有利于推动我国文化市场的繁荣和发展。

还有一些学者提出一些比较新颖的观点，认为众筹出版作为一种新的商业运营模式虽然近年来取得了较大的实践成果，但是新事物能否取代“旧事物——传统出版业”还需要经过实践的具体检验，而且众筹出版只是暂时在市场经营中占据了一定的市场优势，但是植根于对文化的研究，传统出版业更具有文化历史价值；还有学者提出众筹出版和传统出版并非出于敌对状态，更贴切的说二者应是相辅相成、相互弥补的，众筹出版的开放性、互动性、前沿性在某种程度上填充了传统出版业相对静态、封闭的发展模式，对传统出版业而言，众筹出版在一定程度上不是取代了传统出版业而是助力和促进了传统出版业的创新性发展，突破传统出版业的发展维度，创新发展出版业。

国内众筹出版的实践发展现状。2015 年众筹正式成为官方用语，早在 2015 年之前，我国各大互联网网站已经出现专业化水平较低的众筹网络平台，只是在 2015 年后，众筹业和其他各行业密切结合起来，并得到了较快的发展。据资料显示，截至 2016 年 6 月份，我国已经形成数十家规模较大的众筹平台，众筹和出版、摄影、娱乐、农业、科技等行业密切结合。众筹在和各行业结合的过程中，其专业程度、专业水平还比较低；而且在具体操作和执行的过程中，专业性较低；在监管层面缺乏相应的制度和管理办法，管理模式较为单一、滞后，缺乏创新性和灵活性。但是到了 2017 年，短短两年的时间，我国众筹出版业在规模上已经远远超过西方国家。而且经过两年的发展，我国众筹出版的专业化水平也进一步提高，互联网众筹平台可以根据搜集到的数据对发起人的项目做预评估，具体包括风险承担评估、利润分配评估、发展空间评估以及市场销售评估（产品受欢迎度评估）等，专业化水平逐渐提高。在法律监管层面，我国证监会对众筹出版的监管也进一步完善，虽然还未颁布针对众筹出版的具体法律法规，但是《经济法》《知识产权法》《民法》等均对著作权、知识产权、财产权等做了具体规定。相信，在未来一段时间内，我国众筹出版这一新兴商业发展模块将会发展得更成熟，也会越来越得到国内外的认可，将进一步推动我国社会主义市场经济的发展。

（二）众筹出版发展的国外现状分析

国外众筹出版的理论现状分析。西方国家的众筹出版要比我国早，但是从对外文文献搜索的情况来看，国外对众筹出版的研究只是寥寥几篇，而且观点和看法也趋于相同，关于众筹出版的研究也仅能从奖励性众筹出版中找到相关内容，其理论研究也仅限于对本国比较出名的众筹出版平台的经营模式做简单的理论分析，并未提出实质性的见解和独树一帜的观点。但是这些观点和看法对于指导我国众筹出版仍具有一定的现实意义。笔者从查阅到的外文期刊中，了解到国外学者对众筹出版的研究主要集中于根据本国众筹出版的发展现状，分析其得以发展的政治、经济、科技原因；探究众筹出版和传统出版的区别，以及两者发展的时代背景；还有一些学者对众筹出版的研究集中于对众筹出版的产业链移植，以及对众筹出版的投资模式、运营机制进行具体分析。还有学者认为，欧洲国家众筹出版的发展历程、运营模式和在经营过程中呈现的具体问题，得出欧洲国家的众筹出版产业模式并未突破传统出版业的运营模式，虽然众筹出版在一定程度上促进了出版业的发展，但众筹出版在经营理念上仍受制于传统出版业的经营理念，并未有实质性创新。还有一些学者的观点正好相反，他们认为欧洲的众筹出版颠覆了传统出版业的出版模式，其在经营上的革新为新时代下的出版业指明了具体的发展方面，顺应了时代的发展要求，并预言众筹出版未来很可能取代传统出版业在市场上的位置。

国外众筹出版的实践发展现状分析。欧洲国家众筹出版比我国众筹出版早，而且欧洲国家具备更为优越的市场环境和人文环境，因此可以说，欧洲国家的众筹出版这一商业模块比我国众筹出版要成熟，各项制度也更加完善。但是，最近两年，随着我国互联网经济的进一步发展，政府对互联网经济的进一步支持，我国的众筹出版得到发展，与欧洲国家相比并非望其项背。欧洲国家的众筹出版专业化水平较高，互联网众筹平台具备专业的操作程序和专业的众筹风险预测机制；在监管方面，欧洲国家有专门的证监会、银监会等众筹监控机构和监管制度。据资料显示，截至 2016 年底，美国已经形成多家规模较大的专业化众筹出版平台，这些众筹出版平台从对发起人的信用考察、项目创新度评估、项目运行风险评估到对投资人的资产信用评估等均有系统的操作和流程。未来，欧美国家的众筹出版平台在国内市场乃至国际市场上的份额将进一步扩大，其竞争力也将进一步增强。

（三）我国主要的众筹出版发展平台的发展历程

众筹网成立于 2013 年 2 月，是国内最大、知名度最高、专业性最强的众筹出版运营平台，隶属于网信金融集团，是其旗下的子公司。众筹网的工作理念是“聚众人之力为众人服务”，其标志是“众”字，三个蓝色的人像图像，寓意互补互助，互相成就。众筹出版平台致力于为好的项目发起人“出谋划策”，提供“筹资、策划、运行”等一体化的众筹出版的专业服务，为有创新性、创造性、具有价值的图书出版项目提供实现梦想的平台。众筹出版平台的服务范围涵盖了科技、教育、文化、农业、公益性质等几十种图书。随着众筹出版发展的不断成熟，众筹网对经营模式不断探索和革新，创造性地提出了我国第一种众筹“粉丝经济”的经营模式，这一新兴众筹出版模式打破了传统出版静态、封闭的经营模式，在充分利用传统出版已有的粉丝人群的基础上，创造性提出了多元化的融资方式。众筹网还创造性地开创了全球首家“众筹大学”，推动了众筹出版的新型产业链的生态建设、可持续建设。“众筹大学”是指众筹网邀请各界学者、专家、精英等为发起人和投资人进行众筹出版的相关培训，树立其众筹出版的意识，提高其创业能力、经营能力、管理能力，从整体上提高我国众筹参与人员的专业素养和能力。

众筹网的出版平台是在传统出版的基础上不断优化发展起来的，是立足于国家核心期刊的综合性和专业性较强的众筹出版平台，其目的是构建一个操作便捷、办事高效、保障齐全的互联网众筹平台，竭力为广大文学爱好者提供书写梦想的平台。众筹出版项目涵盖的内容具体包括自然科学、社会科学、文学小说、曲艺杂谈、公益宣传、少儿健康等方面的内容；同时，众筹出版还在全国十余个省市建立了分站。在众筹出版的首页我们可以根据个人喜欢的内容和类型进行站内检索；在项目模块还设置有“新增前沿”“项目目标金额”“项目支持人数”以及“最受欢迎的项目排名”等模块。据资料显示，截至2016年第一季度末，众筹网共完成4651个图书项目，累计39122人参与到众筹出版项目中。

（四）国外主要众筹出版发展平台的发展历程

学术界所讲的众筹起源于比较发达的欧美地区，众筹模式在欧美国家快速发展主要得益于该地区开放和创新的思想基因，该地区的人们接受新事物的速度较快，包容度更大，更有益于新事物的生存和发展。众筹作为一种新的商业运营模式，要求民主、开放、自由和创新的精神和环境，要求民众具有高度的参与性和包容度，这些因素也是欧美国家众筹发达的重要因素之一。

众筹出版作为一种新的商业经营模式，它一方面继承了传统出版的运行思维，另一方面吸收了互联网时代众筹出版的网络思维，国外的众筹出版是传统出版和互联网相结合的时代产物。其在经营过程中呈现的先进经验为我国众筹出版提供了一定的借鉴意义。下面笔者就英国、美国、加拿大等国家的众筹出版的发展历程做简要介绍。

英国的Unbound众筹出版。于2011年上半年在英国伦敦成立的Unbound众筹出版的专业互联网平台，是全球首家众筹出版平台，它的发起人是三位作家。Unbound是建立在传统出版业基础上的众筹出版平台，它继承了传统出版业的运营思维，在传统出版业经营的思维上，借助现代互联网技术进行操作生产。

Unbound之所以具有较高的众筹出版成功率是因为它继承了传统众筹出

版的操作模式。Unbound对发起人的项目从项目创意、项目内容到项目结构等环节进行严格的筛选和把关，在传统出版的基础上，进行创新创造，形成具有自己风格的众筹出版模式。

Unbound在经营过程中扮演双重角色，既是众筹出版平台又是出版商。Unbound的经营模式是通过预先订购图书，来降低众筹出版的风险。所谓“预定图书”是指Unbound要求在该平台发起众筹的项目必须是已经完成或者即将完成的图书，这样一方面可以降低众筹出版的风险，另一方面可以加快资金回笼，提高经济效益。Unbound众筹出版平台的一个显著特色即Unbound赋予项目发起人和投资人更多的选择权、话语权和决策权，项目发起人和投资人可以根据个人兴趣有选择性地发起项目和进行投资，并根据契约精神对完成的项目获得回报或服务、产品等。Unbound众筹出版平台还创新性地与明星和知名作家合作，充分利用其“名人效应”推动众筹项目的实施，以获得更好的经济效益。

美国的PUBSLUSH Press众筹出版平台。PUBSLUSH Press成立于美国，是一家专业从事图书众筹出版的互联网众筹平台，拥有全球最专业的图书众筹管理团队，其总是为拥有梦想的文学爱好者、作者提供实现梦想的平台，为他们打开实现梦想的大门。

PUBSLUSH Press众筹出版是众筹出版和自主出版的有机结合体，它为发行规模较小的图书提供出版发行的机会。PUBSLUSH Press众筹出版的创新之处在于其对作品的“自由度”和“放权”，笔者这里所说的“自由度”和“放权”是指PUBSLUSH Press将把作品内容和模式的选择权交给读者和支持者，由他们根据个人价值观、个人兴趣选择认为有价值的项目进行出版发行。PUBSLUSH Press在发展众筹出版业务的同时也开展纸质版和电子版的图书众筹项目，它为此还设立了一个专门的经营模块，有机地实现项目发起人和项目出资人之间的工作对接。PUBSLUSH Press和其他众筹出版平台一样，需要众筹发起人提供所需出版图书的相关内容，具体包括对图书的整体构思、图书的内容概要、图书的核心内容等，支持者和读者根据这些信息来帮助他们做出宏观的判断和评价。PUBSLUSH Press根据出书的具体情况为出版的图书量身打造专业化的出版服务，具体包括内容编辑、插图设计、操作运行等图书出版服务。

加拿大的Fan Funding众筹出版平台。Fan Funding于2013年8月13日成立，由雅虎创始人创立，旨在建设一个社会化的众筹出版的网络平台，该平台的成立为广大文学爱好者提供了一个施展抱负的平台。经过审核后，项目发起人就其图书的创意等形式募集资本，发起项目，完成众筹；项目发起人也可就其已完成的图书和创意进行筹集资本发行出版。Fan Funding平台规定，在该平台上线发行的所有项目需在30日内完成众筹目标额，未在规定时间内完成众筹目标额则支持者的投资将全部退回支持者本人。Wattpad众筹出版平台是Fan Funding的上级主管单位，因此，所有在Fan Funding众筹出版的发起人的项目均可以在Wattpad众筹出版平台享受免费出版的待遇。Fan Funding是“粉丝资助”的意思，因此此平台最大的特色就是利用粉丝的力量集资赞助项目发起人，实现图书出版。不同于其他形式的众筹出版回馈形式（资金、产品、服务、技术等形式）的是Fan Funding众筹出版回报粉丝的方式十分个性和时尚，也就是说支持者、粉丝可以参与图书部分内容的版式制作、插图设计和小说人物姓名的命名等。比如，一位作家在Fan Funding上发起众筹出版时承诺，每位粉丝、支持者的出资额超过25美元时，项目完成时支持者可以获得一份精美的该读物的电子书稿，对于资助额达到500美元的，资助者可以命名小说中的人物名字，也可以用自己的名字对小说中的人物进行命名，并且在项目成功后可获得一本纸质版的出版物。

从英国、美国、加拿大三个国家具有代表性的众筹出版平台我们可以看出，国外众筹出版平台已经发展得十分成熟，已经逐渐建立起专业化、信誉度水平较高的众筹出版平台和操作体系。这些众筹出版平台在延续和继承传统出版的优良操作流程的同时，大胆革新，创造性地把互联网和出版结合起来，研发出适合本国国情的、操作性较强的众筹出版平台。而且国外的众筹出版平台以市场为导向，以图书追求者为支撑构建多元化发展需求的众筹出版平台。我国众筹出版互联网平台近年来也取得了骄人的成绩，但是在发展规模和运营上仍存在不足与缺点，因此借鉴和学习国外众筹出版平台的优秀管理经验对于指导我国众筹出版的进一步发展具有重要的现实意义，同时也可以进一步拓宽我国众筹出版的经营理念和管理思路。

（五）国内外主要众筹出版平台发展历程的对比分析

我国众筹网众筹出版平台的经营模式和国外最具有代表性的 Kick starter 的众筹出版平台在发展历程上有诸多相似之处。下面笔者就二者在发展历程中的相同点以及存在的异同做详细分析，具体情况如下：

众筹网和 Kick starter 发展历程的相同之处。首先，二者众筹出版参与主体一样。众筹网和 Kick starter 在发展过程中，两者有着相同的运作模式，比如二者都涵盖四个运营主体：项目发起人、众筹出版平台、项目出资人，第三方支付平台等。这里所讲的第三方支付平台是指，在众筹过程中，项目出资人对项目的支持资金通过第三方金融机构进行资助，第三方为项目发起人和项目出资人提供线上支付等相关金融服务。

其次，二者的众筹出版流程相似。众筹网和 Kick starter 众筹出版平台均制定了严格的众筹出版管理制度，二者均要求图书项目发起人在规定的时间内募集一定数额的众筹资本，规定时间（一般是 30 天）内发起人募集的资本达到或者超过预定金额的，完成众筹出版，否则众筹出版项目失败，众筹资金退回给项目出资人。项目完成后，出资人可以根据约定获得一定的回报，回报既可以是资金、图书产品，也可以是股权、服务、技术。

再次，二者有着相似的服务宗旨。众筹网与 Kick starter 的众筹出版设立之初，二者的服务宗旨都是希望通过搭建出版和众筹相结合的综合性和专业性较强的出版发行平台，为广大的读者提供阅读平台，为广大作者提供实现梦想的平台。

众筹网和 Kick starter 发展历程存在的差异。首先，众筹网和 Kick starter 在图书项目众筹金额方面存在差异。众筹网在不同发起项目上设定了不同的目标额，分档归类，设定的资助额度的跨度非常大。例如，在众筹网众筹出版标的额位居第二的图书《连接》的资助金额根据实际情况分为多个档次：49 元、245 元、490 元、2450 元、9800 元、24500 元、53900 元、85000 元和无偿资助。各档次之间区分明显，有差异有梯度，投资人可根据个人情况进行投资，选择不同的投资项目。《连接》的服务对象主要针对企业，对国内各大企业进行宣传和推广该图书，项目发起的主要目的并不是向企业兜售图书，而是向企业提供相关服务，比如向企业提供就业培训等企业内部培训服务。而 Kick starter 的众筹出版模块在资助金额的划分上，各档次之间的差距并不大，但是各档次之间的划分比较细，很详尽；另外就是 Kick starter 在发起人募集资本时设置了资本支持人的最低投资金额，但是没有设置最高投资金额，即“有最低限制，无最高限制”，这种较为宽松的投资模式，更有利于发起人和项目投资人之间的具体操作和实施。

其次，众筹网和 Kick starter 在回报内容和方式上存在的差异。学术上，将众筹出版的回报方式分为两种，一种是有偿回报，一种是无偿回报。目前，国外众筹出版项目仅有有偿回报一种形式，在实践中不存在无偿回报的形式，但是我国既有有偿回报也有无偿回报，我国众筹网的众筹出版平台则设置了无偿资助的选项，资助人可以根据个人意愿选择有偿或者无偿的资助形式。无偿支付，顾名思义，就是支付者不需要发起人对其回报，我们在此就不再赘述了。有偿回报在实践中划分得比较细，包括实物回报和非实物回报。实物回报又可以分为图书、作者签名、贺卡、书签、纪念册等图书产品和附加品；非实物回报则包括网络沙龙、在线网络服务、网络课堂等。Kick starter 众筹出版有偿回报和项目本身有很大的关联性，而我国众筹网的有偿回报的形式具有多元化特征，回报的形式可能和出版项目本身有关联，也可能没有关联。比如，众筹网出版的很多项目，在回报设置内容上很多是一些和图书项目无关的抽奖、电子产品、生活用品等，回报的内容和项目产品本身关联性、契合度很低。实践中，Kick starter 的回报内容基本上都是众筹图书项目的电子版、纸质版、音频版以及与图书项目本身相关的其他产品和服务等。因此，众筹网以实物和服务回报为主要形式，而 Kick starter 则主要是以实物的形式为回报。

再次，众筹网和 Kick starter 在佣金费用收取方面的差异。众筹平台也是作为一种盈利平台，因此需要收取一定的佣金以维持众筹平台的正常运营和保证项目发起人的利益。众筹网和 Kick starter 均是通过第三方支付平台划拨佣金的，不同的是众筹网在众筹项目完成后通过第三方扣除众筹总额的 15%作为佣金费，而 Kick starter 则是在项目完成后扣除项目总金额的 3%～5%作为众筹平台佣金。众筹网和 Kick starter 均规定在项目众筹失败时，不收取任何佣金；值得提出的是，众筹网规定，众筹出版项目完成后但是因为发起人导致无法向投资者履行回报的，则项目发起人需向众筹网支付总金额的 1.5%作为佣金。随着众筹出版平台的异军突起，众筹出版之间的竞争也日趋增强，Kick starter 等很多国外众筹平台则采取降低众筹佣金的手段吸引项目发起人。近期，国内很多大的众筹出版平台则采取免收佣金的手段来提高平台的竞争力。

最后，国内外众筹出版政治环境的差异。众筹出版模式这一新兴的商业经营模式，近年来快速的发展得益于良好的市场监管体系、完善的金融监控体系、健全的法律法规以及良好的金融信用体系，这些优良的外部环境是众筹出版业快速发展的客观条件。美国联邦政府为了促进本国众筹出版业的迅速发展，制定了一系列金融信用及监控体系、法律保障体系等。例如，2012 年奥巴马政府颁布的 JOBS 法案（《创业企业金融法案》），该法案的颁布为美国众筹出版等模式的众筹产业提供了坚实的法律支撑，有效地保证了众筹平台的合法性，确保了其法律地位，明确了其在经营过程中的权利和义务。该法案的颁布极大地促进了本国互联网经济的发展。截至 2017 年底，我国仍未出台众筹出版的相关法律法规，众筹出版等众筹模式的其他产业在实践中仍然缺乏相关法律的监管。虽然 2014 年底，我国证券协会出台了一个规范股权众筹的意见征求稿（《股权众筹融资管理办法（试行）》），但是该征求意见稿没有任何实质性的现实意义，众筹的很多内容，在征求意见稿中并没有提及。因此，进一步完善法律法规，加强对众筹出版的监控是今后政府努力改革的一个方向。

三、众筹出版的发展前景

（一）众筹出版发展的不利因素

众筹出版作为一种新兴的众筹出版模式，有着广阔的众筹发展空间，其发展前景十分可观。但是众筹出版在其发展中也存在着一些不利因素阻碍着众筹出版业的进一步发展，这些不利因素主要表现在以下几方面。

众筹出版产品市场单一。据相关数据和实践表明众筹出版产品的市场单一，不具有多样性和多元性。从笔者调研到的数据可以看出，发起人的个人名气越大，其众筹出版的项目越容易成功，也就是我们通常所说的“明星—粉丝”效应。比如说，一个明星、比较有名气的作家在发起众筹，该众筹项目就容易受到该明星、出名作家粉丝的追捧，其项目就轻而易举地获得成功。这些“明星—粉丝”效应就容易导致众筹市场缺乏竞争机制，进而导致众筹出版的市场单一，缺乏创新性、创造性、多元性、多样性。比如，2016 年 6 月北京一家众筹出版平台发起的一个《文明社会原理》的项目，具有较高的文学价值，但是两个月内没有获得任何支持者的支持。相反，一位明星发起的与文艺表演相关的项目，从项目发起、项目内容编辑、排版、印刷、出版等环节不到一个月，众筹项目就完成了。

存在侵害知识产权的风险。知识产权在《民法》上也被称为“知识所有权”，是指权利人对其所创造的智力成果享有所有权（财产权）。知识产权一般有时间限制，权利人在一定时间内对其智力成果享有财产权。这里所说的智力成果是指创造发明、专利的外观设计、著作，商标等都被视为权利人的知识产权。学术界通常把知识产权分为著作权和工业产权这两类。著作权具体包括出版权、署名权、编纂权、放映权等权利；工业产权具体包括商标权、专利权、商号权等权利。

发起人的出版项目在众筹平台发起众筹时往往需要提供已完成的书稿、书稿创意、书稿梗概等内容，这些内容和创意一旦在网上公布就会有被窃取的风险，众筹项目未完成时，发起人的出版项目遭受侵害的风险就大大增加。因此，知识产权被侵害也是阻碍众筹出版进一步发展的重要障碍之一。

众筹出版专业化水平较低。虽然我国近几年众筹出版发展较快，但是和西方发达国家相比，我国众筹出版仍处于起始阶段，众筹出版的专业化水平仍然较低。实践表明，我国众筹出版存在数量多规模小、鱼龙混杂、整体专业水平较低的现象。目前，虽然国内很多众筹出版平台提高了市场竞争力和专业水平，但是因为众筹出版的类别较多，未形成成熟的众筹出版操作和运行模式，因此我国众筹出版的专业化水平仍然较低。众筹出版平台较低的专业化水平也是制约众筹出版发展的不利因素之一。

存在信用危机。实践中我们不难看到很多项目发起人在项目发起后出现违约的现象，项目发起人违约也是制约众筹出版发展的不利因素之一。众筹出版的信用危机是指众筹出版的发起人在众筹的过程中违约，阻碍众筹出版的实施，因此解决众筹出版的信用危机是今后工作的重中之重。实践中众筹出版的信用违约主要是指：第一，信息错误。众筹出版的发起人在众筹出版平台提供的信息严重失实，导致投资人给予错误信息做出了投资行为。第二，发起人违约。出版项目的发起人未按照合同规定或者众筹协议履行相应的义务，并造成一定的损失。第三，欺诈。图书项目发起人或者众筹出版平台发布虚假信息，对投资人存在欺诈行为。例如，众筹网上众筹取得重大成功的《后宫·甄嬛传》，前两年在网上闹得沸沸扬扬，其主要原因就是《后宫·甄嬛传》项目在发起众筹结束后，对支持者的回报就存在信息不对称和欺诈的嫌疑。有网友表示，出资人在投资后，并未获得项目发起人承诺的回报。这个案例说明，投资者在投资众筹出版项目时可能面临的潜在风险和存在的现实问题。在出版项目运行过程中，如果出资人对发起人提供的信息或者对项目本身存在疑问，按照规定，出资人只能通过在项目出版的“问题提问和反馈”模块提出疑问，然后项目发起人对疑问或问题进行回答，无论是在时间上还是双方当事人的主体地位、信息等方面都存在着较大的不对称性。截至2017年底，我国还未出台相关的法律法规对众筹出版在信息平等以及信用评价机制、公共知识产权等方面做出相关规范。

（二）推进众筹出版发展的设想

从当前我国众筹出版的发展现状和发展前景来看，我国众筹出版这一商业发展模块在当前竞争日益激烈的市场环境下，是机遇也是挑战，众筹出版行业只有把握机遇，积极迎接挑战才能进一步推动我国众筹出版的快速发展。进一步构建专业水平高、市场产品多样化的众筹出版业是时代发展的必然趋势，完善法律法规监管体系，建立积极的金融信用体系也是今后众筹出版的重中之重。

构建多元化的众筹出版市场。“互联网＋”的大时代背景下，众筹出版的传播性、交互性的特点极大地切合了互联网时代时尚性、个性化、前沿性需求的特征。众筹出版只有改善图书项目市场单一的现状，构建和开发具有创新性、新颖性、时尚性、多元化的图书市场，开发和挖掘更加丰富的内容和题材，才能满足人们日益增长的文化精神需求。美国学者 Maris Kreizman 表示，未来众筹出版市场以多元化、前沿性较强的小众出版物为主。“小众出版”是指对市场消费人群进行精细划分后的小众群众出版读物的出版活动。小众出版的目标人群是具有一定专业背景或者具有特定兴趣和爱好的读者，小众读物通常意义上比较冷门，具有较高的专业性，内容和题材往往涉及学术性较强的课题或者学术报告，作者针对某种社会现象展开调研或者进行科学实验，依赖于某领域的专业知识，因此它的读者群体较小，读者群比较稳定。但是由于这种学术期刊的受众群体和读者群较窄，专业性较强，因此出版这类图书存在很大的发行量小、销售量小的风险。实践中，我们如果把众筹出版运用到小众出版和专业学术、期刊出版中，一定程度上可以改善当前我国图书市场单一的局面，一方面有利于丰富我国文化市场，另一方面可以推动我国专业科研水平的提升。我国倡导全民阅读，在这样一个大的时代背景下，出版商应以此为契机，大力发展小众图书市场，深挖图书市场，发展多元化的图书市场，增加小众图书的读者群，增加小众图书的销售渠道，不断提升小众图书的知名度和受欢迎度。

完善法律法规，保护知识产权。目前，从我国实践来看，众筹出版在保护出版项目发起人的知识产权方面仍存在很多欠缺和不足，造成这些欠缺和不足的原因主要表现在以下几方面：第一，大众缺乏对权利保护的正确认识。近年来，我国经济虽然取得了较大发展，但是人民的法律意识、权利保护意识仍然非常淡薄，对知识产权的认识仍然不到位。第二，法律法规不健全。众筹出版在我国取得了较快发展，但是我国仍然没有建立一部完善的法律法规对此作出规定，仅有证券协会对众筹作了简单的规范。这两点是导致众筹出版发展受到阻碍的重要原因之一。众筹出版是一个开放性平台，众筹项目的发起人将其作品的梗概、主题思想等内容展示在众筹平台，这些公开展示未发表的作品，很容易导致出版发起人的作品被窃取，因此最大限度地保护知识产权人的合法权益不被侵害是十分有必要的。具体可以通过以下途径解决：首先，缩短众筹项目的上线时间，减少盗窃的时间因素；其次，众筹出版的发起人和众筹平台签订项目的保护协议；最后，健全和完善监管体制。

提高众筹出版平台的专业化水平。虽然众筹出版在我国取得了一定的成绩，但是就目前我国众筹出版的经营水平来看，其专业化程度仍然比较低，因此大力提高众筹出版平台的专业化水平是今后我国众筹出版的努力方向。提高众筹出版的专业化水平，一方面可以降低经营成本，另一方面可以制定专业化、个性化和多样化的服务，满足发起人、众筹出资人多元化的要求。建立专业化的众筹平台就是利用十分发达的互联网技术，利用互联网发展思维缩短发起人和市场、作者和读者之间的距离，根据市场需求定制众筹项目，完善服务体系，提高服务水平、服务质量。我们可以借鉴国外众筹出版的模式，建立专业的众筹出版平台，制定专业的图书营销渠道。目前我国逐渐形成建立专业众筹出版模式的发展意识。同时，众筹出版平台可以借鉴传统出版的运营模式，建立以出版为主导、以市场需求为导向的众筹出版平台。进一步加强对发起项目的审核，充分利用传统出版社的编辑、审核等专业化较强的团队，提高效率，降低出版成本。另一方面，传统出版和众筹出版密切结合，互补互助，各司其职，提高效率，创立“绿色”的经营环境，塑造良性的出版内外部生态环境。

构建完善的信用体系和风险防控体系。实践中，众筹出版在经营过程中，往往出现各种信用风险、当事人违约的情形，因此众筹出版平台除了加强对众筹出版各个环节的防控之外，还应从以下几方面进行操作：第一，构建“阳光、透明、健康”的众筹出版操作平台。阳光、透明的众筹出版操作平台，一方面可以使发起人、投资人等对众筹出版各个环节、具体操作和运行情况都有所了解，提高各方当事人对众筹出版的信任度；另一方面，透明的操作程序可以降低各方的投资风险，在各个环节对潜在的风险进行防控。第二，严格信息审核制度。构建完善的信任风险防控体系，众筹出版平台应建立完善的当事人信息审核制度。一方面加强对项目发起人的个人信息、项目信息的审核，确保发起人的个人信息、项目信息的真实性、可靠性以及质量；另一方面加强对投资人资信的审核，确保项目投资来源的合法性。第三，建立完善的资产审核制度。为保证出版项目的有序、正常运行，应进一步加强对募集资本到账情况的宏观监控，确定投资人的资金到位，同时保证投资人的回报到位，保障各方当事人的合法权益。因此，构建完善的信用体系和风险防控体系，对于促进我国众筹出版的发展具有重要的推动作用。

发展多元化的宣传、推广平台。随着互联网技术的进一步发展，人们社交途径也变得日趋多元化和便捷化，而且对人们工作、生活的影响也越来越大，在人们生活中占据着重要位置。众筹出版的进一步发展，也应该充分利用现代互联网络社交平台，加强多元化的宣传和推广。构建多元化的宣传和推广平台，加强人们对众筹出版各个环节的了解，然后吸引更多人参与到众筹出版这一商业模块。构建多元化的宣传和推广平台，一方面，为项目发起人和投资人建立了良性的交流平台，促进双方当事人有效的沟通和交流；另一方面，可以扩大社会群众对众筹出版的了解和认知，为群众提供更多的投资机会，为众筹出版平台创造更多的经济利益，众筹出版的广度和深度决定了其未来发展道路的长度和宽度。

因此，构建和完善多元化的众筹宣传、推广、社交平台，把握时代发展的契机，为广大民众提供优质的投资机会和投资渠道，促进发起人和投资人的良性互动，对众筹出版的发展具有重要的现实意义。充分利用互联网社交媒体信息更新快、受众群体广、内容新颖简洁的特点，能够快速吸引广大潜在投资者的注意力，让他们不知不觉中打开链接，去阅读和了解众筹出版。从心理学上讲，人都有从众心理，对于头条、热门等众筹出版的项目，民众往往跟从别人的选择，再加上互联网社交平台的有效推广，其效果可想而知，因此构建良好的众筹出版的营销口碑是互联网社交平台推广的重要基础之一。众筹出版平台可以利用“明星效应”，充分开发众筹出版物的价值，比如，邀请知名专家、学者给众筹出版物写推介、述评、寄语、解读等，然后在公众号、微博、朋友圈等进行宣传，扩大众筹出版项目的社会影响力，吸引“粉丝”、潜在读者参与众筹出版项目。

第三节　众筹出版的原因分析

大致从 2011 年起，我国互联网众筹出版平台如雨后春笋陆续产生，众筹出版模块作为一个图书出版人、文化出版、策划等相关文化创意模块已经异军突起，成为国内互联网众筹出版平台发展最快的模块。我国众筹出版这一新兴众筹出版模块在较短时间内取得快速发展的重要原因既是众筹出版平台自身不断努力发展、不断完善自身经营水平、管理水平，不断提高自身服务水平、服务质量的结果，也是国内对发展众筹出版这一新兴商业模块的政策支持、政策扶持的重要原因。下面笔者将对影响众筹出版的内外部原因做具体分析。

一、影响众筹出版快速发展的外部原因

影响众筹出版快速发展的外部原因也称影响众筹出版的客观原因，具体包括：技术原因，高速发展的科学技术对众筹出版造成的客观影响和推动作用；“互联网＋”网络经济快速发展的大时代背景下，传统出版业遇到进一步发展的瓶颈，这一瓶颈也是阻碍传统出版业进一步发展的重要原因，同时也是促进出版业和众筹结合的催化剂；民众个人文化素质的不断提高，个人精神文化需求的进一步提高要求新的文化传播形式和学习模式，这是促进众筹出版快速发展的现实需要，是众筹出版快速发展的土壤；现代互联网移动终端系统的快速发展为众筹出版的快速发展提供了技术支撑，是众筹出版快速发展的助推器。下面笔者将从以上四个方面对影响众筹出版快速发展的外部原因做详细分析。

（一）快速发展的互联网技术

随着互联网技术的快速发展，人们生活的方方面面也日趋受到互联网技术的深刻影响。今天，我们之所以说“地球村”“信息社会”就是强调快速发展思维互联网技术对人们生活产生的重要影响，对我国经济、文化、教育、农业等方面产生的积极影响和推动作用。互联网技术的快速发展产生的积极影响和取得的重大成就更多体现在互联网技术对我国社会经济的影响上。互联网技术的发展对经济的影响主要体现在互联网技术缩短了市场经济各主体之间的距离，改变了市场各主体之间的交流方式，极大地提高了工作效率。首先，发达的互联网技术为众筹出版的快速发展提供了技术支撑，互联网技术为众筹出版在经营模式、经营手段等方面提供技术指导，为众筹出版提供专业、准确的技术，避免众筹出版在经营过程中出现技术问题造成损失。其次，互联网技术为出版提供了专业的众筹平台。众筹出版可以充分利用互联网大数据，挖掘潜在的众筹出版项目的出资人和读者，从而提高众筹出版项目的成功率和经济利益。最后，互联网具有超乎常人想象的信息传播功能，互联网作为新媒体的一种，具有大众媒介推广和主体人际媒介推广的双重属性。因此，充分利用和发掘互联网的媒介传播功能，在传统媒介推广的基础上开发新的募集社会资本的形式。

（二）新形势下传统出版业遇到的发展新瓶颈

随着新媒体的快速发展、互联网技术的普及，传统媒介推广方式在新时机下面临巨大的挑战。出版业作为传统媒介方式的一种面临着巨大的挑战，新形态下，面临着新发展的瓶颈问题亟待解决。新媒体的不断发展，也在一定程度上促进我国国内出版机构逐渐转型，出版业的行业结构也逐渐发生调整。2014 年，国家广电总局发布的我国近年来新闻出版行业发展、规划分析等相关的报告中指出，2014 年我国图书出版总量和图书出版种类较 2013 年都有不同程度的提升，但是传统纸质版（报纸、杂志、期刊、图书、字典等）在出版业总体数量中的比重出现连年持续降低的现象，这一数据从侧面说明我国传统出版业在大数据时代下正面临着发展新瓶颈，这就迫切要求出版业和互联网平台密切结合，缩短出版业和互联网新媒体的隔阂，并加强两者之间的合作；因此可以说，互联网技术的快速发展于传统出版业而言，既是挑战也是机遇。传统出版业在当前情况下存在的另一个现实问题是单一、封闭、静态的经营模式，无法满足日益增长的多元化市场需求。传统出版业在经营过程中往往受到经费、市场需求、图书作者个人喜好等条件的限制，读者和投资人不能参与到图书出版的过程中，于是导致投放到市场上的图书比较单一，缺乏多样性、时尚性和前沿性，不能满足个性化、多元化、小众化的市场需求。实践中我们可以发现，传统出版业在新媒体、电子图书、电商等多重竞争的打压下，最终出现图书种类增多，图书价格不断攀升、利润降低但是库存依然出现大量积压的现象。因此，传统出版业应根据自身发展情况，实事求是，不断革新，进一步加强与互联网等新媒体的合作，调整产业结构和发展模式以顺应时代的发展潮流。

（三）公众的社会参与意识和能力增强

随着改革开放的进一步深化推进，公民社会生活的方方面面都发生了深刻的变化，公民参与社会生活的意识也越来越强。学术上讲的公民意识主要包括四要件：主体意识、权利意识、责任意识以及参与意识，公民的参与意识是四个意识的基础也是四个构成要件的前提，如果公民没有参与意识，则谈不上权利意识也谈不上责任意识。因此可以说公众的社会参与意识和参与能力的增强是社会变革的重要基础和根据。当今社会是人类文明发展到一定阶段的产物，是互联网时代的到来，是科技大爆炸时代的到来，互联网技术的普遍运用使人类经济社会发展的基础发生了重大变化；在此过程中，社会公众的身份也发生了重大变化，变得复杂、多元，既是文化、信息的消费者，又是文化、信息的缔造者和传播者，即学术界中的“智慧群体”。现代互联网技术的发展，使公众之间的距离进一步缩小，“智慧群体”在聚集的过程中，基于共同的参与意识、共同的利益、共同的责任而不断合作并不断产生“群体智慧”，这种由“智慧群体”到“群体智慧”形式的转变就是现代众筹出版形成的基础和雏形。

（四）大数据背景下移动终端的发展

随着互联网技术的进一步发展，“大数据”时代到来。大数据背景下，各行各业之间，经济、文化等领域之间逐渐建立起信息共享机制，相互之间的数据和信息不断交换和利用，与此同时，各领域、各行业的经营主体的数据分析能力、转换能力、处理能力等不断增强。新常态下，互联网移动传播和移动终端技术也得到极大发展，而移动终端技术的快速发展很大程度上促进了众筹出版的发展，为众筹出版的发展提供了坚实的技术支撑。一方面，移动终端技术的发展极大地缩短了众筹出版项目发起人和项目投资人的空间，为众筹出版挖掘了强大的潜在项目、资金、消费群体等。民众往往依靠一个手机、平板电脑在任何网络覆盖的地方都可以实现互联网交易，不再局限于室内操作，极大地解放了传统出版业对地域和人力的限制。另一方面，随着支付宝、微信支付、QQ红包、微信红包等第三方支付平台的发展，手机的另一种功能就是支付，民众只需要将支付宝、微信钱包和银行卡绑定就可以代替现金、银行卡进行支付。而且伴随着淘宝、京东、天猫、拼多多等电商的迅速发展，网上采购和支付也越来越受到年轻消费群体的青睐和拥护。这种便捷的付款方式，极大地满足了年轻人快节奏的生活需要。第三方支付平台的出现极大地促进了众筹出版的发展，为众筹出版的发展提供了技术和智力支撑。人们可以通过智能手机、iPad等在众筹出版平台浏览自己感兴趣的出版项目，然后通过第三方支付平台直接为自己支持和感兴趣的众筹项目提供资金支持，大大缩短了时间差，极大地提高了工作效率。

二、众筹出版快速发展的内部动因

（一）项目发起人的原因

随着互联网技术的进一步发展和普遍运用，项目发起人充分利用现代互联网技术，打破传统出版的模式，利用众筹平台实现出版图书的目的。互联网模式下，图书项目发起人通过众筹平台可以直接和支持人以及潜在支持人进行沟通和交流。项目支持人、读者和潜在的支持人、读者可以在众筹出版的“留言专区”“建言献策”等模块就图书项目的编辑、设计、插图、故事发展等提出自己的观点和看法，项目发起人可根据留言对支持人的疑问和建议进行一一回答和改进，也可以提出自己的观点、看法以及设想；总而言之，众筹出版平台的出现为项目发起人和项目投资人之间进行对话创造了良好的条件和平台。首先，众筹出版项目发起人可以及时把握“市场需求”，根据项目支持人的实际情况，出版发行图书，实现真正的“按需生产”，避免图书资源浪费。其次，提高宣传力度，扩大范围。众筹出版项目发起人可以充分利用互联网等新媒体平台宣传自己的项目，吸引更多的潜在人群参与到众筹出版项目当中来，进而实现经济效益。再次，准确把握市场发展动态。众筹出版要求众筹出版项目的发起人和众筹项目的支持人必须实名登记以保护双方当事人的合法权益。因此，众筹出版平台可以充分利用大数据技术，通过追踪众筹项目支持人浏览记录来分析支持人的兴趣、爱好、习惯等，然后根据获取信息准确定位市场需求、发展动态，有效提高图书的销售率。

（二）项目投资人的原因

社会主义市场经济的进一步发展，互联网技术日趋影响着人们的经济生活，影响人们的经济行为。实践表明，经济活动中，人们越来越不满足于传统的市场经济的发展模式，被动地选择、接受商品，而这一现象的出现主要是因为人们文化水平的不断提高、权利意识和消费意识的逐渐成熟。现代社会，人们更愿意了解和参与产品的生产和产生过程，以增加对商品的信任感。传统图书产品在创作过程中，并不是以市场用户信息的前期考察为依据的，而是作者根据个人阅历、爱好等来创作的，因此可以说传统出版的图书无论是在构思还是设计等方面都缺少和市场信息的对接。因此，众筹出版过程中提高众筹出版投资人的参与度、了解和把握潜在读者的兴趣和爱好是今后众筹出版的努力方向。一方面，投资人通过发表自己的观点和看法，把合理的建议和意见融入出版图书的编辑、设计、出版等各个环节，提高图书的销售率。另一方面，众筹出版在经营过程中，应根据市场的需求设计多元化和个性化的图书产品，满足人们的不同需求。最后，我们在大力发展多元化图书，考虑市场需求的同时也要考虑文化需求，出版一些文化水平高、专业性强、有较大现实意义的学术作品，以满足人们不断增长的精神文化需求，提高国家科教文卫事业的整体水平。

（三）众筹出版项目的原因

我们从实践中可以看出，我国众筹出版较传统出版业，在出版书籍的种类、数量、销量以及质量等方面都有很大提高。众筹出版在发展过程中又呈现很多特点，比如，规模小、种类多、内容丰富、个性化强等特点，众筹出版在很大程度上满足了人们日益增长的文化需求。更难能可贵的是在传统出版模式下，因各种原因不能出版的图书，现在借助众筹出版的平台，可以根据读者数量进行生产，也就是说，众筹出版既满足了读者的“大众需求”同时也满足了读者的“小众需求”。众筹出版平台针对不同层次读者的不同专业化需求“量身定做”，这种灵活性和多元性极大地满足了层次较高的读者的需求。

（四）参与主体实现有效互动

众筹出版平台不仅仅是一个图书项目从发起到募集资本再到项目完成、投资人获得回报的过程，它更是各参与主体有效互动、共同完成图书项目出版的过程。图书项目出资人通过与出资人的有效互动，可以根据出资人的意见和建议充分了解市场动态和需求，窥探市场信息，根据市场相关数据最大化地满足市场需求。项目出资人在互动中，提出对项目的观点、看法以及建议，再获得参与后的心理满足感，参与制作一部图书作品所带来的成就感和荣誉感，一方面会促进出资人更好地完成对图书作品的制作和监督；另一方面可以督促出资人按期交付出资额，保证图书项目顺利完成。出资人在互动交流的过程中实现角色的转变，由被动转向主动，出资人更加积极地参与图书出版活动。另外就是众筹出版平台通过开设互动留言专区，为发起人和出资人构建平等的互动交流平台。众筹出版平台提供的这种“虚拟交流社区”，一方面打破了各交流对象之间的区域限制；另一方面转变了传统交流方式存在的现实弊端，以更加方便、快捷的形式，为众筹出版当事人双方提供交流的新形式。在众筹出版平台，发起人和投资人双方是众筹出版的会员，双方当事人平等地交流、谈话，发表自己的观点和看法，更有利于推进图书出版的制定和发行。

（五）有力的技术支撑

众筹出版作为一种新兴商业经营模块，随着互联网产业的快速发展与推进，近三年来也取得了骄人的成绩。2014 年，我国出台了许多法律法规，对互联网行业做出进一步监督和管理，在此背景下，包括众筹出版在内的互联网行业得到了进一步发展。互联网移动客户端的设置，为众筹出版等互联网行业的快速发展提供了可能和实现的依据。我国电商的领头羊京东和淘宝也顺应时代发展的要求，在原经营模式和经营范围的基础上逐渐开展众筹等相关业务，充分利用手机客户端等移动设备，开创众筹出版的新形式。各大互联网为顺应“互联网＋”时代的发展要求，积极研发移动客户端、搜索引擎等新的互联网技术和功能，不断创新、完善新的经营方式，不断提高技术水平，以更加专业和优质的服务推动众筹出版等商业模式的发展。

（六）积极借鉴国内外先进经验

西方国家的众筹出版行业比我国开始得早，而且西方国家具备众筹出版等互联网行业快速发展的科学技术环境和人文环境。近年来，西方国家众筹出版取得了骄人的成绩，很大程度上推动了西方国家文化事业的快速发展。因此借鉴西方国家发展众筹出版的优秀先进经验是我国众筹出版行业近年来快速发展的原因之一。众筹网等我国众筹出版模块发展比较好的众筹平台在成立之初很大程度上都借鉴了西方国家众筹出版的发展模式，比如投资人项目审核形式、审核标准、审核途径等都参照了西方国家众筹平台的做法；在投资人资本投入形式等方面也借鉴了西方国家众筹平台引荐第三方支付平台的模式；图书项目完成后对图书的宣传和预售以及对投资人的回报形式；调动项目投资人参与图书设计、整理等增强项目发起人和投资人之间的对话与互动，不断完善和提升作品质量等都参考了西方国家众筹出版的经营模式。我国众筹出版平台结合国内众筹出版的实际情况，积极借鉴国外众筹出版平台的发展经验，学习其先进的理论和实践技术，对于指导我国众筹出版的发展具有重要的现实和指导意义。

众筹出版作为一个新兴的商业发展模式，把传统出版业和互联网众筹有机结合起来，将互联网技术运用到出版业上，打破了传统出版业静态、封闭的经营状态，因此可以说众筹平台在很大程度上促进了我国出版业的进一步发展。众筹出版的快速发展既有当前互联网经济快速发展的大时代原因，也有我国众筹出版平台在发展过程中不断改革、创新、学习国外先进经营管理经验等深刻的自身原因，以上因素共同促进了我国众筹出版的快速发展。我们在现有成绩的基础上，应进一步发掘自身潜力，抓住时代发展的机遇，努力克服自身存在的问题与不足，进一步促进我国众筹出版的发展。

第四节　众筹出版的流程

前面几节，我们已经对众筹、众筹出版、众筹出版的发展历程以及众筹出版作为一种新兴商业发展模式快速发展的内外原因进行了详细阐述，对众筹出版的产生、发展等环节有了详细的介绍和描述。本节笔者主要从四个方面对众筹出版的流程做详细的介绍和说明。众筹出版的流程是众筹出版参与主体的横向发展，同时也是众筹出版项目的纵向发展，笔者将根据众筹出版发展的实际情况从以下四个环节对众筹出版的流程做具体阐述。

一、众筹出版流程的横向分析

所谓众筹出版流程的横向分析，是指以众筹出版的参与主体为立足点，分析众筹出版项目在发起到完成这一过程中，众筹出版项目的主体的作用和意义。

（一）众筹出版项目发起人

众筹项目发起人的概念。众筹出版项目的发起人，广义上是指在一个众筹出版项目中图书的作者、出版商或者资深的媒体人等；狭义上的众筹出版的发起人仅指图书项目的作者。众筹出版的发起人是一个图书出版项目的资金需求人，也是一个众筹出版项目得以产生的重要主体。实践中，众筹出版的发起人以出版商居多，出版商在众筹出版的平台上发起募集资本的申请。据相关调查数据显示，以我国著名的众筹出版平台众筹网为例，2015 年在众筹网上发起图书出版的众筹项目有 63.4％的发起人是图书出版商，29％的项目发起人为图书项目的作者，7.6％的项目发起人为资深媒体人。从以上数据可以看出，在我国众筹出版项目的发起人 2/3 为出版商。

众筹出版发起人应具备的资格。众筹出版平台在众筹项目发起之前会对项目发起人进行严格的审核和考查，只有满足众筹出版平台要求的条件、具备相应的资格，才可以成为众筹出版项目的发起人。笔者经过查阅大量资料和浏览国内比较出名的众筹出版平台的要求和细则后，总结出众筹出版项目发起人应具备的具体资格和要求，具体如下所示：

其一，众筹项目发起人为自然人时，则众筹出版的发起人必须为年满十八周岁的完全民事行为能力人。未达到法定年龄的限制民事行为能力人和无民事行为能力人，必须在行为人法定代理人的监护下或经法定监护人追认后，限制民事行为能力人或无民事行为能力人在众筹出版平台注册登记后，方可成为项目发起人。若项目发起人为社会组织、单位时，则该单位必须是依法成立，并经备案登记的社会组织、单位。

其二，众筹出版的项目发起人必须提供相应的资格证明材料的原件及复印件。身份证明（身份证、护照、军人证明等），学历证明（学信网电子认证材料、毕业证、学位证、学生证等）等证明材料。

其三，众筹出版项目发起人的征信证明。众筹出版项目的发起人具有良好的消费信用，无不良消费记录和消费习惯。众筹出版项目发起人需在我国内地的商业银行办理了合法账户（也可以是注册支付宝账户），银行卡或者支付宝账户可以开展银行的基本业务（汇款、转账、存取款）等。

其四，众筹项目发起人不许不合理使用在众筹平台上的账户，试用期间不得将账户转借他人、密码透露给他人等其他不合理使用众筹出版平台的行为。众筹项目发起人对其在众筹出版平台上进行的一切操作行为负责。

除以上对项目发起人的具体资格要求外，国内众筹出版平台还就众筹出版发起人的行为、众筹出版的项目等也做了详细的制度要求和规定，具体如下所示：

第一，严格的时间限制。以我国著名的众筹出版平台众筹网为例，众筹网要求在众筹网发起的出版项目需严格遵守众筹网对众筹项目设定的时间要求，众筹网明确规定了项目发起的时间和项目结束的时间。按照众筹网的规定，在规定时间内，如果最终募集的资金比预定额高，则众筹项目完成，众筹资金用于运行众筹项目；如果少于预定金额，则众筹项目失败，众筹资金退回给投资人。

第二，严禁作品抄袭。众筹项目的发起人应保持作品的原创性，禁止众筹项目的作者抄袭他人的观点和看法。众筹网规定众筹出版的图书不得抄袭或盗用他人学术成果，一经发现即刻停止对相关作品众筹的一切活动，所造成的损失由众筹项目发起人承担相应的民事责任。

第三，严格把控众筹出版项目的内容。众筹网要求出版的众筹项目内容上应积极向上，不得违反国家法律法规，不得有煽动性语言，不得非法传播淫秽、暴力、贩毒等非法信息；出版项目的内容不得涉及民族敏感问题、反动信息、民族分裂、宗教歧视、黑社会性质的信息、恐怖主义信息等非法内容。众筹网要求众筹出版的项目在内容上是积极向上的、“绿色”的信息，符合社会主义精神文明的信息。

第四，严禁一项目多投的情形。国内诸多众筹出版平台均要求严禁一项目多投的行为，某一众筹出版项目在同一时间段内，不得在多家众筹出版平台进行众筹，包括国外众筹出版平台。

第五，项目发起人信息回复制度。众筹出版平台设立了项目发起人信息审核制度以及项目发起人和项目出资人良性交流制度。这两项制度的核心是明确项目发起人信息的真实性。信息回复制度就是要求项目发起人需提供项目的具体信息、发起人的个人信息等；在项目发起前，众筹项目发起人还必须明知众筹出版的各项制度，众筹出版存在的各项风险等。此项制度的设定是在项目出资人合法权益不受侵害的基础上制定的，一定程度上对出资人的合法权益进行了有效保护。

第六，明确权责。众筹发起人的众筹出版项目在项目发起前不存在权利纠纷，因众筹出版项目的权利纠纷造成的各项损失，由众筹出版的发起人承担全部责任。

第七，众筹出版信息回馈制度。众筹出版项目完成后，项目发起人应积极更新众筹出版项目完成进度的相关信息，及时答复众筹出版投资人的疑问，和投资人形成良性互动。

众筹出版项目发起人在众筹出版中的地位和重要性不容忽视，众筹出版项目的发起人只有在满足以上条件和要求时，才可能实现众筹项目的出版和发行。

（二）众筹出版项目投资人

众筹出版投资人的定义。众筹出版项目的投资人是指众筹项目发起后，对众筹出版项目感兴趣愿意出资支持众筹出版项目的网民，是众筹出版图书的潜在读者和“粉丝”。与传统出版图书的读者不同，众筹出版投资人的身份具有多重性，一方面是众筹出版的图书的读者和粉丝，对众筹出版的图书感兴趣；另一方面众筹项目的投资人是众筹图书的“赞助人”，较传统的图书的读者，其拥有更多的参与权和话语权，对众筹出版的图书可参与设计和编辑，并提出自己的观点和看法；最后就是众筹出版的投资人较传统出版图书的读者在获得回报方面，投资人享有多样的回报形式，既可以是图书及附属品，也可以是资金、服务和股权等。

投资人的权利。众筹下出版的投资人对众筹出版可以概括为三个权利：一是众筹出版的投资人享有知情权。众筹出版项目完成以后，众筹出版的投资人享有对众筹项目内容、设计形式、进度等的知情权，对众筹出版项目的出版和发行进行监管。二是众筹出版项目的投资人可以获得回报。在前面我们已经提到众筹出版项目发起人在众筹出版项目完成后，可以获得一定的回报，这种回报既可以是众筹出版的图书，也可以是图书的附加产品（书签、作者签名等），也可以是资金、服务、部分版权、股权等。三是众筹出版的投资人在众筹项目失败后仍可以撤回众筹的资本。虽然近两年众筹出版在我国取得了较大的发展成果，这些成果也引起一些专家和学者的注意，但是我国仍然没有出台一部众筹出版的相关法律法规，对众筹出版投资人的具体权利和义务作出规范和调整。

众筹出版投资人存在的意义。众筹出版投资人与传统出版图书的读者比较有其存在的重要现实意义，其存在的现实意义主要表现在以下三个方面。第一，众筹出版项目的投资人比传统出版图书的读者具有更多的参与性和主动性。众筹出版的投资人一方面可以为自身感兴趣的众筹图书项目提供资金支持，另一方面众筹出版的投资人可以主动参与到众筹出版图书出版的各个环节，可以对众筹出版的图书提出自己的意见和建议，具体参与到众筹出版图书编辑、设计、插图绘制、排版、宣传、销售等各个环节，极大地调动了众筹出版投资人的主观能动性，对众筹出版图书的质量进行“把关”、监督。第二，众筹出版项目的投资人可以依托众筹出版平台发表观点和看法。投资人在众筹出版的“虚拟空间”找到适合自己的交流平台，通过和自己“志同道合”的读者交流自己的学术观点和看法，有效促进众筹出版读者的良好人际沟通，在学术上找到归属感、满足感和精神依托。第三，有利于图书的推广和宣传。大数据时代，众筹出版平台可以根据投资人的注册信息进行分析，追踪投资人的喜好和兴趣点，一方面可以根据众筹出版投资人的观点、喜好等对图书出版项目提供更能满足市场需求的图书；另一方面可以开展有针对性的众筹图书，有利于众筹出版图书的宣传和销售。

（三）众筹出版平台

众筹出版平台的定义。众筹出版平台，顾名思义是指图书出版项目的中介，是众筹出版图书的承担者，是众筹出版发起人和众筹项目投资人交流、沟通的中间载体。众筹出版平台对众筹出版项目的发起人、众筹出版项目进行监督并维护发起人的知识产权，维护众筹出版投资人的财产权，以保证众筹出版项目的顺利运营。

众筹出版平台的分类。众筹出版作为一种新兴出版平台，其划分标准有待商榷，学术界将众筹出版平台大致分为两类：综合性众筹出版平台和专业性众筹出版平台。广义上的综合性众筹出版平台突破了众筹出版图书的专业限制，具体涵盖农业、科技、文化、影视、摄影、房地产、出版等；专业性的众筹出版平台主要是指整个众筹平台仅仅对图书等相关项目进行经营和管理。我国目前的众筹出版平台还是综合性众筹出版平台，专业性的众筹出版平台尚未成立。

众筹出版平台的职责。众筹出版平台是众筹项目发起人、众筹项目投资人之间的媒介，在众筹项目运营过程中起着重要作用，其作用主要表现在两个大的方面：一方面，众筹出版平台对众筹出版的项目发起人、众筹项目、投资人等进行事前严格审核、把关。众筹出版平台对项目发起人的个人信息的真实性、众筹项目运行的可靠性、潜在风险、市场预销售调研等进行评测和把关。另一方面，众筹出版平台对众筹出版的各主体进行事后的监管。众筹出版项目成功后，众筹出版平台需要对众筹出版的图书出版、发行、宣传等环节的进度进行监管，对项目投资人回报的支付情况进行监管；众筹出版项目失败，众筹出版平台需要监督众筹出版发起人将众筹资金退还给项目投资人。

众筹出版平台发展方向的意义。根据调研资料显示，目前我国的众筹出版平台是完全独立于传统出版模式的众筹出版平台，因此结合我国传统出版和众筹出版的发展现状，一方面可以增加传统众筹出版的编辑和印刷团体，降低众筹出版的资金投入比；另一方面传统出版业利用众筹出版可以拓宽销售渠道，实现“实体＋电商”销售的新渠道。

二、众筹出版流程的纵向分析

（一）众筹出版项目发起环节

众筹出版项目的发起环节主要是指众筹出版项目的发起人（作者、出版商等）和众筹出版平台之间的关系。在这一环节，众筹出版的作者或者出版商以发起人的身份在完成信息审核后通过众筹出版平台发起众筹出版图书的项目，开始募集资本。众筹出版平台在这一环节主要对众筹出版发起人的项目内容进行把关和市场可行性评估，对项目发起人的资质和个人信息进行审核，确保众筹项目的有效运行。众筹网关于出版项目发起人的具体要求和职责我们已经在本章第一节中作了比较详尽的介绍，这里不再赘述。总之，只有通过众筹网平台审查并符合众筹网要求的项目发起人和出版项目，才能展示在众筹网站，供网友浏览和参与投资。

（二）出版资金众筹阶段

众筹出版项目资金众筹阶段在众筹出版整个过程中起着承上启下的重要作用，该环节是众筹出版各方参与的重要环节。众筹出版发起人在该环节发起众筹项目，发起人将通过审核的信息发布在众筹出版平台，具体包括众筹项目的发起和终止时间、众筹出版项目的目标金额、众筹出版项目发起的原因和目的、众筹出版项目完成后存在的潜在风险以及众筹出版的回报方式等内容。众筹出版平台在该阶段的主要任务就是监管，对该阶段项目进程进行把控，对该阶段的各项任务是否顺利完成进行监管以及对众筹项目发起人和投资人之间存在的问题进行协调和解决，从宏观上对众筹项目的具体运行起到监督管理的作用。众筹项目投资人在该环节主要是对众筹项目进行提问，了解众筹出版项目的详细情况和市场风险评估，然后对感兴趣的众筹出版项目进行投资，支持众筹出版项目的运行和发展。

（三）出版图书执行阶段

出版图书的执行阶段顺利开展的前提是众筹出版项目集资顺利完成，在该阶段主要参与主体为众筹出版项目的发起人和众筹出版项目的投资人。该阶段众筹出版项目的发起人按照规定具体实施众筹出版项目，对图书项目进行编纂、设计、印刷、出版、宣传、销售等，处理有关图书项目的工作；除此之外，众筹项目的发起人还应当将众筹出版项目的进度和运行的相关信息及时告知项目投资人。该环节，众筹项目的投资人对众筹出版项目的进度和质量进行监督和管理，对众筹出版图书的编写和设计提出自己的观点和看法，积极有效地推动众筹出版顺利进行。

（四）出版项目反馈阶段

众筹出版项目的反馈阶段也是众筹出版项目整个环节的最后阶段，该阶段建立在以上三个环节和阶段顺利完成的基础上。该阶段众筹项目参与的主体主要包括众筹出版项目的发起人、众筹出版项目的投资人以及众筹出版平台。该阶段众筹出版平台的主要任务就是监督众筹出版项目的发起人落实对众筹出版项目投资人的承诺。该阶段众筹出版项目的投资人对众筹出版项目进行反馈，而众筹项目的发起人有义务将投资人的反馈进行及时公布和回应，众筹出版平台则对二者之间存在的问题进行调节。

众筹出版的流程本质上是众筹出版项目得以实现的过程，是各参与主体在众筹项目实现的过程中所扮演的角色和身份。对众筹项目各参与主体的充分了解和把握有利于众筹出版项目的具体运行和开展。

第五节　众筹出版的商业逻辑

众筹出版作为一种新兴的众筹出版模式，与传统出版业相比无论是在运行机制还是参与主体等方面都存在本质区别。本节主要从众筹出版的商业运行模式进行分析，介绍众筹出版的参与主体的商业运行逻辑和盈利模式。

一、众筹出版项目发起人的商业盈利模式

所谓众筹出版项目发起人的商业盈利模式即众筹出版项目发起人的商业逻辑或者说众筹项目发起人的盈利所在点。

（一）募集出版资金

募集出版图书的资金是众筹出版发起人的盈利点。众筹出版项目的发起

人是出版资金需求方，因缺乏出版资金，在众筹出版平台发起项目申请，资金完成则图书可以顺利出版。传统出版模式中，图书作者在图书出版前需事先垫付出版资金，作者和出版商承担图书销售存在一定风险和压力。而且传统出版模式对市场评估的信息收集不全，缺乏对市场的合理评估，往往会导致图书销售环节存在极大风险。众筹出版项目发起人较传统出版模式的作者、出版人享有更多的自主性，众筹出版项目的发起人首先可以通过众筹出版平台募集众筹出版资金，减小资金压力；其次可以通过众筹出版平台了解市场动向，预估出版图书的数量，降低风险。

（二）营销出版图书

众筹出版平台角色具有双重性，一方面是项目融资平台，另一方面是图书项目营销和推广平台。图书项目发起人可以通过众筹出版平台推广和发布有关图书的相关信息，加强与项目投资人、读者、网友等主体的良好互动，进而扩大对图书的销售和推广。

（三）挖掘潜在互联网的受众群体

众筹出版项目发起人获得潜在的读者和受众群体是众筹出版项目发起人获得的重要盈利点之一。大数据时代，图书项目发起人可以根据项目投资人在众筹网上的注册信息、浏览记录、消费习惯等信息挖掘潜在的互联网受众群体，开发潜在的读者和销售市场。

二、众筹出版项目投资人的商业盈利模式

（一）获得回报

众筹出版项目投资人在众筹出版完成后，可按照约定获得相应的回报，回报的内容既可以是资金也可以是图书、图书附件品、股权或者其他服务。众筹出版的投资人和传统图书的读者在获得回报方式等方面具有更大的灵活性，在操作上具有更高的效率，节约了时间和精力。

（二）参与定制图书

众筹出版项目投资人较传统出版商具有更多的主动性和参与权。众筹出版投资人可以对众筹出版项目的内容、结构提出观点、看法、意见以及修改建议，实现图书的个性化定制，对图书项目享有更多的参与权。

（三）寻求精神依托

图书之所以被称为特殊的商品，是因为图书具有双重属性，既具有经济属性又具有社会属性。众筹出版的投资人在众筹出版项目完成后，不但可以获得回报，还可以获得个性化的图书，获得精神和情感的寄托。

三、众筹平台的商业盈利模式

（一）获得项目发起人的服务佣金

众筹出版平台为众筹出版的项目发起人提供项目发起平台，对图书出版项目提供监督和技术支撑，众筹项目发起人为众筹平台支付佣金。国内外众筹出版平台获取佣金的标准各不相同，一般收取目标金额的1%～5%，我国众筹网的佣金支付标准是1.5%，即众筹出版项目完成后，众筹出版平台收取目标金额的1.5%作为佣金费用；如果项目失败，则不收取任何费用。

（二）积累平台潜在资源

众筹出版平台不但可以获得项目发起人支付的佣金，还可以通过平台注册用户获得潜在的资源。这些资源可以是潜在的图书项目发起人，也可以是潜在的图书项目投资人、读者。这些潜在的项目发起人、投资人就是众筹平台未来的盈利对象。众筹出版积累的潜在资源越多获得的经济利益就越大，这也是影响众筹出版平台综合实力的重要因素之一。

众筹出版作为新兴的商业模式较传统出版模式，更大限度地满足了众筹出版各方的利益和需求，图书项目发起人获得了项目支持资金，使得图书可以出版发行，众筹平台在提供技术和监督服务的过程中获得了经济利益，项目投资人在投资时获得了物质和精神的双重回报。总之，众筹出版是一种互利共赢的新兴出版模式，顺应了“互联网+”的时代发展要求。

第六节　众筹出版的特征

众筹的特征在第一节已经做了简单介绍，众筹出版的特征和众筹的特征相似，但是众筹出版的特征又有其特点，具体来说众筹出版的特征可以概括为以下六点。

一、市场风险的可预测性

众筹出版在社交平台上发出和推行之后，创作者或发起方在任意时刻都能够了解大众对自己新作的关注度和满意度，相对传统纸质出版而言，具有一定程度的可预测性。众筹出版的原则之一是在有限的时间内筹集到特定额度的资金，如果在规定时间内未完成集资，则说明这本书的市场需求有限，大众满意度不高。这种让大众阅读者决策图书投放市场的范围，相当于对民众进行市场调研，有利于减小经营风险。书籍出版数量在众筹期限截止后，便能够确定下来。根据大众需求总量，如果作者满意度和支持度较高，便可继续创作；同时出版社可以相对把握地确定书籍的印刷册数，从而避免了盲目性，使出版活动更加科学，降低了印刷成本，避免了资源浪费。众筹出版这种模式，书籍的出版及后续的创作均建立在大众提供资金支持的基础上，而且免去了中间零售环节，提高了利润的分成，所以不存在库存积压问题，很大程度上减小了经营者的成本和风险。

二、众筹平台的开放性

互联网时代的到来，使人们的信息传递和技术革新能力越来越强，更能实现个人的创造价值，众筹出版就是在这样的环境下造就的。众筹出版相对于传统出版是一种全新的形式，首先，众筹出版是在作者筹集到资金后出版，而且对印刷次数和公众的满意度都有了一定程度的了解，基本颠覆了传统纸质出版顺序，使作者和读者之间没有了严格的界限，读者成了众筹项目的“决定者”，一定程度上决定了出版物的选题与内容。其次，众筹直接将需要出版资金的作者和拥有资金的读者结合起来，众多读者的微小资金集结，使众筹出版由不可能变为可能，这样有利于激发更多的创作者，提高创作者的创作激情，避免了资金不足无法出版的情形。最后，众筹出版的整个过程是公开的，出资者能够在任意时刻关注其所筹助的出版物的出版进度。众筹出版不仅为传统出版业带来了曙光，实现了方法创新，其更是一个包容的“开放性”的创新平台。

三、内容的创新性

虽然互联网时代带来了新的平台，但也使内容更加丰富，信息传递更加迅速，优质的作品永远是大众追求的对象，只有高水平的作品才能在同行业的竞争中脱颖而出。如今看来，创作出高水平作品以吸引更多阅读量的“内容创业”正在成为创作者的新目标。“内容创业”在众筹出版中十分重要，创作内容是出版作品的生命，只有优质且别具一格的作品才能吸引读者积极出资。对读者来讲，众筹出版创作作品是否优质有以下两个评价标准：众筹出版创作内容的设计水平，以及创作者的资历与成名度。创作者的资历与成名度在某些程度上反映了其创作水平的高低与作品受大众喜欢的程度，那些知名度高的创作者，拥有的粉丝数量众多，他们更容易在众筹出版中获得成功。作品的内容质量越高，进行出资的读者越多，所以众筹出版对作品的内容质量有着相当高的要求，只有创新、优质的作品内容，才能在众筹出版这种模式下脱颖而出。

四、低标准的出版准入门槛

众筹出版是集结大众读者力量募集资金，来完成自己出版愿望的一种出版模式。从创作者角度来看，无论他的社会地位是否显赫、职业是否高尚、年龄如何，只要心存梦想，有创意，都可以通过众筹出版平台去募集资金，完成出版愿望，任何人面前机会都是均等的。从出资者角度来看，无论出资者是被创作内容所吸引、震撼，还是只为帮助创作者完成出版愿望，都可以贡献自己的一份力量，根据自己的家庭或者收入情况，支出相应的资金去帮助创作者，这种灵活的募集方式不拘一格，受众范围更广。

众筹出版平台由于是在网络上进行募集出版资金，更类似于互联网出版，但它更是传统纸质出版基于大众筹资的新型出版模式，众筹出版的低标准不仅指的是作品的创作者，也指那些喜爱阅读、热爱阅读的社会各阶层的读者，无论普通老百姓、人民教师、主持人、科学家，还是明星等其他人，只要有一颗创意的、热爱阅读的心，都可以成为创作者、出资者，其低标准的机制覆盖范围特别大。

五、良好的互动性与合作性

传统纸质出版是在作者创作完成后由出版社进行出版发行，然后读者才能购买、阅读的一种出版模式。这种模式下，完全是创作者独自创作，读者没有参与其中的，因此读者的意见、想法不能及时反馈给创作者。而在众筹出版模式下，创作者在创作的过程中，读者可以随时发表自己的看法，这些意见甚至会影响选题的内容和创作方向，体现出互动性。这种互动性具体指两个方面：

一方面是众筹出版前期，创作者在众筹网络平台上展现自己的创作内容、计划和创意后，接受读者的考核，对其感兴趣的读者可以对其创作内容进行关注，并且可以随时随刻发表自己的看法，与创作者或其他读者进行交流，获得自己认可之后，便可以通过网络支付方式对其投资。这种互动性，在保证创作质量的前提下，使创作内容不断向着大众读者的需求方向靠近，而且创作的内容也不仅仅由创作者单独完成，大众读者在众筹期间，纷纷发表自己的建议，对创作内容的选题，甚至发展路线都能产生不同程度的影响，这样的创作作品在出版发行之前就能获得大众读者的支持，这种互动表现为创作者与大众读者的合作性，与传统纸质出版相比优势显著。

另一方面是整个众筹出版期间。从创作内容公示于众筹平台开始，贯穿整个出版过程，包括内容公示、内容反馈、内容更新、募集资金完成、加工生产、出版发行以及消费等各个环节，这种互动是相互的且能够及时得到反馈。在众筹平台上，大众读者不仅可以在评论区畅所欲言，还可以通过其他渠道发私信给其他创作者或读者，以交流自己的看法，同时在生产和销售过程中可以向创作者提一些自己的要求，实行自己出资者的权利，来保证自己的权益。例如：《社交红利》一书在夺众筹出版整个过程中，作者徐志斌一直在与大众读者进行这样的交流互动。

六、版权保护制度的不健全性

图书出版发行是实现图书版权保护的一个重要渠道之一，然而在当今互联网信息传递技术和数字出版的冲击下，传统纸质出版发行的版权很难受到保护。而众多从事众筹出版行业的工作者和相关学者认为，众筹出版对传统纸质出版有利，可以通过定向销售和精准推送的方式，来保护书籍的版权价值，同时也拓宽了传统纸质书籍的销售市场。但是众筹出版仍存在一定的隐患，其版权保护现状并不理想。具体表现为众筹出版模式具有灵活的创作、筹资及出版方式，各个环节并没有明确的规定，利益很难得到合理分配，同时缺乏完善的机制和相应的法律保护。

为了筹集出版资金，创作者或发起方会在众筹平台展示自己的创作内容、计划和创意等信息，这些信息是完全公开透明的，很容易被一些不法分子窃取。一般一个众筹出版活动的资金筹集时间为一周到几个月不等，根据创作内容受大众喜爱程度而不同，耗时相对较长，对那些易被窃取的创意来讲，风险很大。一旦某些财产雄厚的出版商，看到其公示的创作内容后，觉得市场前景很好，定会收益颇丰时，便会率先将其创作内容变为出版物，并在市场上发行销售。而此时，网络筹集平台上的筹资活动可能还没到截止日期，再加上生产、出版发行时间，创作者或发起方可能就此失去了市场，造成难以挽回的损失。

创作者和出版社这些权利人通常不能从出版物中得到相应的回报，很容易发生侵权事件。所以，很多创作者对众筹出版还是抱有一丝抵触心理的，不知道在整个筹资过程怎么应对，从而获取可观收益。同时还存在创作的网络作品被频繁转发或者稍作修改后上传在各个微博、论坛、贴吧等社交平台的侵权纠纷，导致赔偿无法计算、版权所属无法厘清等一系列问题。

由上可知，众筹出版这种新型出版模式是时代的产物，其灵活的方式，激发了大众的创作热情，思想碰撞出了火花，使得更多优质、符合大众口味的作品得以诞生，同时，存在一些版权及制度不完善等问题亟待解决。只要我们每个人遵守职业规则，不钻法律的空子，众筹出版就能蓬勃发展，欣欣向荣。

第二章 CHAPTER TWO

众筹出版运作模式分析

由于数字化技术的不断发展，目前的出版界正在发生着天翻地覆的变化，在互联网时代的大环境下，数字出版是出版界市场发展的主潮流。根据《2013～2014 年中国数字出版产业年度报告》的有关数据显示，在 2013 年国内数字的出版产值达到了 2500 亿元，从这一巨大的产值中我们可以看出数字出版业正在以一种强劲的势头挺进。此外，数字出版的相关法律和法规也随着数字出版业的发展而陆续出台和完善，这其中包含了 2013 年颁布的《计算机软件保护条例》和《著作权法实施条例》。这些法律文件的颁布旨在对盗版侵权的违法行为进行有效遏制，从而推进数字版权保护的各项工作。虽然我国的出版行业在数字转型过程中成绩斐然，但是在这次报告中依旧显示出：在与传统出版业有关的业务中，核心期刊、电子书籍、数字报纸的总收入是 61.75 亿元，这些收入仅仅占据数字出版总收入的 2.43%，从这一数据中我们可以看出，传统出版业在数字转型这一过程中可以上升的空间巨大，其潜力无限。数字出版是目前出版业中的一种具有创新性的出版模式，这种模式沿用了多年，但是这种模式的使用并没有从根本上遏制或者缓解传统出版业营业额不断下滑的大趋势，出现这种现象的原因让人匪夷所思。笔者认为，数字出版的形式虽然取得了一定的成绩，但是在可持续发展方面还存在着问题，没有对其进行合理的规划和安排，缺少创新因素的加入，这就会致使数字出版的形式有一种故步自封的局势。

一般来说，一种模式如果不能达到可持续发展的目的，就会在发展的某一阶段或者某一时期出现瓶颈，而且这种瓶颈会很难突破。传统出版业在互联网时代的大环境下按照自己的老路子行事，没有开拓新路。我们经常讨论的数字出版，大多数代指的是电子书、手机阅读或者互联网上的广告、商家开发的游戏等内容，这些内容与传统出版业有着密切关联的是电子书和手机阅读。这对于数字出版或者是传统出版业的贡献并不大，这一结论我们可以从刚刚提到的占据数字出版总收入的2.43%中可以看出。作为一个企业，其核心是为了让自己的产品获得消费者的青睐，从而促使消费者去购买产品，企业在这一过程中就会出让使用价值从而获得价值，获得利润。

出版企业同样是为了获得利润，但是从目前的情况来看，出版企业的发展已经达到了一个瓶颈阶段。出版企业在转型的过程中会出现这样或者那样的问题以及各种各样的矛盾。这些矛盾包含了传统内容生产和数字内容生产之间的矛盾，传统发行、销售渠道和新渠道之间的矛盾。总体而言，数字内容生产中最重要的缺陷是内容生产中缺少一定的交互性。从传统出版业和数字出版业的内容生产中我们可以看出其中的差异。传统出版业在图书出版中的利润主要依靠大量出版物和出版图书的复制来获得，这是一种规模经济所带来的利润，也就是说传统图书的出版和销售主要是针对真真正正的实物。然而，数字出版的内容生产是对出版图书的数字化，也就是说我们可以把真实存在的图书里面的内容转换为数字版本的形式。相较于传统出版，数字出版一个最大的创新的尝试和超越是把实物出版变为了虚拟出版，这就等于把传统出版业中的实物载体变为了虚拟载体，但是生产的内容并没有实质性的变化[1]。数字出版有着一定的优势和不足，优势在于数字出版可以使网民的阅读量大大增加，对于一些不易找到的书籍进行数字化存储，让这些宝贵的书籍得到有效的保管和安置，网民对这些数字书籍的需求量也有了很大的提升。不足在于这种数字化的形式仍然不能满足每一位用户的个性化需求，有时不能针对特定的群体和个人来量身定做。

2011年，李彦宏在百度联盟峰会上提到，在现在的中国，传统产业对互联网的接受程度和包容程度十分有限，对于互联网的认知程度也比较低，更何况对于互联网的使用程度了。传统产业的人们由于工作稳定，已经习惯了安于现状的工作状态，他们对于传统产业的发展没有自己的思想和思维，只能根据领导的意思做着重复的事情。传统产业的人们没有建立一个清晰的互联网思维，这种思维意识后来被腾讯的总裁马化腾和 360 总裁周鸿祎等一些大佬级人物所使用并在业界广泛传播。虽然互联网思维被广泛使用，但是对它一直没有一个准确的定义。互联网思维从某种程度上来说是指在互联网对人们的生活、企业的生意的影响力和号召力逐渐增大的大时代背景下，企业对客户、产品、营销以及创新等多个环节的思维方式，这种思维方式甚至会影响到产品的价值链和生态系统。从本质上来讲，互联网是一种观念，是一种在互联网时代背景下所产生的对于各行各业的一个巨大的改变的概念。这种思维概念就和于扬先生首次提出的“互联网＋”概念以及在 2015 年李克强总理在两会工作报告中提到的“互联网＋”概念是一样的。这种概念就是将传统行业与互联网紧密结合在一起，通过互联网这个大平台帮助传统行业进行改革和调整的过程。我们熟知的类似于“共同参与，用户体验”这些流行词汇都是通过互联网思维而逐渐衍生和形成的。

传统的出版行业在没有众筹出版模式之前，本书认为数字化出版只是把互联网技术应用其中，但是并没有形成一种互联网思维模式，在出版内容生产上没有形成交互性，没有针对不同的客户做出真实的体验分析，这些发展模式存在着一定的缺陷和不足，需要根据时代的变化做出相应的调整，从而与时俱进。在最近几年的出版年度报告中我们也可以从相关的数据中得出，数字出版为出版业赢得了一定的利润和收入。因此，我们认为发展数字出版的大方向是正确的，但是如何将这种模式以创新的形式加以呈现则是需要我们深入探究的。

众筹出版是指在互联网这一平台下针对要出版的项目而进行的大众筹资行为。众筹出版是产品众筹的一种主要形式，这种形式主要应用于图书和杂志，这里并不包含影视出版。出版是内容生产形式的一种，当出版和众筹结合时就会形成一种新型的出版经营方式，就会在一定程度上大大增加众筹本身的含义，丰富了众筹的内涵。它所带来的实际效益往往会比想象中多很多，这其中包括它可以为出版项目筹集资金、宣传项目、推广项目的使用，甚至还可以为出版社预测和估计未来的市场行情，帮助出版社规避风险或者尽可能多地降低风险的发生率。此外，众筹出版模式还可以为出版社判断出版书籍的数量、推广线上的项目营销。众筹出版模式因其所带有的开放性和互动性等基本特点，使众筹模式拉近了作者与读者之间的距离，增加了出版方与市场之间的良性互动，这种良性互动会以一种更加直接的方式呈现在大众面前，这就会使用户的黏性大大增强。在图书的整个出版过程中，我们会发现项目的投资人所承担的角色有多种，这其中除了承担着项目投资人的角色之外，还承担着参与项目具体内容的生产、策划以及具体实施等环节，充当着监督项目运行过程的角色以及充当着审稿人的重要角色。

本章主要探究了众筹出版的模式，共分为五节内容：第一节是众筹出版发展现状分析，讲述了国内和国外众筹出版发展现状，在国内主要从国内众筹出版平台概况和项目分析如项目数量、项目主题、项目发起方、项目回报内容等方面来说明；在国外主要是从国外众筹出版平台概况和个案分析两个角度来切入。第二节主要讲述了众筹出版的运作模式，这一节内容主要从众筹出版的主体构成、众筹出版运作机制、众筹出版集资方式、众筹出版回报方式、众筹出版实施内容、众筹出版盈利模式这几个方面来说明。在第三节中，讲述了众筹出版模式的优势，主要从整合有效资源，提高图书出版服务质量、提供特色分区服务，增强客户的使用率、平衡各方利益，共创共赢局面、提升传统出版行业的产业链这四个方面来说明。在第四节中，通过众筹出版与传统出版模式的对比，主要从传统出版的运作流程和众筹出版与传统出版模式的对比两个角度来说明。第五节主要讲述了众筹出版对传统出版的影响，包括众筹出版扩大了传统出版的运作模式和众筹出版改变了传统出版的营销方式。

第一节　众筹出版发展现状分析

2014 年是众筹发展最为迅速的一年，也是众筹图书出版迅速成长的一年，这与国家积极响应众筹发展的号召有着密不可分的关系。李克强总理在2014年11月19日召开了国务院常务会议，这次会议的主旨是确定发展众筹股权的投资。这一会议的召开为众筹的下一步发展明确了方向，确定了今后的发展定位，这加快了众筹网站相关法律法规的制定和构建。众筹出版业得到国家和政府方面的支持，会为出版业的转型提供强大的后盾。众筹出版模式的优势在于它可以最大限度地让公众参与到出版的过程中，这为传统出版业的发展提供了一种新的思路和发展方式。总体来说，众筹模式从开始兴起到发展起来大致经历了三个重要的阶段，分别是强调创意、关注特色、注重合作。

第一阶段强调创意方面，在这一阶段众筹模式刚刚起步，发展的态势较小，这时很多项目是通过一个人来进行的，规模也较小，投资者将资金投放出去大多是因为融资者的创意较好，深深吸引着投资人，此时的投资金额数值不大，而且这些投资者也不在意自己所投资的项目是否会有所回报或者有利润，只是个人的一种行为。在第二阶段关注特色中，这时的众筹已经比以前发展的程度更深，所获得众筹项目、所涉及的领域也比以前宽泛，这就会在业界得到一些关注度，项目的规模从小变大，所筹集的资金数额从少到多，很多项目的开发都具有较强的专业性和更加吸引人注意的特色。第三阶段是注重合作，这一阶段，融资者所筹措的资金数额很大，有时会达到上亿元，项目数量很多，项目质量较好，投资者可以根据自己所从事的行业选择合适的项目进行投资。此外，这一阶段由于筹措的资金和项目数量的庞大，需要更多的合作者加入其中，这就需要各个投资人和融资者拥有较强的执行力，这样才能将项目进行下去。众筹出版是在第二个阶段关注特色中产生的。

2009年4月成立的kickstarter网站，是一家目前最具有影响力和号召力的综合性众筹网站，这一网站目前在美国，网站经营的项目众多，包含新闻、游戏、科技、艺术等诸多领域。美国的另外一个网站Fan Funding、英国的Unbound都是目前发展程度较快的网站，而且这些网站都有着自身鲜明的特色，并以卓越的成绩在众多网站中脱颖而出。

这节内容，主要分析国外众筹出版发展和国内众筹出版发展的现状，从这两个角度来宏观说明众筹出版业的发展现状。从国内的微观角度来讲，则是从众筹出版平台概况和项目分析两个方面来说明，从国外的微观角度来讲，则是从众筹出版平台概况和个案分析两个方面来说明。

国外众筹出版中美国的kickstarter网站、Fan Funding和英国的Unbound网站较为著名，这些网站因自身具有较强的专业性和鲜明的特色在全球都享有盛誉，接下来将以这三个网站作为切入点来对国外众筹出版发展的现状进行分析。

一、国外众筹出版平台概况

Kickstarter网站是当前美国最具有影响力和号召力的网站，成立于2009年。该网站的众筹项目所包含的内容和范围广泛，这其中包含新闻、游戏、艺术、科技等诸多领域。该网站的众筹运作模式如下：资金的需求方通过该网站进行一系列的项目申请，该网站的平台会对融资方所申请的项目进行严格审核，审核的项目一旦通过就会被放在众筹平台上，让很多投资者可以清晰地看到项目内容，从而针对投资者的兴趣和自身可使用的资金进行投资，这里的投资人除了包含一些大型企业之外还包含普通公众，只要项目在规定的时间内将所需要的资金筹集完毕后，融资方就会把筹措来的资金作为项目启动的资金，并在规定的时间内完成项目的每一个目标[3]。投资人这时就可以按照融资方在项目上对自身所做出的承诺或者双方拟定的合同兑现，这兑现的是投资人可以在项目中获得的盈利是多少、所获得的回报数额是多少。作为中间的牵线人，该网站可以从中收取5%的佣金。但是，项目的筹资一旦失败，之前所募集的资金就会通过该网站的平台全部归还给投资者。根据该网站的官网统计的数据显示，截至2015年11月，该网站共有96302个项目获得众筹，并有990万名投资者的支持，融资金额达到了21亿美元。

Angellist网站，成立于2010年，该网站是作为中国天使汇的美国的原型。该网站成立所服务的群体是创业公司和投资人，所遵循的宗旨是能够为一些创业公司和投资人提供一些沟通渠道，但是投资者和融资者都要在该网站进行注册才能对融资者的项目进行管理和承接，投资者才能对项目进行投资。2013年9月，该网站由于自身在众筹上所具有的专业性和鲜明的特色，成功吸引了 Atlas Venture 和 Google Ventures 共同出资的项目，其投资金额达到了 2400 万美元。同时，Angel List 还开发了一个新型的功能 Syndicates，这个功能就是联合投资。这个联合投资是指该网站上的单个投资人可以通过这个功能与其他个人投资者联合，共同为一个项目投资。由于开始的这个投资人向后来的投资人介绍了一些项目，这个开始的投资人可以从中获得一定的报酬，可以从联合投资的金额中获取 20％的报酬，这 20％的报酬就会很好地将投资者和管理者双方的利益连接在一起。

Unbound 网站，是世界上第一家众筹出版网站，该网站于 2011 年在英国成立。该网站成立的宗旨是将作者包装或者打造成大明星，从而通过明星效应来吸引更多的粉丝进行投资，从而作者再对作品进行写作、创作和出版。传统出版行业一般都是作者先将作品完成之后，再去找相关出版社来出书和出版，此外对于出版的书籍阅读者是否会喜欢、作者的写作手法阅读者是否会被吸引，都是一个未知数，在这个过程中，无论是出版社还是书籍的作者都会承担较大风险。如果书籍畅销，作者所获得的报酬也会增多，出版社就会加印；如果书籍滞销，作者所获得的报酬可能还不及自己辛苦付出的努力，出版社也会因此遭受重创。通过众筹平台这种形式，先把资金筹措好，这就在一定程度上避免和降低了出版社和作者本人所要承担的巨大风险；此外，通过明星效应来吸引粉丝集资，这就会使图书在没有发行之前就有一个较好的宣传效果，让很多粉丝期待书籍的出版，让书籍在真正发行时不会出现滞销的情况。需要注意的是，在该网站中，图书的作者所发布的并不是图书的完整作品，而只是图书的创意或者是图书的梗概内容，投资人可以通过浏览和了解作者的创意来进行投资，在筹集的资金完成之后，作者会根据之前发布的图书创意进行写作，在写作过程中，投资者是可以参与到作者的创作中的。例如，在该网站中通过众筹筹集的资金数额，投资数额较高的投资人可以要求作者将主人公的名字改为自己的名字。

通过多方调查和研究，在国外对众筹这一领域有着较强专业性和较强执行力的网站很多，从中找到了 Kickstarter 和 Fan funding 这两家网站来作为个案分析。Kickstarter 是众筹行业的鼻祖，是一家综合性较强的网站，同时是一家专业性较强的网站，成功吸引了很多大佬级人物和公司的青睐，这家网站目前在图书出版众筹方面的项目做得最好。笔者从两家网站的基本介绍、图书出版的运作流程、投资的回报内容、管理机制等方面进行探讨。

Kickstarter 网站成立于 2009 年，成立的地点是美国纽约，这是当时美国第一家众筹网站，发展到目前已经有 8 年的时间，截至 2017 年 2 月份，该网站成功获得的融资项目已经达到 10 万个，从这一数据中我们可以看出，该网站从初出茅庐到如今的发展势头猛进，已经蜕变为一家具有专业性和执行力强的网站。2015 年 9 月 22 日，该网站宣布将公司改组为“公益公司”，顾名思义，这家公司将不再将追求利润和上市作为宗旨[4]。

Kickstarter 网站的图书出版流程。由于该网站是一家综合性较强的网站，所涉及的项目种类和类别较多，除了众筹出版这方面之外还包含其他的模块，这些模块正在如雨后春笋般拔地而起。接下来，我们以众筹出版为例进行说明。

众筹出版模块在该网站中已经得到了细化，这包含图书、手机客户终端以及相关的产品。融资方如果想要获得众筹资金，需要明确图书出版流程。主要分为三个步骤：第一步，在该网站上点击“star a job”发项目，选择出版物标签“publishing”，然后对所要出版的书籍进行详细说明，这里包含了书籍的类别、名称、要众筹的国家。由于该网站的项目仅仅针对美国、澳大利亚和欧洲一些国家，所以在选择国家时要特别注意。第二步，该网站的团队在对所填写的申请进行审核通过后，确认好符合发起众筹的条件，该网站会把醒目的发起方的基本信息通过文字、图片、视频等形式发布在该网站上，并对项目设置众筹的资金和标准。第三步，投资者通过该网站找到这一具有吸引力的项目，并进行投资。在规定的时间内所筹措的资金达到了目标数额，则表示项目完成了众筹，该网站对这一项目的后期进行全程管理和运作。

Kickstarter 网站的图书投资和回报方式。Kickstarter 网站的投资方式是经由第三方支付机构也就是亚马逊支付（Amazon Payment）的。亚马逊支付是一种担保性的支付软件，就好比是我们网购中经常用到的支付宝软件，我们在购物时，所支付的金额暂时放在支付宝平台上，等到买家确认收货时资金才会被卖家所获得，如果在这过程中，买家对产品不满意选择退货或者退换等服务项目时，资金一直由支付宝平台管理。项目的融资者在该网站通过众筹平台对自己的项目进行筹措资金，投资人在进行投资时需要在亚马逊软件上支付，支付的资金暂时放在该平台上，当众筹成功时资金从亚马逊软件转给项目的融资者，项目的融资者收到相关的资金后开始准备图书出版的相关事宜；如果众筹没有成功，投资人之前所投资的资金会自动转回去，投资人的钱不会丢失，因为亚马逊作为第三方，它所作出的承诺不会让资金丢失。Kickstarter 网站的图书出版回报方式主要有两种，一种是回报众筹，另一种是公益众筹。这两种回报方式有所不同，在公益回报众筹中，这类投资大多是自由金融，可以参与到抽奖的环节中。回报众筹方式是该网站的主要模式，图书出版的基本特点是它的回报方式可以通过实物书籍的方式，还可以通过电子书的形式。在实物书籍这种方式上，出版社所要花费的金额会比第二种多，这其中包含着需要作者联系相关的出版社对书籍进行出版和发行，因此在众筹时所设定的金额也就会较多；在电子书的回报方式上，所投入的成本明显少于第一种。但是，需要注意的是，两种方式都需要项目融资者在介绍项目时有着明确的标识，同时将金额设定好，并根据方式的不同设置好要回报的物品。

Kickstarer 网站管理机制。该网站的项目众筹并不是所有项目都会在该平台上展示，该网站会对项目融资者所填写的众筹项目内容进行一次严格的筛查，待到平台认为项目内容符合平台的相关规定，这个项目才会出现在公众的视野中。那么，问题在于该网站应该怎样判断项目内容的好与坏、优与劣呢？该网站有着自己的专家团队，这些专家在各个领域都有着较强的能力和经验，他们可以对项目内容进行严格把控，专家团队会对图书出版拟定一个审查方案，一旦项目通过了审查方案，该项目才会获得众筹资格。在该网站中，每一位投资人的投资额度都有着严格的划定，最高上限为整个筹措金额的 20%，这种设置将会保证众筹过程的公平性和公开性。之所以会有这种设置，是因为曾经有一些项目的投资人的投资金额达到了总众筹资金的 90%，虽然众筹成功了，但是却违背了众筹的初衷。因此，该平台设置众筹资金的上限便是为了避免和缓解这种类似事情的再度发生。这种合理、科学的众筹资金设置模式，有时会有意想不到的收获。在该网站中，我们经常发现项目最后所筹集的资金远远比起初设置的金额多达 2 倍甚至更多，对于这种情况该网站也对金额的设置进行了优化安排，设置金额共分为两个层次，第一个层次是基本档次，第二个层次是高级层次。第一个层次是指项目筹集的金额由项目发起人来决定，只要所筹措的资金达到了基本档次就可以认为项目的众筹成功，如果该项目确实很引人注目，得到许多投资人的青睐，投资人对此还要进行投资，这时金额就达到了第二个层次高级层次，达到这一层次的服务水平会比第一层次高许多，例如出版社会允诺开展书迷见面会、图书采用精装订等等。

Kickstarter 网站图书出版应用。该网站从 2009 年 4 月上线，对于自己的定位和未来的发展方向十分清晰，即这是一个针对创意项目的平台，也就是说该网站会对有着创意的项目进行对接和承接，但是项目进行过程中需要一定的资金支持。美国著名的作家哈伍德在出版自己的图书时在该网站进行众筹，以此吸引很多粉丝来对此事进行关注，投资者可以在平台上根据自身的实力进行投资，在很早之前，他就已经通过众筹出版平台将自己的图书创意发布在该网站上，得到了很多投资者的青睐。在他的著作《这就是生活》中，他在第一天发布这一创意时就已经得到了足够金额的众筹，在随后的几天中众筹金额上升，在截止日期时众筹金额超过了原来预期的一倍。众筹金额如此迅速地得到投资者的青睐，一个重要的原因在于他对众筹金额进行了不同档次的设置。他承诺会把出资 1 美元的投资者写进自己的感谢名单之中，出资更多的投资人他会在书中的某些章节加入投资者的想法和创意，出资达到了 999 美元的投资人可以参加到与此书出版发行的各类社交场合，而且作者本人会以投资者作为主人公，为投资人写一部小说。

小说在正式出版发行时，会把小说的唯一一本精装版本送给当初投资的人。如此优惠的条件和回报方式，自然吸引了众多人的眼球和投资数额的递增。格兰特和奥·科奈尔在《带着哭泣而来》这本书中尽显了社交化媒介的特点和无穷力量。两位作者在自己的博客中将书籍的创意发布其中，并通过创意让读者对此产生浓厚的兴趣，此外他们还承诺在书籍创作的不同阶段，会给予投资人不同回报方式，这其中包含让投资者先对书籍进行阅读，让投资者可以对书籍提出一些宝贵的意见和建议，从而增加作者与投资人之间的交流与沟通，让双方都可以获得自己想要的东西。

Kickstarter网站的优势和不足。该网站的优势主要从三个角度来考量：第一，网站具有良好的经济环境、法律环境和人文环境。出版行业以众筹模式出现并非只是一个偶然事件，这一模式之后在美国以及欧洲国家得到广泛传播也并不是偶然事件，这其中有着良好的经济环境、法律环境和人文环境滋润着这一模式的快速发展。第二，经济发达的国家有着严格的管理制度、完善的金融支持系统和完善的法律服务体系，这些为众筹出版行业的发展提供了强有力的保障，让众筹出版行业可以在良好的经济环境下发展自我。此外，这些发达国家本身是以消费者的需求作为依据来进行市场化管理的，这同样是出版行业发生巨大改变的重要原因之一。出版行业根据消费者需求的变化适当地做出相应的调整。第三，该网站拥有灵活的运营模式和经营管理体系。该网站除了对一些具有创意的项目进行众筹之外，还会对这些项目后期的运作和管理负责，这就会使该网站的服务体系完善化，从而吸引更多融资者和投资者的兴趣。这一网站可以在最短的时间内吸纳各行各业的人士，这其中包含着金融机构、政府机关、商业组织等，从而形成一个巨大的生态模式产业链。第四，该网站有着良好的操作手法和营销策略。该网站的业务主要是以众筹为核心，因此会动员社区内的读者、作者、出版组织等，让项目的融资者进行有效的众筹，该网站还会教给融资者一些传播技巧和融资技巧，从而使项目可以在较短的时间内完成预期目标。

Kickstarter网站的不足。该网站是以预购的方式成立的，个人通过贷款的方式给企业生产产品，生产完成后个人以得到商品的方式来作为报酬。从中可以看出，这个决策很简单，但是风险会直接落在个人的头上，如果融资金额较少，个人所承担的风险也会较少，如果融资金额较大，个人所承担的风险也会相应加大，对于项目失败的融资者而言，该网站也没有进行一定的跟踪报道。

二、国内众筹出版发展现状分析

（一）国内众筹出版平台概况

我国众筹平台种类繁多，主要可以分为四类，分别是非公开股权融资平台、奖励性的众筹平台、混合型的众筹平台以及公益众筹平台。在这些众筹平台中，我们所说的出版众筹属于奖励性的众筹。含有出版项目的众筹活动平台包含综合类众筹平台，这也叫作混合型众筹平台，还包含社交类众筹平台、垂直类众筹平台。到目前为止，众筹出版的书籍种类所涉及的领域很多，这其中包含了人文社科、经济类、科技、娱乐、健康、生活、漫画等众多领域。从目前我国众筹平台的发展态势来看，众筹网、京东、淘宝、青橘这些众筹平台是比较著名的平台，它们大多是专业性较强的综合类众筹平台。2015 年 4 月，我国第一家垂直类的众筹平台——书易网上线，这家平台的上线标志着我国拥有了第一家专业化的图书出版众筹网站（我国主要众筹出版平台信息表，如表 1 所示）。

表 1　我国主要众筹出版平台信息表

平台类别	平台名称	上线时间
综合类众筹平台	众筹网	2013.02
	京东众筹	2014.07
	追梦网	2011.09
	青橘众筹	2013.01
	淘宝众筹	2014.03
垂直类众筹平台	书易网	2015.04
社交类众筹平台	众筹空间	2014.09

笔者对图表中的几个网站所进行的众筹项目数据进行了统计，截至 2016 年 3 月底，众筹网发起的众筹项目有 416 个，成功筹措到资金的有 341 个，成功率达到了 82%，这是所有众筹项目中发起总数和成功数量最多的平台和网站；其次就是京东众筹，该网站发起的众筹项目共 143 个，项目的成功率较低，仅为 30%。虽然淘宝众筹网站的发起项目数量不及前两个，只有 25

个，但是其中的22个都已经获得成功，成功率达到了88%。书易网是最近成立的网站，在该网站中发起的项目有8个，其中有4个完成了众筹。具体各平台发起数量情况如表2所示。

表2　各平台项目发起数量情况表

平台名称	出版项目发起数	成功项目数量	成功率
众筹网	416	341	82%
京东众筹	143	43	30%
追梦网	68	36	54%
青橘众筹	52	17	33%
淘宝众筹	25	22	88%
书易网	8	4	50%
众筹空间	10	7	70%

从上述列出的众筹平台中我们可以发现，我国的众筹平台种类繁多，从项目的发起数量、项目的成功数量和成功率来看，众筹网在这三项指标中远远超越其他几个网站。该网站上线时间较早，所获得的知名度要大于其他几个平台，有着明显的竞争优势。

（二）项目分析

刚刚提到的众筹网在项目数量、项目成功数量和成功率三个指标上明显高于其他几个平台，因此在接下来的项目分析中，将以众筹网为例进行介绍，主要从项目数量、项目主题、项目发起方和项目回报方式这几方面来切入。

1. 项目数量分析

笔者对众筹网从2013～2016年所有的出版项目进行了统计，结果显示，截至2016年3月底，该网站上共发起了416个项目，其中在这些项目中获得成功的项目有341个，正在进行的有4个，失败的项目71个，项目的成功率达到了82%。如果按照年份划分，2013年众筹网共上线了9个项目，其中有4个完成了筹集资金的目标；2014年该网站项目的数量比2013年有了大幅度的上升，大约是2013年的17倍，共有149个，成功获得筹集资金的项目高达122个，成功率达到了81.9%；2015年，众筹网图书出版的项目共有215

个，众筹项目成功的数量达到了182个，成功率达到了84.7%；2016年，该网站的项目发起数量仅仅一个季度就达到了43个，在这43个中有37个获得了成功。

表3展示了众筹网在2013～2016年第一季度项目出版的情况。

表3　众筹网2013～2016第一季度众筹项目完成情况

年份/类别	项目发起数	成功数	成功率
2013	9	4	44.4%
2014	149	122	81.9%
2015	215	182	84.7%
2016.1－2016.3	43	37	86.0%

根据统计数据显示，众筹网从项目的发起到项目的成功，平均时间周期为1.5个月，大部分项目都集中在1个月到3个月，少数的项目是少于一个月或者多于三个月。在这些发起的项目中，所需要的资金数额不等，从500元到百万元都有，不过中小型的出版项目要占据一个较大的比例。在这些已经获得筹措资金的项目中，筹得的金额最高的项目是《玩出来的产业——王志纲谈旅游》，这个项目截至2014年8月27日，共筹措到资金1271230元，一共得到了322个人的支持，人均支持额达到了3948元，这一金额已经远远超过了预期设置的金额。该项目的内容是对未来旅游业的发展趋势和发展方向进行预测和定位，主要研究依据是对上百个旅游项目的实践进行总结，从而对其发展方向有着明晰的定位。这一项目的用词和对各地的景点介绍，展示了作者深厚的文化底蕴，让投资人的关注度大大提升。这个项目的负责人和策划人是王志纲，这位项目负责人是一位有着10年工龄的新华社记者，在这10年间，他走遍了全国的著名景点，体验了各地的风土民情，领略到了自然与人文的美。他除了在国内旅游之外，还会到国外去走一走、看一看。正是他拥有着比其他人更多的经验和经历，才促使他完成了这一项目的策划和创意的提出。这个项目以各地的景点为例，对这些景点今后的发展方向做出了评价和中肯的建议。字里行间，通过讲故事的方式让人对他的建议和思想进行思考，给人一种清新的感觉。

2. 项目主题分析

众筹网把出版的板块设置为以下几个内容：商业新思维、文艺小清新、生活大爆炸和文化达人，从这些板块中又将其细分为十个类别，这其中包含了人文社科、生活、经济、科技、教育等。从出版的内容来看，人文社科类的众筹项目最多，项目数量高达117个；项目内容为音乐、旅游等休闲类的图书出版数量为93个，这些内容大多带有明显的个性和特色；经济类的励志项目的数量有77个，这个数量相比于前几年的金融热有所下降；与互联网相关的一些项目，例如移动互联网、互联网金融，这些项目内容历来受到大家的广泛关注，同时还有一定的时效性；有关少儿类的项目也一直受到社会的广泛关注，这类项目的数量达到了33个，创意性的项目内容会受到更多家长和孩子的喜欢；其他种类的项目数量较少。例如培训类的数量有16个，会议类的数量有3个，科技类的项目数量有7个，如图1所示。

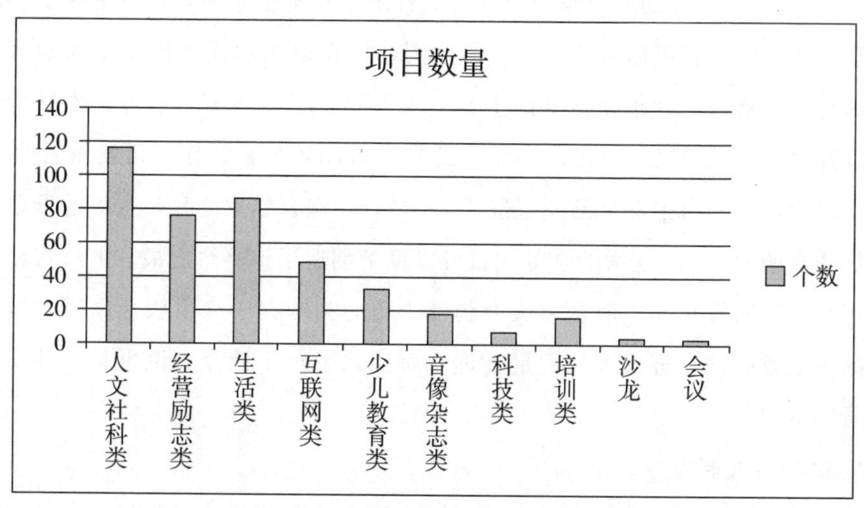

图1　众筹网各类项目众筹数量示意图

图书的质量是出版物生命之线，图书内容的新颖度、题材的可接受度都关乎着图书是否可以在众筹网上获得成功，这些因素的考量同样是投资者所需要参考的内容。根据调查研究发现，图书众筹获得成功率较高的出版物大多是受到了明星效应的影响，很多明星的作品可以通过自己的知名度来做好宣传工作，大量粉丝和网友会对图书有一个较高的关注度。除此之外，拥有渊博学识和资深背景的作者也会受到一大批粉丝的高度关注，这样的情况下，众筹所获得的成功概率会大大提高。笔者以上海古籍出版社所众筹的项目《吕思勉全集》作为案例来进行说明：吕思勉先生在生前留下了大量的史学著述，所写字数超过了1300万字，他在业界的地位很高，与陈垣、陈寅恪、钱穆并称“前辈史学四大家”，并在1956年被国家评为了第一批一级教授。他拥有如此德高望重的地位，自己所留下的珍贵财富也希望被世人所看到。不过，当时我们在市面上经常会看到一些与大师所写的内容雷同或者相似的书籍，这很容易使大师的心血受到损害。面对这种情况，上海古籍出版社根据大师的遗迹，出版了《吕思勉文集》，当这本文集出版后，得到了社会各界人士的大力支持，得到了他们的好评和赞扬。之后，上海古籍出版社通过众筹网对即将推出的《吕思勉全集》进行众筹，这部书籍不但包含了大师的文集还包含了大师对之前内容的整理，可以说这本书包含了大师的所有心血。大师从2005～2015年的所有整理内容全部容纳在这本全集中，这本书除了“求全”之外，还一直遵循着“求真”的原则，这在最大程度上恢复了大师著作的原貌。该项目一发布在众筹网平台上就得到了很多专家、学者和爱好者的一致好评，并纷纷通过自己的力量为此次众筹添砖加瓦。在项目发布后的21个小时后，众筹所得资金已经超过了100%，在项目结束之日，众筹的资金是目标资金的908%，这次的众筹项目可以说是创造了该平台之最。上海古籍出版社在众筹网发布这一消息，认为获得成功的关键在于该出版社利用大师生前的明星效应，对著述进行大量整理，而且此举对于社会来说也是一件功德无量的事情。

3. 项目发起方分析

众筹项目发起方一般分为三种：第一种是国有的传统出版社，这其中包含了三联书店、机械工业出版社、长江文艺出版社等；第二种是民营图书文化公司，这其中包含了华文天下、时代华语等；第三种是作者个人，这其中包含了一些名人、明星、学者等。这三类不同的项目发起方，我们可以笼统地分为两类，一类是出版社或者专业出版机构；另一类是个人，从中我们可以把国有的传统出版社和民营图书文化公司划归到第一类，将作者个人划归到第二类。在第一类中，由于有专业的出版机构对将要出版的书籍进行众筹，将会具有较强的稳定性、支撑性和组织性；在第二类中，由于众筹主体是个人，在进行图书出版时，个人的目的有两个：一是销售图书；二是试探一下市场的反应以及读者的反应，从而为书籍的宣传做好铺垫。以个人名义所进行的众筹项目，尤其是一些名人、学者、明星，由于这些个人主体自身拥有广泛的群众基础，都有着较多的粉丝，在社会上所具有的号召力和影响力都很大，这些个人主体的作品会在粉丝的热捧下获得不小的成功，而在个人主体中草根形象会受到大家的热爱，这一主体在对书籍进行众筹时也会受到社会的广泛关注。

到目前为止，我国一些著名书店也在往众筹模式发展，例如我们刚刚提到的三联书店便是一个典型的例子。该书店在众筹网上为图书出版众筹了三个项目，这三个项目最终都以不错的成绩完成了众筹，所设置的预期金额在众筹的时间规定内都达到了。这三个项目中，获得广大民众广泛关注的是“时代很伟大，我们去拥抱!”

华章书院于2005年成立，这家书院拥有着强大的嘉宾资源、会员平台，这家书院成立的服务宗旨是为了给那些读书会、高端论坛等形式的会议的与会人员提供一些建设性的建议和意见，这家公司的目的是让这些喜爱读书的人汇聚在一起，以读书交友，以读书来带动其他相关产业的发展。该公司的一个众筹项目《连接》：深度解析大数据、移动互联网时代商业智慧密码，以互联网为背景，对现今社会中大数据在商业领域中的使用进行了说明。这本书企图让人类对数据文明有所了解，让人们开启商业智慧密码。项目最终获得了5325人的支持，所筹措的资金高达300814万元，这笔资金已经远远超过了预期目标。“高铁见闻”在众筹网上发布的项目是一本关于高铁科普的书籍，名字叫作《高铁风云录》。这本书一经上线，就获得了很多人的关注，这其中与作者本人的知名度有着巨大的关系。这本书的作者毕业于清华大学中文系，目前在一家高铁装备制造厂家工作。他不但是高铁科普专家、新浪微博知名博主，而且是百度特约记者，从他的履历表中我们可以看出他博学多才。这次他发起的项目筹措资金目标是30000元，在最后以141829元完成了众筹，获得了2189人次支持。这是全世界范围内第一次介绍高铁发展史的书籍，介绍的内容以故事为主。此后，他撰写的《高铁知识问答》还被多家媒体所刊载、加印。读者可以通过作者的描述对高铁知识有所了解，可以说这是以个人为主体发起的众筹项目中一个成功的案例。

4. 项目回报内容分析

在众筹网上对于项目投资人的回报主要是根据投资人资助金额的不同而设置的不同档次和回报内容，项目的回报方式包含实物回报和非实物回报两种。实物回报可以获得众筹成功出版的书籍、作者的亲笔签名、与该项目有关的明信片、书签、海报等奖品。非实物回报包含图书的电子版、线下交流活动，如读书会、读书沙龙、研讨会等入场资格以及可以获得官方上的感谢名单。我们以《玩出来的产业——王志纲谈旅游》这个众筹项目为例，这个项目众筹的时间是在2014年7月7日到8月27日，在这51天的时间里，获得了322人的支持，共筹得金额1271230元。项目的设置金额分别为58元、298元、522元、870元、1188元、5800元、6000元、15000元、30000元、58000元、87000元这11个不同的档次，针对这些不同的档次，项目的发起方对投资者的回报也有所差异。

第二节　众筹出版运作模式分析

在众筹出版的运作模式上，主要从众筹出版的主体构成、众筹出版的运行机制、众筹出版的集资方式、众筹出版的回报内容、众筹出版的实施内容和众筹出版的盈利模式这几个方面来说明。

一、众筹出版的主体构成

众筹出版的主体主要由资金的需求者即项目的发起人、资金的筹集者即项目的投资者和资金的监管者众筹出版平台三个主体构成，接下来将会对这三个主体的定义、每个主体的职责和要求来进行说明。

（一）资金需求者：项目发起人

1. 定　义

出版项目的发起人就是资金的需求者，也即融资者，在任何一个众筹项目中都必须具有众筹出版的发起人。在众筹出版行业，这个项目的发起人可以是作者个人、国有传统的出版公司，例如三联书店，也可以是私营的出版公司。在这三种类型中，以作者本人作为项目发起人的情况较多。我们以众筹网作为案例，《社交红利》《你的生命有什么可能》等这些项目都是由作者本人在众筹网上发布众筹项目的。《狼图腾》这个书籍的项目发起人是长江文艺出版社，这个出版社是传统的出版公司；《众筹》这个项目是由北京华章图文信息有限公司发起的，这是一家具有专业性质的综合性较强的公司。

2. 要求及相关职责

在一般情况下，众筹网对项目的发起人会设置一些资格条件和标准，只有项目发起人通过或者符合这些标准、条件，项目发起人才能借助这个平台进行众筹，这些条件如下：

第一，项目的发起人如果是个人，必须年满 18 周岁，同时要具备完全民事行为能力和民事权利能力的自然人；如果项目的发起人不满 18 周岁，则在监护人的监护下，在众筹网上根据有关要求进行注册，从而成为众筹网的用户；项目发起人如果是单位，则单位必须是依法成立并已成功登记备案的企业或组织。第二，项目发起人需要进行身份认证和资格认证，可以携带个人的有效身份证件、护照和相关学历信息证书来确认。第三，项目发起人需要保证自己在中国大陆开通了合法账户，这个合法账户可以是银行卡的形式也可以是支付宝的形式，从而确保在众筹项目中人民币的汇款、转账等功能的正常使用。第四，项目发起人要对自己在众筹网上所注册的用户名和密码进行科学、合理化的使用，并对自己众筹网的个人操作负责。

众筹网除了对项目发起人的相关要求进行规定，还对所要众筹的出版项目有一些规定，这其中包含：第一，众筹发起的项目要有严格的发起时间和结束时间。当众筹项目的时间结束时表示众筹结束。当时间截止时，所获得资金超出了目标金额，则表示众筹项目成功；如果时间截止时，所获得的资金没有超过或者少于预期资金，则表示众筹项目失败。第二，项目的发起人也就是融资者需要保证自己的项目内容是原创性质，没有抄袭或者剽窃，如若在后期发现此类问题，后果自负。第三，项目发起人所发起的项目内容要有正能量，不得涉及非法、淫秽、色情、暴力等内容，也不可以使用一些带有侮辱性的言语，不能有种族歧视的内容。第四，在众筹网上发布的项目一旦在该网站进行就不能再参与其他国内外众筹网站的众筹。第五，项目发起人需要在众筹网的平台上填写个人基本信息以及项目内容的基本信息，例如项目的内容、项目的目的、项目所需要的资金、项目所存在的风险、项目的进展情况、项目众筹成功后的回报内容等。第六，项目一经发起，不能涉及任何权利纠纷，否则后果自负。第七，项目一经发起，项目发起人要时时对项目的进展情况以图片、视频或者文字介绍的形式加以说明，积极对网友所提出的问题进行及时有效的回答。

综上我们可以看出项目的发起并不是一件容易的事情，需要发起人符合众筹平台的相关要求，并认真履行职责，才能对其进行资金筹措。

（二）资金筹集者：项目投资人

1. 定　义

项目投资人也就是资金的筹集者，他们是书籍的受众和读者。传统的图书出版中，读者是作为靶子的受众，只能对图书被动接受，不能对图书的基本内容进行意见的参评。在众筹网这一平台中，读者拥有了更多的话语权，对于书籍的出版和书籍的内容可以提出自己的看法和建议，项目发起人根据这些建议做出相应的调整。一般情况下，网民会通过浏览众筹网这一平台的内容找到适合自己的投资项目或者找到吸引自己的项目，然后根据自己的实力和经济条件，进行金额不等的投资，这就是我们所说的投资人。投资人对书籍进行了投资，就代表他们拥有了一定的权益，接下来将具体阐述。

2. 相关权益

第一，投资人在对项目进行一定金额的投资之后，他们享有对书籍的进展情况的知晓权。这和我们所说的期货交易类似，投资人已经购买了书籍的服务，只是服务的交易时间是在未来。第二，项目一旦筹集成功，投资人就可以获得书籍的阅读权限和其他一些附赠服务，例如作者的签名、线下交流活动等。第三，如果众筹没有成功，投资人所投资的金额会返还到投资人的账户中，不会轻易丢失。

在众筹项目中，保障好项目投资人的权益是一个重要话题和议题。不管是国家层面还是众筹出版平台，对于项目发起人都有着严格的规定和标准，需要符合国家有关立法的规定和众筹网站的相关规定。项目发起人需要对自己的信息和项目内容信息公开透明化，这是为了保护投资人的合法权益和降低投资人的投资风险。

3. 意　义

第一，传统的出版行业中，投资者没有对图书进行参与的机会，对图书的内容和封面的设计等方面只能被动接受，在众筹出版平台上，投资者对即将出版的图书在基本内容、某些情节、封面设计等方面有参与的机会，这就会使投资者处于主动地位。在互联网的时代背景下，投资者不但可以用资金来支持书籍的出版等相关事宜，而且可以通过与图书作者的线下和线上沟通，对书籍的一些细节问题进行商量。第二，图书投资者可以通过网络找到与自己一样的读书爱好者，这对于投资者来说将是一种巨大的精神寄托和精神慰藉，这将大大扩大投资者的交友圈和提高自身的交际能力。因此，在对图书进行众筹时，项目发起人可以根据投资者爱好读书这一特征，从众筹网上与投资者进行有效交流和沟通，让投资者对项目进行关注，从而使潜在的投资者变为真正的投资者，这也是为书籍的出版做好宣传和赢得市场的目的和方式之一。第三，在众筹平台上进行注册的个人信息都很容易找到，这对于项目的发起人来说是一件便利的事情。项目发起人可以通过获取这些有效信息对投资人的爱好等内容进行了解，从而在自己的项目基本信息填写和后期更新时有所涉及，这就会在一定程度上提高众筹项目的成功率。当然，这对于图书的后期宣传尤其是在广告设计方面会更有针对性和专业性，从而引起投资人的兴趣和关注。

（三）资金监管者：众筹出版平台

1. 定　义

众筹出版平台是资金的监管者，也是投资者和项目发起人的中介，这个中介连接着投资人和项目的融资者，这对于保护投资者的合法权益和保障发起人项目内容的真实性有着至关重要的作用。近年来，我国的众筹出版网站如雨后春笋般出现，这里包含了我们刚刚提到的众筹网、Kickstarter、点名时间、淘梦网、京东等平台。

2. 分　类

根据众筹出版平台内容的不同，我们将众筹出版平台分为两种，一种是综合性平台，另一种是专业性平台。综合性平台所工作的范围和内容除了出版之外还包括科技、娱乐、农业等。专业性的众筹平台是指该平台只针对某一个领域进行众筹，例如英国的 Unbound 平台。从我国目前的众筹发展来看，我国还没有出现专业性平台。

3. 职　责

作为连接书籍的作者、项目的发起方、项目的投资者三方的桥梁，众筹平台的存在有着至关重要的地位。第一，众筹平台是项目出版的把关者，众筹平台对即将上线的项目进行全面了解，这其中包含项目内容的创意、基本内容、进展情况、项目发起人的基本信息，平台要对这些信息进行核实，对其真实性和可行性进行评估。在评估过程中，如果发现这些内容的一项有虚假成分存在就会取消其上线资格，如果评估的内容真实性和可靠性都很强，才会把信息通过互联网发布在网站上，让广大网友进行浏览和众筹。第二，众筹平台是投资者资金的监管者，是投资者的利益维护者。如果项目没有获得众筹，投资人的资金会全部返还给投资者。

4. 意　义

目前为止，很多众筹出版的平台都是一些自己经营和管理的互联网平台，没有与其他众筹平台有太多关联，但是我们也可以对传统的出版行业进行升级和转型，从而可以较快地建立起具有自己特色的众筹出版网站。如果此举可以得到真正实现，我们的传统出版行业就可以获得较大的优势，传统出版行业可以利用自己的团队来对书籍进行编辑和印刷、排版等相关事宜，此外传统出版行业还可以在一定程度上降低自己对书籍出版所要承担的巨大风险，出版社除了可以依靠线下或者实体店的销售渠道还可以通过线上的活动和宣传，将书籍尽快销售出去。这种形式在一定程度上会尽可能地规避一些潜在风险，实现线上和线下同时进行、两手抓的局面。这种情况在国外早就有过先例，例如在英国有几位出版界的人士开创了 Unbound 众筹出版平台。到近年为止，这个网站发布上线的众筹项目所获得的资金达到了 100 万英镑，这家网站凭借自身的强大优势和科学的管理模式赢得了 3 家公司的投资，所得投资金额达到了 120 万英镑，该网站将会把这笔投资用在新平台的开发等项目上，从而全面覆盖业务。

二、众筹出版运作机制

众筹出版的运作机制主要从书籍的项目发起阶段开始到项目的反馈阶段结束，中间还包含着书籍众筹资金阶段和书籍执行阶段。

（一）图书出版项目发起阶段

在第一阶段图书出版项目发起阶段，参与这一阶段的主体主要由项目的发起人也就是项目的融资者和众筹网平台两部分构成。书籍的作者或者是出版社会以众筹项目发起人的名义对该众筹网站进行项目的众筹。众筹网需要对项目发起人的基本信息和项目的基本内容进行审核和调查，众筹网对于这两个部分的审核基本要求刚刚已经进行了详细说明，这里就不再赘述。需要注意的是，项目发起人想要获得众筹需要通过众筹网的层层严格筛查和符合相关的程序、流程，才有资格展示在网站平台上，网友和投资者才有机会参与其中。具体出版项目发起阶段的示意图如图 2。

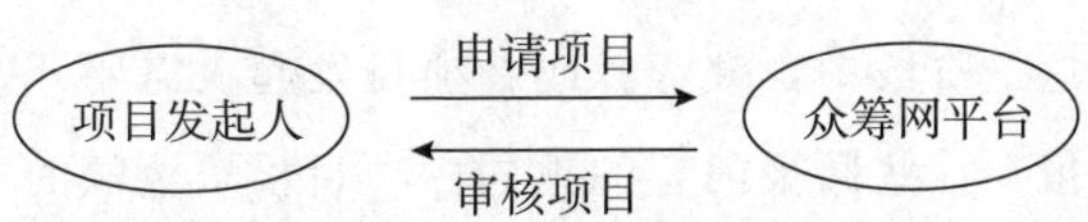

图 2　众筹出版项目的发起阶段示意图

（二）出版资金众筹阶段

出版资金众筹阶段，是众筹出版最为关键的重要环节。在这个阶段，作者或者出版商、众筹平台和投资人都要对自己的工作进行正式交接和洽谈，三方之间进行互通有无的交流与沟通，在这里主要包含以下几项工作：第一，出版商或者融资者把众筹平台审核过的信息和资料上传到网站上进行众筹，这些基本资料包含项目的创意、项目的进展情况、项目的筹措金额、项目的预期收入、项目的回报内容等，此外还包含融资者的基本信息，例如融资者的个人简介、融资者的银行账户使用情况等。第二，当融资者把项目发布在网上后，网友可以根据项目的基本信息来确定是否对此有兴趣，是否可以引起投资者的关注，如果可以，投资者可以进行一定数额的投资，在投资过程中，众筹平台对于投资的公正性、公开性进行监督和管理，以防出现不公正的事情。此外，众筹网站还要调节投资者和融资者之间的关系，对双方之间的交流与沟通起到一个良好的桥梁作用。具体的出版资金众筹阶段可以从图 3 中看出来：

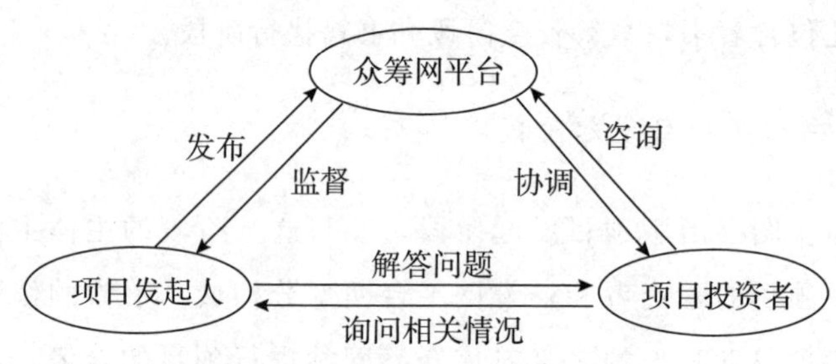

图 3　众筹出版资金众筹阶段示意图

（三）出版图书执行阶段

在图书出版执行阶段，参与主体包含了融资者或者是出版商以及投资者。执行这一阶段的前提是项目发起人在众筹网上发布的项目获得成功且众筹资金达到了预期的目标，甚至是在一定程度上超过了预期目标，这时才能进行到这一阶段。在这一阶段中，融资者或者项目发起人需要开始准备之前对投资者所承诺的回报，这些回报内容的不同由项目投资金额的不同来确定。这些准备包含了作者需要开始准备写作并随时和投资者进行交流与沟通，对于一些细节性的内容可以参考投资者的建议。作者还要把写作的进展情况以文字和图片的形式发布在众筹网上，让投资者可以清晰地看到自己所投资项目的具体情况。此外，投资者和融资者可以根据书籍写作内容的不同进行沟通和交流，从而可以更加深刻地了解彼此的想法和需求。图书执行阶段的示意图如图 4 所示：

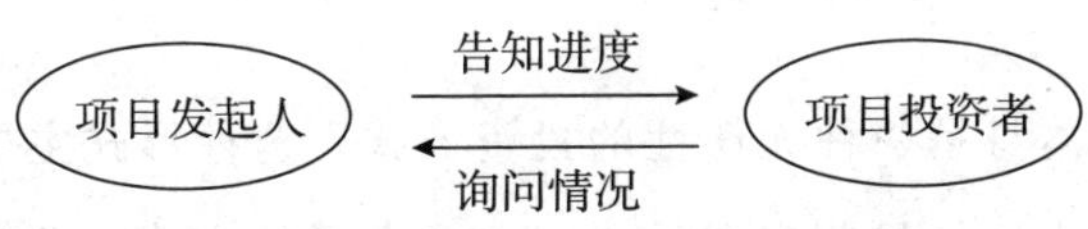

图 4　众筹出版项目执行阶段示意图

（四）出版项目反馈阶段

出版反馈阶段是最后的阶段，在这一阶段中，与之有关的主体包含了作者或者出版商、项目的投资者和众筹网平台三个。在反馈阶段，融资者需要按照之前承诺的内容对投资者进行兑现，作者需要将书籍的成稿或者说精美包装的书籍赠送给投资者，当然还可以通过电子版的形式。其他的服务如在官方列席感谢名单中加上投资者的姓名、赠送投资者一些签名图书、精美的海报等。项目的投资者在接受这些反馈和回报之后将在众筹网上对此进行一些反馈。项目的融资者需要针对投资者所写的反馈信息及时做好后期的回复和意见的修改。为了展示众筹项目在全程过程中一直遵循的公开和公正原则，项目发起人需要对回报内容的实际情况进行总结和汇报，从而彰显融资者严谨的工作态度[6]。在全过程中，众筹网一直扮演着监督和协调者的角色。出版项目反馈阶段的示意图如图 5 所示：

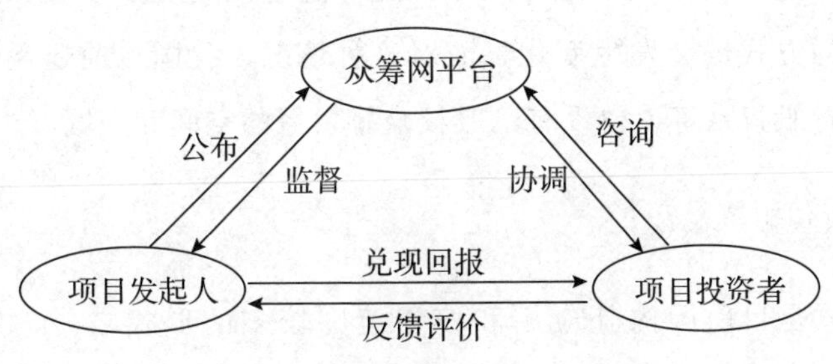

图 5　众筹出版项目反馈示意图

三、众筹出版集资方式

众筹出版集资方式主要包含三种形式：捐赠或者是赞助的形式、借贷形式、预售的形式。

（一）募捐或者赞助的形式

募捐的形式本身是一种无偿性的投资方式，这种形式主要运用在具有公益性的众筹平台上。从目前来看，我国公益众筹的方式有两种，第一种是综合性的公益众筹平台，第二种是专业性的众筹平台，例如“创意鼓”和“积善之家”。这两家众筹网站因自身公司规模较小，知名度相对较低，因此在社会上或者业界的公益效果并不是很好。2014 年 8 月发布了一项有关公益众筹的报告，这个报告调查显示，从筹措金额的数额来说，公益众筹的项目中成功的有 164 个，共筹措到的资金有 669 万元。2015 年发布的公益捐赠报告的数据显示，全国网络捐赠达到了 5.2 亿，这个数额在整个网络捐赠的比例仅为 1.34%。

（二）借贷形式

借贷形式又可以叫作股权投资的形式，这种模式往往是以丰厚的回报资金或者其他一些方式回馈给投资者，这种模式一般应用在中小型企业当中。股权众筹的方式在美国已经得到了法律认可，受到了法律的保护。但是这种模式在我国目前来说还有着一段艰辛的道路要走，因为众筹股权涉及的问题较多，包含了金融监督和管理等众多问题，这些问题复杂多变，情况的不同其解决问题的方式也会发生变化。面对这种情况，我国目前还没有详细具体的政策来进行股权众筹，也没有给股权众筹发展的空间和土壤。

（三）预售形式

预售形式是目前国内外应用和使用范围较多的形式之一，例如美国的 Artist Share、Kickstarter 和我国的点名时间网站、众筹网等都是对预售模式有着较大使用范围的平台之一。在这里，我们所提到的预售模式包含了奖励回馈模式。预售模式本来是融资者或者项目发起人在这些众筹网站中发布项目的创意或者一些还没有成型的产品以及服务，在这些项目发布之后，需要在规定的时间内筹集资金，项目的发起人需要对不同的投资者进行回馈。回馈的标准是根据投资者投资金额的不同来进行不同的回报。不过，目前很多人认为这种模式也可以发布成型的产品。从我国众筹模式来看，大部分产品都是以预售的形式发布在网站上，例如，众筹网“时代飞鹭”在2014年7月7日发起了众筹出版项目《玩出来的产业——王志纲谈旅游》，这一项目一经上线就得到了许多人的格外关注，在8月27日就已经筹集到目标金额1271230元。众筹平台上发布的项目有些是成型的产品，而有些则是还没有成型的产品，需要在平台上进行预售，我们经常提到的京东金融众筹便是没有成型的产品。从项目发布的信息来看，我们可以看出预售的模式需要满足两个重要条件：一是预售的模式有一定的时间限制；二是预售的模式有一定的资金限制。也就是说，项目从发起到结束需要在规定时间内完成，才能说明项目众筹获得了成功。预售模式相比较前两个模式有着自身的优势，这种模式可以有效预防和避免非法集资。由于目前我国众筹模式的集资方式大多是以现金或者非现金的方式进行的，这种模式会直接绕过金融监督和管理部门，这就可以避免触碰非法集资这条红线。

四、众筹出版回报方式

众筹出版回报方式主要有现金回报和非现金回报两种方式。在非现金回报方式中，项目的发起人会在项目众筹成功后在后期对投资者进行回报，这些回报内容的大小会根据投资者金额的不同而有差异。一般来说，投资者所投资的金额越大，项目发起人所给予的回报也就会越高。这些回报方式主要有购买单本书籍可以赠送一本书籍、赠送免费的签名照、精美的海报、将投资者的名字写在官方的感谢名单中等。有些回报的方式还具有一定的增值服务，这种回报方式主要是针对投资者的较大的投资数额，这其中包含给投资者与本册书籍有关的微信号、邀请投资者参加一些交流会、读书沙龙等，给投资者提供一些拍摄服务的项目。

五、众筹出版实施内容

有关众筹出版的实施内容，我们可以从宏观环境和微观环境两个方面来切入。从宏观环境的角度来说，互联网时代的到来加快了互联网金融的发展，互联网金融的发展会在一定程度上加快众筹网站的建立。我们可以说，众筹网站的建立是互联网思维的真正运用，并以一种模式的创新来激发其他产业的发展和出现。

因此，从一定程度上来说，众筹出版模式是互联网的重要应用，它的发展主要依靠互联网技术的发展，而且我们国家可以为这些新兴模式的发展提供一定的便利条件，通过一些人力、物力和财力的支持，来鼓励众筹网站的发展。从微观环境角度来说，众筹网站之所以可以以一种快速发展的势头挺进，是因为众筹网站的发展离不开投资者和融资方的合作。“众筹”这一概念起初是用在小型企业或者刚刚创立的企业中。这些企业一般存在着一些共同点：规模小，发展资金不足但是有着较好的创意，需要投资者进行扶持。

因此，这些小型企业会把自己觉得有创意的项目放在众筹网上，通过一些图片、视频或者纪录片展示项目的内容，让投资者可以详细、具体地了解项目，这对于项目能够众筹成功也起着十分重要的作用。出版行业将这种模式应用到这一行业中，也会在众筹网站上把即将出版的书籍的大致内容发布在网上，对书籍的写作思路和内容、时代背景等基本信息进行介绍，从而帮助投资者更清晰地了解这本书籍，也对自己是否有兴趣投资这一项目进行一个衡量。我们不得不说，出版行业将众筹网站这种新型模式加入其中，并将两者很好地结合起来，将成为传统出版行业发展起来的新型和成功获得转型的契机，这也是传统出版行业目前发展的整体大趋势。但是由于数字出版行业刚刚兴起，如何更好地构建这一模式需要进行更深层次的探讨，这也是所有出版行业人士面临的共同问题。

六、众筹出版盈利模式

众筹出版这种新型的模式与传统的出版模式无疑有着截然不同的变化，无论是在参与的主体方面还是运行的机制方面都有着很大差异，那么众筹出版在盈利方面与传统出版行业有着怎样的不同呢？众筹网站将会如何使融资者、众筹网站自身和投资者三方达到互利互赢呢？

（一）项目发起人的赢利点

项目发起人也就是融资者，这一参与主体想要使自己获得收益或者利润，需要从出版资金的筹措方面、出版图书的销售方面和书籍的读者方面三个角度来进行，这样才能保证自己在这一过程中可以获得相应的利润。

1. 筹集出版资金

项目的发起人也就是项目的融资者，需要通过众筹平台获得自己所需要的资金，这样出版资金的筹措工作才可以完成。项目发起人需要将书籍的基本信息和内容以表格的形式填写在众筹平台上，众筹网站审核通过后，即可进行众筹，只要项目在规定的时间内完成了众筹的目标金额，即可视为众筹成功。在传统的出版行业中，出版书籍的资金往往需要事先垫付，这笔出版资金的额度由于太大就会在无形中增加出版者或者出版商的经济压力，承担的风险也会增加。有些出版者由于囊中羞涩，不得不暂停出版书籍的想法和工作，有些出版社由于自身的资金不足或者周转不灵也会将一些本来要出版的书籍搁置甚至是取消出版，这对于书籍的作者来说，无疑是一件伤心的事情。在书籍的发行数量上，传统出版行业只能事先对其进行预测和估计，这种形式将会直接增加作者和出版社的风险，因为他们不清楚书籍出版之后读者的反应，如果读者反应平平但是出版发行的数量较多，书籍销售不出去就会造成滞销情况。如果读者的反应强烈，但是出版发行的数量较少，就会出现脱销的情况，此时再去加印将会产生更多的问题，因为时间紧张任务较多，就会在无形中增加出版工厂的压力。在众筹网站上，作者和项目发起人可以根据自己填写的项目信息以及所筹集到的资金对要发行的数量有一个准确的估计，还可以利用互联网对一些读者做问卷调查，帮助出版社确定发行数量。

2. 营销出版图书

众筹网站除了扮演一个融资的角色之外，还扮演着书籍销售平台的角色。项目的发起人或者融资者可以将书籍的近期进展状况在众筹网站上一一公示，当然还可以将一些照片、视频等发布在网上。这种方式一方面是为了监督书籍作者的写作进度，另一方面是为了通过这些资料的发布来看看市场的反应和读者的喜爱程度，从而在一定程度上为书籍的销售做好宣传工作。有些名人、明星在出版书籍时，可以利用自己的粉丝来为书籍造势，为书籍的出版做好宣传工作，这在一定程度上扩大了书籍的知名度。

3. 挖掘受众资源

我们身处这样一个大数据时代，要充分利用这一巨大的优势，并将这一优势充分运用到传统出版行业中去。在这个世界上，谁率先掌握了数据谁就拥有了主导权，因为这些数据本身就潜藏着巨大的经济价值。出版众筹中，项目发起人需要对自己发布的项目进行实名认证，还要认真填写与自身有关的信息，这些信息需要保证真实有效，因为一旦弄虚作假，就会被网站在审核过程中发现，将会因为诚信问题被众筹网站拉入黑名单，这些进入黑名单的人或者出版商即使在其他众筹网站上也得不到相应的众筹机会，因为这些不良记录已经在各个众筹网站进行了公示，这会极大地损害出版者或者项目发起方的利益。投资者与项目发起人在项目的进行过程中，会进行一系列的沟通和交流，也就是说投资者对于书籍的写作思路和写作内容有权进行干涉，在与作者进行协商的过程中会增加或者减少相应的情节，目的是为了吸引更多的读者阅读，这也在无形中挖掘了很多读者和大众，迎合了他们的口味。

（二）项目投资者的赢利点

项目的投资者在众筹过程中会获得一定的收益和盈利，这些包含了项目发起方对投资者所约定好的承诺、投资者可以在作者进行书籍的写作过程中参与书籍的写作和修改，这都不是很重要的。最为重要的是，投资者在投资出版行业的过程中，心灵得到了升华，灵魂得到了归属。

1. 收到约定回报

项目发起方在筹集资金的时候，会对不同投资金额的投资者有着不同的回报内容，在不同的等级梯度下，所回报的内容丰厚度也有差异，这样才能让投资金额数量大的投资者享受到贵宾的待遇。一旦书籍众筹成功而且书籍顺利出版，项目发起方就可以根据自己之前的方案履行回报。这些回报内容通常包含赠送书籍、赠送精美的海报、赠送亲笔签名，对于投资金额较大的投资者还会让其参与到图书写作中，让投资者提前看到书籍的电子稿，从而可以提出宝贵的意见和建议。项目发起方对于投资者的回报内容还包含让投资者参与到书籍的读书会、读书沙龙等会议中。在传统的出版模式中，读者只能通过购买书籍这一种方式来对投资者进行回报，方式比较单一和古板。相较于传统模式，众筹出版模式的方式会更加灵活、简单、有效，增加了与投资者之间的交流与沟通，为书籍的进一步写作和销售都提供了很好的建议和思路，此外项目发起方所给予的回报内容要比传统模式更加丰厚。众筹模式的方式将会在一定程度上节约很多时间和精力。通过互联网这一媒介，在网上操作就可以达到目的。

2. 参与定制图书

这种新型的出版模式不但为项目的发起方提供了更多融资渠道，还为投资者的投资提供了更多的参与权和话语权。在众筹出版的模式中，投资者随时可以根据项目发起方在网上公示的书籍写作进展情况进行有效的沟通和交流，提出自己的想法和意见，这不但扩展了书籍作者的思维，而且投资者也会全身心地关注书籍的进展情况。在传统的模式中，作者与读者之间没有形成良好的互动，两者之间总是有一道难以逾越的鸿沟，这也是有些书籍在出版之后得不到大众关注和喜爱的原因。作者除了要有自己的想法和思路之外，还要注意读者对这本书籍所产生的感受和期待，让读者也参与其中。我们不难看出，众筹模式将会拉近项目发起方和投资者之间的距离，投资者对于书籍的装订、封面的使用设计等具体内容可以进行意见的提供和想法的说明。作者根据投资者的意见进行删改。

3. 找到精神归属

图书本身是一种特殊商品。图书之所以被称为特殊商品在于图书不但具有经济价值而且具有社会价值。经济价值也可以叫经济属性，顾名思义，图书出版的目的是盈利，这对出版商、投资者和众筹网站三方都有着巨大的利益。投资者也因为图书出版的经济属性，会在其中获得一定的收益，这些收益除了金钱之外还包含图书这种实物形式。社会价值也叫社会属性，就是指图书出版还会对社会产生一定的影响，图书里面的内容会对读者产生潜移默化的影响。有些名人和明星书籍会对一些粉丝产生很大影响，这些影响往往是积极向上的一面，会促使粉丝在将来遇到困难和挫折时，联想到自己的偶像，联想到自己的偶像所写的书中的内容，所以说从这一层面来讲，图书出版具有一定的社会属性。投资者既然可以为书籍进行投资，从本质上来讲，投资者对于这本书的未来发展有着较高的期许，对于作者的写作内容和写作方式表示一定的认同，就会使投资者在内心找到一种归属感，找到书友的感觉，这对于投资者来说将不是用金钱就可以买到的。

（三）众筹网平台的赢利点

众筹网站在促成项目发起方和投资者之间的合作与交流过程中，也会获得相应的盈利和收益，这其中包含众筹网获得了由项目发起方给付的服务佣金和在自己的网站中积累资源两个方面的收益。

1. 获得服务佣金

众筹网站给予项目发起方平台对于自己项目的发布，要收取一定的费用。一般来说，众筹网站在对项目发起方所进行的服务中包含对项目的审核、项目发起方内容真实性的审核、后期投资者和项目发起方的沟通和交流、监督和管理等内容，这些内容都需要网站从中承担一定的职责，所以众筹网站获得佣金是一件理所当然的事情。一般来说，如果项目众筹成功，众筹平台将会得到众筹资金总额的1.5%作为自己的佣金；如果项目众筹由于种种因素没有获得成功，众筹网站将不会收取任何费用。还有一种情况是由于项目已经获得成功但是项目发起人不能对此进行支付，这时众筹网站还会收取相同比例的手续费。

众筹网站通过这种形式和标准，收取一定的佣金，这对于网站的运营和后期的投资管理有着至关重要的作用。

2. 积累平台资源

如果众筹网站获得实际的收益还不是很重要的盈利，那么该平台所积累的资源将会成为该平台在今后发展过程中的实力彰显。我们都知道，项目发起方在众筹开始时，需要认真填写一些基本信息，这些信息包含了项目人本身和项目内容有关的信息，这些信息填写完成之后会直接交给众筹网站进行审核。这在审核过程中，该网站已经把项目发起方的基本信息作为资源加以备案。这些资源容易获得，都是第一手资料，且真实度很高。众筹网站在未来的发展过程中，需要将这些资源作为今后发展的砝码，这也是该网站蓬勃发展的有力见证者。众筹网站的运行和发展模式最为关键的是用户的点击量，一旦用户点击量频率增加，就会使该网站的知名度扩大，就会使一些网站在短短几年内在国内类似网站中脱颖而出，我们所熟知的众筹网和京东众筹网便是如此。项目发起方在众多众筹网站中选择一个平台，往往会根据网站的知名度、信誉度和服务质量来决定，如果平台在这三方面都做得很出色，无疑会吸引更多的项目发起方来到该平台进行注册和发布项目。平台的浏览次数多了，读者的关注度多了，网站的点击量和知名度自然就上去了。这些海量的信息资源将会成为该平台继续发展的范例。

众筹网站的模式从参与主体的构成、运行机制、回报内容、盈利模式等方面进行了详细说明和阐述，这比传统的模式有着巨大的优势，不论项目发起人还是投资者都占据了主动地位，获得了主动权，因此众筹这种新型的模式是一个让参与主体互利互赢的模式。

第三节　众筹出版模式的优势

互联网时代的兴起和快速发展将会使众筹这种新型模式成为这个时代的

弄潮儿。出版行业一直以来备受大家关注，这个大家不但包含了我们这些普通大众而且包含了国家领导人，在刚刚过去的十九大会议中，习近平总书记明确提出了要加强文化自信的意识，加强文化的建设和发展。从中我们可以看出，文化作为一个国家得以生存和发展的根基，文化的软实力必须从根基上打好。说到文化产业，我们就会想到出版行业，因为出版行业所出版的书籍会对受众和读者产生一定的影响力。出版行业从古至今一直遵循着传统的出版模式，而处在互联网时代背景下的出版行业，将会面临着巨大的考验和挑战。目前，传统的出版行业在发展的模式上已经进入了瓶颈期，这就需要借助众筹平台将出版行业的难题加以解决。众筹出版的模式一经问世就得到了出版社和投资者的喜爱，这对于出版社而言将会产生无限的发展空间，给予出版社新的光芒和新的希望；对于投资者来说，众筹出版的模式将会拉近自己与作者的距离，让投资者的精神得到升华、灵魂找到归属。众筹出版的模式与传统的出版模式相比，有着巨大的优势，主要体现在以下几点：众筹的模式将会最大限度地整合有效资源，从而提高图书出版的质量；众筹出版的模式会提供特色分区服务，提高客户的使用率；平衡各方利益，共创共赢局面；提升传统出版行业的产业链；提高出版物的创新性；众筹实现了出版的“长尾效应”；众筹促进了出版的“供给侧改革”。

一、整合有效资源，提高图书出版服务质量

我们处在互联网时代背景下，无形中很多行业的发展也会受到一定的影响，这些影响有积极的一面也有消极的一面，这就需要该行业的人以一种理性、冷静的态度来看待和处理。出版行业便是在互联网的冲击下，自身发展中出现了一系列急需解决的问题。我们所熟知的传统出版行业，由于书本的价格上涨会导致出版一本书籍所花费的成本比之前高许多。此外，大量盗版书籍的出现也在一定程度上压垮了传统出版行业，盗版的出现会分散一部分读者，有些读者希望购买到物美价廉的商品，因此就会购买盗版产品而放弃正版书籍。这些虽然都在一定程度上阻碍了传统行业的发展，但是最为重要的因素是新媒体的出现，新媒体直接将传统行业的发展逼上了死路。众筹模

式就是借助互联网和新媒体才产生的。众筹模式打破了传统行业的束缚，敢于通过新形式获得自身的发展，众筹模式可以对市场进行预测和估计。众筹出版模式把即将出版的书籍通过项目发起人发布项目的方式，让读者和投资者进行投资，只要投资额度达到了预期目标就表示众筹成功。在这一过程中，很多读者可以发表自己的意见和看法，如果他们对于书籍表示不喜爱，项目会在很大程度上宣告失败，如果他们对于书籍有很大的关注度，项目的成功率会大大增加。

在项目后续的进行中，出版者会把书籍的近期情况展示在网上，这就使投资者可以及时了解到项目的内容，还可以针对项目的内容进行意见和建议的说明，从而帮助作者在写作过程中增减一些情节和内容，从而更能引起读者的阅读兴趣。此外，这种形式还可以在市场上提前看到了书籍的未来销售情况，做好宣传工作。有些名人和明星利用自身的明星效应，出版一些书籍，也会提前打探市场行情和市场的反应度。而大量粉丝也会因为对自己偶像的喜爱而选择购买书籍或者关注书籍的进展情况，这对于书籍的宣传造势有着很好的效果。传统出版模式对于市场的反应没有提前做出判断和调查，就会使出版者和出版商承受巨大的风险。众筹网站的模式会在一定程度上规避一些不必要的风险，甚至是降低项目发起人和作者的风险，还可以节省很多人力、物力和财力，让出版者和投资者可以获得较为稳定的利润和收益，这也是传统出版行业发展的新路子。

众筹出版的模式还可以在很大程度上获得社会的广泛关注度，达到一定的图书预售效果。在众筹模式中，书籍作者会定期与投资者进行线上和线下交流，书籍作者会定期将书籍的写作进度公布在网上，投资者可以根据这些内容提出自己的想法，并把这些想法与作者进行交流，作者会根据实际情况对自己的写作内容进行调整。在书籍没有出版之前，作者会与很多网友进行交流，网友会针对书籍的一些内容进行提问，这就需要作者及时回复。作者在与网友进行交流的过程中，会了解到网友对于这本书籍的期待和想法，这也会帮助作者在后期的写作中加入一些网友所提出的想法。在书籍写作完成后，这些内容就会受到网友的大力支持，因为这很好地迎合了网友的口味，这也是书籍可以在市场上获得较好销量的重要保证。

二、提供特色分区服务，提高客户的使用率

众筹出版的新兴模式在一定程度上为书籍的出版和书籍的发行提前做好了广告，这就可以让书籍在没有出版之前让读者和大众了解其相关内容。众筹网是目前国内在众筹这一模式中发展最为迅速的网站，在它众筹的所有项目中，有一个项目得到的支持人数最多，所获得的众筹资金超过了预期金额的30倍甚至更多，这个项目是深层次地对大数据时代进行解读和解析，并从中找到移动互联网时代的商业生存法则。这个项目的回报内容十分丰厚，回报内容设置的不同主要根据投资者投资金额的不同。一般来说，项目发起人会给予投资者一些书籍、亲笔签名照、精美海报，对于投资额度较大的投资者可以让投资者参与到书籍的写作过程中，将书籍的写作思路与投资者的思路进行融合，有些投资者本身是一家公司或者企业的总裁，书籍在对某些事情进行举例介绍时，可以加入该公司或者提及该公司，这在一定程度上也为投资者的公司做了宣传工作，让读者在阅读过程中了解该公司。此外，这些出版的书籍上或者书籍的封面设计可以放上该公司的标志，让读者和大众在购买这本书籍时，可以一眼就看到上面的标志，这对于该公司的形象有着很大的提升作用。在平时的综艺节目中，我们会看到主持人或者舞台上充斥着许多冠名商的标志，这是一种商业价值，图书本身也具有经济价值和商业价值，图书的封面甚至内容都可以贯穿到商业运作的模式中去。这些图书尤其是时下的畅销书，受众面覆盖范围很广，群体也较为年轻，在书里添加一些广告，效果往往会比在综艺节目中插入广告要好得多，人们可以接受的程度也会较好。

图书所面对的消费群体是对书籍有着渴求的群体，这些群体一般都具有较高的消费能力，在书中穿插一些广告对于他们来说也在消费的能力范围之内。

项目发起人在对回报内容进行设置时，可以联合一些品牌进行回报。京东众筹网是目前国内发展较为迅速、在业界口碑不错的网站，在这个网站中

曾经有一个项目在设置回报内容方面便将其他品牌融入进去，获得了不错的口碑。在“育儿男神崔玉涛来你家做客”这个项目中，项目发起人对投资者的回报内容中加入了好孩子、康迪佳等多个品牌的商品和服务[7]。投资者对于这些服务和商品会产生极大的兴趣，这对于其他品牌的销售也有着积极作用。项目发起人可以根据提供这些品牌的过程获得这些品牌的一些帮助和支持，这是一举两得的事情。从其他品牌来说，项目发起人将这些品牌的服务以回报内容的方式回报给投资者，这本身就是一种做广告的形式，会在无形中让投资者对这些品牌产生关注度，如果对于某些品牌确实有着极大的兴趣也会将资金投入进去。从项目发起人来说，众筹回报中将这些品牌回报给投资者，项目发起人就在为这些品牌打广告，这些品牌会以多种形式对项目发起人所发布的项目给予一定的帮助和支持，这对于众筹资金的筹集将会起到巨大的作用。众筹出版可以在很大程度上摒弃传统出版模式不与投资者进行沟通与交流的弊病和缺陷。

在众筹网站中，项目发起人和投资者可以进行线上、线下交流，在其中一个项目“王志纲谈旅游”中，有一个回报内容是投资者可以获得书籍，还成为该项目重要客户，将会享受到参与书籍的创作和编写，并参加线下的读书会、读书沙龙等研讨会，这对于投资者来说不但获得了实物回报，而且获得了优质服务。传统的出版模式是作者写作完成后，读者再去书店买，对于作者的写作思路和写作过程的意见只能在写作完成后提供，这就会造成双方的沟通延迟，书籍的销量和口碑也很难保证。众筹的模式将会使作者在图书的创作初期、中期和后期紧密与读者进行交流，对网友的问题和意见进行及时回复，这对于作者的思维扩展也有着极大的好处，众筹出版实现了作者与读者之间的实时互动和直接对话，这种形式将会让读者对书籍的写作完成产生更大的期待，帮助书籍在出版时营造一个良好的市场反应氛围。如今，我们都在倡导一种参与文化建设的活动，这种众筹模式在一定程度上展现和彰显了这一倡导，这种行为会帮助人们逐渐改变自己过去陈旧的思想和错误的行为，从而不断提升自己。众筹出版也是参与文化的一种重要方式。读者可以在留言板和评论区说出自己对于这本书籍的意见和建议，作者会根据读者留下的话语和评论对自己的写作思路进行修正。我们以乐嘉所写的书籍《本色》为例，这本书籍在出版之前，作者就收到了超过 200 条具有建设性意义的留言，这些留言对于作者本人来说是一件十分庆幸的事情，我们暂不且论留言中的内容是否会存在一些偏颇和不科学的地方，但是这种形式让读者有了更强的参与感。

三、平衡各方利益，共创共赢局面

众筹出版的目的之一是筹集足够多的资金用在书籍后期的出版和宣传等各个方面的工作和环节中。在传统的出版模式中，作者想要出版一本书籍，在大多数情况下都是需要作者事先垫付一定数额的资金用于书籍的前期准备，或是由出版商事先垫付，但是很多时候不管是作者还是出版商会因为自身经济实力的关系或者经营周转不善无法在短时间内拿出足够的资金。众筹出版的模式将在很大程度上解决这一问题，大多数作者对于自己书籍的众筹项目的发布是为了获得足够数量的资金。项目的发起人在获得足够的资金后，会对投资者或者支持者给予不同的回报，这些回报内容会根据支持者的资金额度的不同而有所不同。这种众筹出版的模式，在一定程度上降低了出版社的风险和作者本人将要承担的巨大经济压力。

众筹出版的模式所面对的是大众和受众者，项目发起人需要事先将项目的基本信息和内容发布在平台上，投资者对发布的内容进行浏览和审阅，如果项目内容深得投资者的喜爱，投资者可以投入一定数量的资金。在众筹项目获得成功后，作者需要在后期将书籍的近期进展情况进行具体展示。投资者可以定期在平台上浏览看到作者更新的情况，并针对作者更新的内容提出自己的看法，这样可以在很大程度上保证书籍的质量，可以让受众者和作者都找到合适的平衡点。一般来说，我们衡量一本书籍是否具有较高的质量主要从两个标准出发：一是作者本人的知名度和自身的学历背景；二是书籍本身内容的创意水平。作者本人的知名度是一把双刃剑，如果运用得好不但可以使书籍大卖，而且作者本人的关注度会有一个质的提升；如果运用得不好，书籍的销售就会受到影响，作者本人的知名度也会因此下滑。我们通常讲一个人的知名度高，尤其是作为作家的知名度高，无非是由于作者本人拥有很丰富的学识和深厚的文学功底，文学水平相比于其他人会有一个很高的层次。

由于名人的知名度过高，会使很多粉丝和读者过分关注作者本人的私生活，而较少地关注作者笔下的文字和所写内容，有时会失去了书籍存在的价值和意义。想要获得读者的喜爱和关注度，需要作者在书籍的内容上加以创新和改良，这样才能保证出版的书籍有着较高的阅读质量，吸引更多的读者去阅读和购买。

四、提升传统出版行业的产业链

传统书籍出版的模式遵循着“出版—印刷—发行”的准则，每一本书籍从写作到最后的出版、印刷和发行都有着严格的规定和要求[8]。首先，出版是书籍要经历的第一阶段，这一阶段主要是体现了出版物的经济价值和社会价值，通过出版形式让书籍可以最大限度地发挥自身所带来的精神和丰富的内涵；其次，印刷是书籍要经历的第二阶段，这一阶段需要将作者的写作内容通过印刷的方式展示在书面上，目的是让客户看到成本；最后，发行是书籍要经历的最后一个阶段，这个阶段通过发行的方式让作者的写作内容真正实现与读者近距离的接触，这就会涉及之前的营销手段和方式，这一阶段是最为关键的环节。如果前期书籍的营销策略不适合读者，就会在这一阶段显示出来，书籍的销量会受到很大的影响；但是如果书籍的营销策略获得了读者的一致好评，这一阶段书籍就会以畅销的方式获得成功。

我们可以看出，传统出版行业对于一本书籍的出版到最后与读者近距离接触，经历了烦琐、复杂的程序，每一个环节都需要耗费巨大的人力、物力和财力。即使经过了这些复杂的程序，书籍是否可以获得读者的青睐、获得市场的肯定，还是一个未知数，这对于作者本人和出版社来说都是一个挑战。众筹出版的新兴模式就可以摒弃这些复杂程序，通过互联网这一平台，借助众筹网站将作品的内容发布在网上，由每一位浏览内容项目的读者来决定这本书籍的命运，而不再是传统出版行业中只需要获得出版商的认可就可以。这种决定方式是为了节省人力、物力和财力，从而最大限度地写出符合读者特点和迎合读者口味的书籍。在众筹出版模式中，生产者就是消费者，消费者也是生产者。这个平台将项目发起人和投资者的创造力尽情展现，并在一定程度上推进了传统出版行业的发展，摒弃了传统出版行业中的一些弊病和缺陷，这在整个生态链中将会产生一个新的模式和新的产业价值。位于出版上游的组织在这个产业链中占据着中心地位，占据最为高端的地位，这也是展示出版价值的重要方面。在众筹模式中，消费者或者说是读者以一种单纯的身份加入这一行列中，在对作品进行出谋划策的同时无形中也参与了书籍的出版和生产过程，这对于项目发起人和读者来说将会形成一个良好的互动，增强了用户黏性。由于读者加入生产的过程，书籍在出版之后往往会获得一个不错的销路，这些内容迎合了读者的口味，符合读者的思想和想法，这为书籍的热卖奠定了良好的基础。

五、提高了出版物的创新性

传统出版业的发展出现困境和瓶颈的一个重要原因在于传统出版行业故步自封，没有根据变化了的时代做出相应的调整。在互联网时代的大背景下，传统出版行业一直遵循着过去的法则和标准来做事，势必会引来读者的不满，重要的表现就是传统出版的书籍往往会出现滞销。消费者所面对的选择各种各样，消费者可以通过手机、电脑等多种终端达到自己阅读的目的，而且这种方式要比阅读纸质书籍更方便、快捷，节省了时间和金钱。传统出版行业的书籍内容很多都没有根据时代的发展做出相应的变化，内容陈旧、落后，很难吸引读者，很难受到读者的关注。传统出版行业在对书籍进行出版发行之前，需要对书籍的受众者做出一个详细的调查问卷，这样可以帮助书籍在创作和写作过程中融入一些新元素和技巧。众筹出版的模式恰好做到了这一点，以读者的需求为中心，所做的事情紧紧围绕着读者的利益出发，这会在很大程度上吸引读者的眼球，获得读者的青睐。书籍从众筹开始到后期的写作内容公示再到项目内容的回报方式都以公开、公正的方式公布在网上。这种方式简单、高效、直接，是目前年轻人最喜欢的方式。读者在一定程度上扩大了他们的参与权和言语权，他们可以根据作者的写作内容提出自己的想法和建议，作者在与读者进行沟通的时候就可以畅所欲言，这将会为传统出版行业的发展注入新鲜血液和增添新的活力。投资者在这个过程中既是读者也是投资者。作为读者，他们可以与普通读者一样对作者所展示的写作内容进行交流与合作，作者将投资者的建议与自己的写作思路进行融合，从而写出更高质量的作品；作为投资者，他们可以对作品在后期的运作、宣传等方面提出自己的意见和看法，从整体上提高书籍的营销质量。有时，他们所提出的建议和看法正是作者本人一直以来所困扰的问题之一，这将在一定程度上扩展作者的写作思维。

六、众筹实现了出版的“长尾效应”

在传统的出版行业中，一般人很难得到一些出版社的认可来进行书籍的出版，大多数情况下都是一些知名的艺人、作家或者明星才有资格对其进行出版。从出版的主体上就已经将一些具有独特思路和创新意识的年轻作家拒之门外。此外，长尾效应的出版物由于所印的张数较少、销售的数量较少，导致很多问题的产生，例如书籍出版、印刷的成本会偏高，这对于事先垫付金钱的作者本人或者是出版商来说都要承受巨大的经济压力和风险。传统出版的行业出版形式单一、单调，除了用实物书籍之外没有尝试过其他新的方式。这种模式虽然也遵循着经济学中经常提到的二八定律，但是在已经变化了的时代就要遵循变化了的法则。众筹出版的模式将会把社会上的闲散资金集中起来，将一些公众力量汇集在一起，这就会使更多的资源得到优化配置。众筹出版的模式首先就解决了资金的问题，这对于作者和出版商来说将会是一个巨大的好消息，他们不必因此背负着巨大的经济压力和经济风险。此外，这个模式将更多的资源和机会给予具有知识和才学的读者，让他们根据自己的实际情况进行不同额度的投资，即使不投资也可以根据作者发布的写作进度提供一些具有参考价值的意见和建议，这种新型模式除了可以将书籍以实物的形式进行出版和发行，还可以以电子版的形式或者音像等形式出现，这就极大地丰富了书籍出版的形式和内容。一些带有声音的书籍、可以折叠起来的书籍等创意书籍，可以帮助儿童进行学习，让儿童因为对这个形式产生了兴趣进而对所学知识产生了兴趣，这将是一举两得的事情。

七、众筹促进了出版的“供给侧改革”

传统的出版模式主要是以实物书籍的形式和网上书店的形式来对读者和受众者进行供给。销售的主体也就是出版商会根据库存满足读者的需求，这种方式往往会产生三种结果。第一种是如果销售主体的库存紧张，就会使读者的需求得不到满足；如果销售主体的库存充足但是读者的需求不大，就会导致书籍的滞销；如果销售主体的库存正好符合读者的需求，这就会使书籍正好全部销售出去。但是，销售主体对于书籍的销量并没有一个提前预测和估计，很容易造成书籍的需求过大或者需求过小。众筹出版的新兴模式本身是要看项目内容的创新程度，这就可以在一定程度上改变传统出版行业的供给形式。众筹出版的模式会先将项目的创意内容发布在网站上，如果投资者对其感兴趣就会投入相应的资金，待到众筹资金到达了预期的目标我们就可以认定众筹项目成功，这就为书籍在出版发行时奠定了良好的群众基础，这也是在试探市场的反应。

此后，作者就会在后期对写作内容进行更新和说明，以方便投资者和读者最大限度地了解作品的写作进度，这也会促使读者和投资者提出一些建议和想法，让投资者和作者之间实时互动，作者及时调整自己的写作思路和写作情节，只有这样出版的书籍内容才会符合读者的口味，才会让书籍不出现积压、缺货等问题，在一定程度上可以规避传统出版行业经常遇到的问题。项目发起人对于投资者的回报内容也会在网上进行公示，并根据投资额度的不同进行不同的回报，众筹出版的新兴模式和创意进行了一个完美的结合，这将会在一定程度上促进传统出版行业尽快转型和改革，从而为读者提供更加优质的服务。

第四节　众筹出版与传统出版模式的对比

众筹出版的模式与传统出版的模式在很多方面有着差异，正是这些差异才会让众筹出版的模式如雨后春笋般蓬勃兴起。这里主要从传统出版的运作流程，如书籍的选题、组稿、编辑、审稿、申请书号、确定价格和印数、排版和印刷这几个程序来与众筹出版的模式做一个比较。

一、传统出版的运作流程

在传统的出版模式中，一本书籍想要出现在公众视野内要经过复杂和烦琐的程序，这其中包含了书稿从选题的确定、组织稿件、进行科学合理地编辑、三审责任制的考核、申请书号、确定书籍的价格和印数、书籍的合理排版、书籍的印刷等程序，这些都只是前期和中期所做的事情。在后期，出版社还要对书籍的样本进行合理化处理、样品的严格检查、书籍的宣传工作、读者的反馈信息等这些环节进行妥善安排。总之，传统出版行业的书籍出版需要严格审核。

（一）选　题

书籍在选题之前，编辑需要对这类书籍的市场做一个调查，这其中可以通过访谈、问卷调查等形式进行，并可以借助互联网分析数据，根据可靠度数据来帮助编辑确定在这类书籍中需要什么样的选题，不需要什么样的选题内容。在做好这些市场调查之后，就需要编辑进行策划，对一些市场反应可能良好的选题进行具体的规划和策划。经过责任编辑、编辑部主任、社长和总编辑的三级审核后才能确定是否要进行这一选题，如果三方之间有一方表示不同意，该选题将会直接被取消。如果选题得到了三方的严格审核没有问题之后，还需要上报给省级的新闻出版广播电视总局，让这一机构进行最后的审核，这也是为了确保选题符合国家的相关法律，这一选题还要省级新闻出版社上报给国家新闻出版署做好一个详细的备案。如果这一选题在最后的发行方面所涉及的内容与相关的法律不符将会直接对其责任人追究责任。

（二）组稿、编辑

在经过选题过程之后，书籍就可以进入正式的编辑阶段。编辑就会根据选题确定内容，并根据内容进行组稿，在组稿期间还会找到合适的作者进行写作。编辑在与作者进行沟通和交流过程中需要就书籍的版权所有、作者本人的稿酬等一系列问题进行协商和说明。编辑与作者进行说明之后就可以签订有效合同，在合同中需要注明交稿日期。通常情况，出版社支付作者稿酬主要包含三种方式：作者的基本稿酬和所印的张数的稿酬、书籍的版税和一次性付清所有的酬金。

（三）审稿、申请书号

书籍的审稿一向有着极为严格的标准和程序，这主要是因为书籍的审稿实行的是“三审制”，也就是指审稿需要经过初审、复审和终审三个阶段，初审由本出版社的责任编辑进行，复审由本出版社的编辑主任负责，终审则由社长来进行。书籍只有经过这三个阶段的审核之后才能将书稿按照三个原则即定、清、齐向出版社的业务部申请书籍的书号和条码，在申请之后需要向相关部门申领 CIP 数据。

（四）确定价格和印数

书籍的价格制定需要根据市场的反应程度和读者的关注度来决定。如果书籍在前期的宣传取得了不错的成效，书籍的价格会比一般书籍稍高，如果书籍的前期宣传没有达到预期效果，书籍的价格会稍低，目的是达到预期的销量，从而使作者和出版社的经济压力降低，减小双方所要承担的风险。此外，图书的价格还会受到书籍在前期、中期和后期所花费的成本、印数、书籍的目标群体对书籍的喜爱程度、消费者的消费能力、同类书籍在市场上的售价等因素的影响，因此对于书籍价格的确定要慎之又慎。

（五）排版和印刷

在排版和印刷最后一个阶段中，书籍需要完成其封面设计，这样就可以达到印制标准，将符合标准的书稿送到印刷厂进行排版和制作清样的最后环节。在清样结束后，编辑将这个样本交给出版社部门的负责人进行“三校”，最后由社长签字进行审批，社长同意之后编辑再返回印刷厂进行印制和装订。

二、众筹出版与传统出版模式的对比分析

众筹出版的模式与传统出版的模式在很多方面都有着不同，众筹出版的模式对于出版者的门槛和要求较低，任何人都可以在众筹网站发起众筹，只需要将项目的基本内容和项目的创意内容发布在网上，项目发起人就可以等待众筹资金的投资。在这之前需要接受众筹网站的严格审查，他们要审查项目发起人所发起的项目内容是否健康、积极向上，是否符合法律的规定、是否存在抄袭和剽窃他人成果的嫌疑、是否真实有效，等到这些审查都一一通过后，发起人就可以在网站上筹措资金了，只要资金达到了预期的金额而且在规定的时间内，就表示众筹成功。也就是说，一个普通人只要有好的想法和好的创意就有机会出书。相比较众筹出版的模式，传统出版模式对出版人的门槛要求较高，出版人一般都是在社会上比较有知名度、信誉度和有着深厚的文化底蕴和文化功底的名人。总体来说，众筹出版模式与传统模式在审批方式、筹措资金的方式、给予稿酬的方式、保险机制、作者与读者的互动方式、两者所适合的项目、回报的内容、价值实现等方面都有着明显的不同。在审批环节，众筹出版通过众筹平台审批即可，而传统出版则需要经过选题、定稿、严格的“图书三审制”才能进行下一环节；在筹措资金的方式上，众筹出版的模式通过互联网向消费者和潜在的投资者发起求援，传统的出版模式则是由出版社出资进行前期、中期和后期的准备。

在给予稿酬的方式上，众筹平台的模式是根据众筹的方式向社会发起融资，这些资金在项目开始之前就可以得到，传统的出版模式则是先让书籍出版，然后作者再获得稿酬；在保险机制上，众筹出版的模式采用的是一旦众筹项目失败，投资者的金额会直接返回到投资者的账户中，不会发生丢失的现象，这是因为在项目还没获得成功之前，所有资金往来由第三方平台来管理和监督，传统的出版模式则是如果书籍出版失败了，出版社和作者会承担风险；在作者与读者的互动方式上，众筹模式采用的是线上和线下的实时交流与沟通，读者可以直接参与到写作的创作过程中去，将自己的想法一一讲

述给作者，作者根据读者的意见进行部分情节的删减，在传统的出版模式中，作者和读者之间不存在交流的成分，作者都是将书籍写作完成之后才将其出版，让读者与书籍进行近距离接触，出版社在这个过程中发挥着主导作用；在适合的项目中，众筹出版的模式比较适合一些具有想象力和创意的项目、有一些特定群体的书籍，传统出版的模式比较适合学术性较强、文学性较强、更加严肃性的书籍。在回报内容的方式上，众筹出版的模式根据投资者投资金额的不同而设置不同的回报内容，传统出版模式的回报内容主要集中在赠送书籍这种相对单一的方式上；在价值实现上，众筹出版的模式在一定程度上实现了作者或者说每一个普通人想要出书的愿望，为他们的梦想成为现实奠定了一定的基础，传统出版的模式只是为了完成每一项复杂的任务，完成自己分内的事情。

第五节　众筹出版对传统出版的影响

众筹出版的模式对于传统出版模式的影响主要从两个方面来体现：一是众筹出版的模式扩大了传统出版的运作模式；二是众筹出版的模式改变了传统出版的营销模式，接下来将从这两个方面进行详细说明。

一、众筹出版扩大了传统出版的运作模式

对于书籍出版的整个过程而言，众筹出版的模式和传统出版的模式有着明显的不同。在传统的出版模式中，书籍的出版需要遵循三个环节即“编辑—印刷—发行”。编辑是整个链条的第一环节，这个环节需要对书籍进行选题、内容的选稿和相关内容的搜集，在这一过程中，书籍需要经过严格的三审制之后才能进入下一环节，在这个环节中，看似只有编辑这一个小的工序，实则其背后还要经过很多复杂琐碎的小工序，才能顺利完成和过渡到第二环节。编辑工作就是指通过选定的内容来体现这本书籍内在的文化价值和精神价值。在这个环节，首先需要编辑进行选题的工作，这个选题需要编辑提前

做好市场调查和调研，需要了解这个选题在同类书籍中的销售情况，这样才能帮助编辑在选题过程中选择一些市场认可度较高的内容。

印刷是链条发展的第二环节，这一环节是将书籍的原稿以一种纸质版的形式呈现在大家面前，让编辑可以看到在经历很多次的修改和改正之后所能看到的样稿，这其中包含书籍的制作、封面的设计、后期的加工等。在这个环节中，书籍的封面设计、颜色搭配都需要经过严格的三审制，才能通知印刷厂进行印刷。发行是链条上的最后一个环节，也是决定这本书籍能否得到市场认可的重要标志，也是可以获得读者青睐的重要试金石，是可以获得良好的市场反应的必要条件。发行就是出版社将生产出来的商品供给消费者的过程，需要消费者对其进行价值的实现，如果这其中出版社的使用价值没有很好地转变为价值，将会是出版社最为惊险的跳跃。

众筹出版的模式完全与传统出版的模式不同，无论在生产方式上还是运行机制上都有着差异性。众筹出版的模式最鲜明的特点是将读者作为生产者，又将读者看作消费者。项目发起人可以把自己的项目发布在网站上，投资者借助互联网就可以看到，投资者对项目发起人的内容如果感兴趣就可以根据自身的经济实力进行投资。同时，投资者可以根据自己的投资金额参与到后期的写作过程中，与作者进行实时互动。在发行环节中，众筹出版的模式除了可以将这些书籍转换为价值之外，还要根据当时投资者不同的投资金额进行不同层级的回报内容，这些回报内容包含了赠送书籍、精美海报、线下的读书会、研讨会等多种形式，这在无形之中将书籍发行的有形价值直接上升到了无形的价值之中。投资者在这些活动中体会到了读书的乐趣，也因此找到了一些志同道合的好朋友。图表中所展现的正是众筹出版模式与传统出版模式在运行模式上的差异。

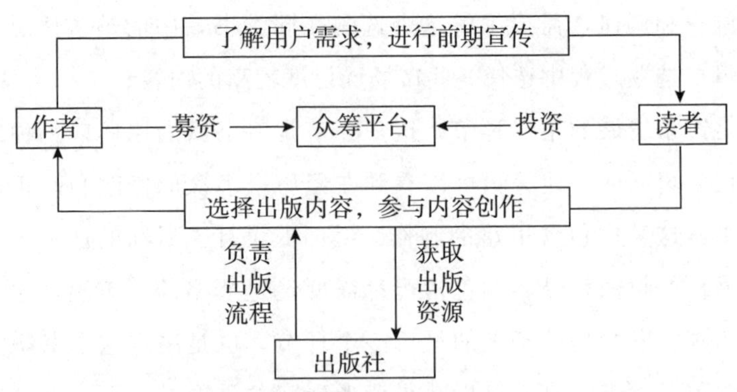

二、众筹出版改变了传统出版的营销方式

众筹出版的模式与传统出版的模式在营销方式上存在着差异。在互联网到来的时代，我们不得不承认传统出版行业的发展遇到了前所未有的瓶颈，主要从两个方面来说明：一方面，传统出版的模式正在受到数字化出版的巨大压力。根据中国新闻出版研究院所发布的数据显示，在 2015 年我国成人的书籍阅读量达到了 58.4%，而数字化阅读方式的阅读量达到了 64%，这些数字化方式包含手机、电脑、各种阅读软件等形式[9]。数字化的数据与过去相比上升了 5.9%，超越了纸质书籍的阅读量。从这一数据中我们可以看出，数字化阅读正在以发展的劲头向纸质化阅读发起挑战。传统出版的模式能否禁得住数字化时代的考验，不得而知。互联网的快速发展，让大众的阅读方式不仅仅局限在纸质版的书籍当中，而是更多地转向了数字化阅读，大众可以通过自己的手机和电脑阅读到自己感兴趣的内容，没有时间限制，也不需要到书店去购买，这大大便利了人们的生活和工作。

此外，人们对于阅读的要求也比之前高了很多，阅读的碎片化、内容的个性化、全面性，都在促使着数字化出版的催生和发展。数字化的出版模式所赚取的利润空间很大，生产、加工、销售等各个环节都要比传统出版的模式节省成本。传统出版的模式需要存储、运输、陈列等各种各样的费用，书籍的周转时间较长，所获得利润较少，有时还会因为市场的反应不好而导致书籍滞销，这就会使出版社和作者所要承担的经济风险更大。另外，书籍市场中有很多内容类似的图书进行销售，这就会加大书籍在销售方面的难度。

对于出版方来说，想要获得市场占有率的困难很大，人力、物力和财力如果没有充足的准备就会使出版的道路更加艰难，近年来物流成本、纸质成本的费用水涨船高，这些都是出版社需要认真考量的问题，困难重重利润却难以看到。“众筹”这个词汇在互联网兴起之后，对于传统出版行业来说就是一个大救星，它给传统出版行业的发展指明了一条道路，打开了新的大门。

众筹出版相对于传统出版的一个亮点在于众筹出版模式会降低出版社所要承担的经济风险和压力。众筹出版的出现不管是对于出版社还是对于作者来说都是一个创新，这个创新不仅仅体现在形式的创新，还体现在思维的创新和营销手段的创新。精准化营销或者是精确性营销是众筹出版模式的鲜明特点。从众筹资金开始到最后的发行都针对特定的群体。众筹资金开始时，项目发布在网上由客户对内容的创意性进行不同金额的投资，如果客户认为创意性很好，投资金额就会多，创意性差，投资金额就会减少。只要项目的预期金额达到了则代表项目的成功，反之则代表项目的失败。这个项目从头到尾都是客户也就是读者在对其进行评判，这是由客户所挑选出来的项目。在写作的中期和后期，作者会定期把写作内容发布在网站上，让投资者通过网站的内容了解写作进度，并将自己的意见和建议与作者进行沟通和交流。此外，关于书籍的封面设计和用色方面作者也会跟读者进行询问和意见的采纳，让读者充分参与到创作中去。在出版时，书籍中的内容符合了读者的标准，迎合了读者的口味，所以一定程度上说，读者参与了作品的写作过程。这种方式在一定程度上会减少许多不必要的环节和程序，让读者直接与作者进行实时互动和交流，让彼此的思想碰撞出伟大的火花，创作出伟大的作品和吸引人的作品。给予读者参与的机会和渠道，这就会为书籍的出版做好前期宣传工作，这要比单纯的传统出版模式中的实体书店和网络书店的效果要好得多。

众筹出版的模式还可以预测和估计出书籍在未来市场上的反响和销路，这主要是根据当时筹措资金的额度和投资者的参与热情来体现。如果在筹措资金的时候，数量较大且所花的时间不多，这就为书籍的畅销奠定了一定的基础。投资者的参与程度高和热情高也会为书籍的销量打下一个坚实的基础。

预测市场这种功能并非空穴来风，而是有着扎实的理论基础，这其中包含了哈耶克假说和实验经济学中的有关理论知识[10]。这种方法是一种新兴的方法，主要是根据市场交易过程中的运行机制而建立的，它会对项目的内容和项目的价值进行较为精确的评价和估计，从而帮助各类机构避免在自己的运营范围内出现严重亏损，帮助各类机构和企业合理分配有效资源，降低甚至是规避一些风险、科学的决策等等。对于读者而言，众筹出版的模式是以读者的需求为主旨的，以满足读者的要求作为经营的导向和指标。

此外，读者或者投资者可以以一种积极和认真的态度参与到写作创作环节中，并在后期对书籍封面设计、色彩搭配等提出意见，这是一种调动双方工作积极性的重要方式和重要表现。任翔是一位资深的出版人，他曾经说过，如何增强读者与作者之间的互动性，提高读者对书籍的参与程度，同时可以在参与基础上，建立一种良好的关系，从而为构建商业体系做铺垫，这是目前出版行业转型的关键和重要的研究课题。传统出版行业只是在单一地、单向地为读者传播一种文化和文化意识，这种文化和文化意识到底是否符合读者的价值观、是否与读者的期待相同我们都无法考证。传统出版的模式从某种角度上来说割裂了作者与读者、出版商与市场之间的友好关系，在书籍出版的全过程中，我们看不到读者参与的身影，看不到作者与读者之间的实时互动和交流，只是看到了出版社单独做决定的时刻，只是看到了出版社掌控全局的情况，这样下去传统出版的模式会逐渐失去市场，失去获得市场的筹码。相反，众筹模式实现了作者与读者之间的交流，让读者可以尽情地发挥自己的想象力，将自己的思想和观点与作者进行沟通，从而找到合适的解决方法和思路。当然，众筹模式回报内容的方式也具有实时互动的特点，回报内容中除了有传统出版行业中赠送书籍的回报方式之外，还有赠送精美海报、线下的读书会、读书沙龙等内容，这些内容和方式也增强了读者与作者之间的感情，让双方乐意卸下心防，凝聚在一起。从广义上来说，这种方式是在积聚强大的粉丝力量，让这千千万万个粉丝通过自己的力量为书籍的宣传做好工作。

在本章中，我们对众筹出版的模式进行了详细分析，这其中包含了众筹模式的发展现状、运作模式、众筹出版模式的优势、传统出版与众筹出版的对比以及众筹出版对传统出版的影响这五个方面，从中我们可以看到众筹出版的模式在国外早就兴起，传到我国的时间较短，我国在这方面所要做出的努力还有很多，不管是在众筹出版的模式运作方面还是营销方式上都需要我们借鉴其他国家的优秀案例，为我国的众筹出版奠定基础。

第三章 CHAPTER THREE

众筹出版发展的案例解读

第一节　众筹出版国内外发展环境分析

一、众筹出版的概念意义

（一）众筹的概念

1713 年，英国诗人亚历山大·蒲柏着手将 15693 行的古希腊诗歌翻译成英语。他用了近 5 年的时间完成了注释版的“伊利亚特”，该译本被第一部现代英语词典的编纂者塞缪尔·约翰逊博士称为“世界前所未见的高贵的诗译作”。因为这一翻译，蒲柏也获得了荣誉与经济的双丰收，荣登英国桂冠诗人的宝座。这个项目得以成功完成，离不开蒲柏创新性的运作方式——初露端倪的众筹。

启动翻译计划之前，蒲柏即承诺在完成翻译后向每位订阅者提供一本六卷四开本的早期英文版的“伊利亚特”，这一创造性的承诺带来了 575 名用户的支持，共筹集了 4000 多几尼（旧时英国的黄金货币）去帮助他完成翻译工作，这些支持者（订阅者）的名字也被列在了早期翻译版的《伊利亚特》上。

类似的众筹项目还发生在 1783 年，莫扎特想要在维也纳音乐大厅表演最近谱写的 3 部钢琴协奏曲，当时他去邀请一些潜在的支持者，愿意向这些支持者提供手稿。第一次寻求赞助的工作并没有成功。在一年以后，当他再次发起“众筹”时，176 名支持者才让他这个愿望得以实现，这些人的名字同样被记录在协奏曲的手稿上。

1885 年，诞生了一个最具影响力的众筹项目。为庆祝美国的百年诞辰，法国赠送给美国一座象征自由的罗马女神像，但是这座女神像没有基座，也就无法放置到纽约港口。约瑟夫・普利策，一名《纽约世界报》的出版商，为此发起了一个众筹项目，目的就是筹集足够的资金建造这个基座。

普利策把这个项目发布在了他的报纸上，然后承诺对出资者做出奖励：只要捐助 1 美元，就会得到一个 6 英寸的自由女神雕像；捐助 5 美元可以得到一个 12 英寸的雕像。项目最后得到了全世界各地共计超过 12 万人次的支持，筹集的总金额超过十万美元，为自由女神像顺利竣工做出了巨大贡献，《纽约世界报》和普利策为此赢得美国民众的尊敬和爱戴。

上述案例说明了众筹在西方的悠久传统。这些案例同样说明了传统众筹的一些典型特点，例如：主要集中于文学、艺术等创意类领域；项目发起人具有较高的声誉或拥有较强的信息传播途径；投资兼具商业与慈善目的，既有预付费性质，又常带有资助和赞助性质。

2006 年，迈克尔・沙利文（Michael Sullivan）首创“众筹”（crowd－funding）概念，“众筹”被定义为“基于互惠、透明、利益共享原则，从群体中筹集资金”。

简单来讲，众筹是指一群人为某个项目、某个人或某个公司募资，以资助其正当的生产经营、创作创新甚至生产活动，由融资者（有创造能力但缺乏资金的人，也称发起人）、投资者（对筹资者的故事和回报感兴趣的，有能力支持的人，也称支持者）和平台（连接发起人和支持者的互联网终端）组成。

“众筹”完美利用了互联网的传播模式，让项目的发起者通过互联网平台向大众展示他们的创意，获取受众的关注，从而赢得大家的青睐，最终获得所需要的资金支持。

（二）众筹的模式

现在世界上广泛应用的众筹分为四种模式：Donations，Rewards，Debts and Securities，即捐助、物品、债权和股权。

捐助模式，以国内“众筹网”为例，其中有公益一栏，主要就是捐钱；也有很多文艺类项目，一般是通过捐钱，项目发起人给予捐钱的大众一张卡片或者一段视频或者在电影结尾加个名字。主要是捐助者实现自己参与项目的感觉。

物品模式，其实就是买卖，有些类似于买期货。其主要形式上借助互联网，通过筹集投资者资金开发项目，开发成功后将一批有纪念意义的产品发放给投资者；当然有些产品已经设计好了，利用众筹的噱头达到变相广告的目的，谁都想卖个情怀。

债权模式，实质上是P2P网贷。利用互联网，将民间借贷搬上网络，这一块几乎是法律空白，但是监管部门对于此类模式限制了：“不许非法集资”“不许设立基金池”“不许利用平台自有资金或者信用担保”“不许涉及庞氏骗局”；这个定义将P2P网贷公司限制为中介撮合公司。

股权模式，利用互联网平台，购买其他公司或者股东手中的股权。现阶段，笔者理解此模式是私募的互联网化，因为公司募集资金的渠道有限（主板、创业板、新三板等），而且往往主要模式筹资成本高、筹资要求高，所以此模式对于中小企业融资有非常大的便利。但是我国监管机构对非法集资主要从以下方面判断：未经相关机关批准、购买人数达200人以上、公开宣传、承诺还本付息；这样国内所有的股权众筹平台融资人数都小于200人，大大增加了每个投资人的风险。

众筹平台凭借其优势和O2O线上线下的互动功能，如今已有可观的发展规模。其业务主要涉及电影、艺术、音乐、动漫、游戏等一系列文化创意产业。

据世界银行预测，全球众筹市场规模到2025年将达到3000亿美元，而这数字中，中国市场将占到1/6的份额，即500亿美元。

众筹平台能否成功运营，很大程度上取决于是否拥有成熟的盈利模式。随着 Kickstarter、Indiegogo 等国际著名众筹平台的发展，众筹融资形式渗透到各行各业，出版产业也不例外。

二、众筹出版的概念及意义

（一）众筹出版的概念

2015 年 9 月 16 日，李克强在国务院常务会议中提到，利用“互联网＋”，积极发展众创、众包、众扶、众筹等新模式促进传统产业转型升级。由此，如何促进生产与需求对接、传统产业与新兴产业融合被提上日程。

在此基础上，出版产业如何与“众筹”模式相结合，亦激起学界和业界浓厚的兴趣。众筹模式与出版业的结合便形成了众筹出版。据此，众筹出版的定义来源于众筹的内涵，指的是通过依靠互联网技术而兴起的众筹平台，针对出版项目进行大众融资，即利用互联网众筹平台，向广大用户筹集资金进行出版，其中图书、杂志为主要出版形态，影视音像尚不涵盖其中。出版项目发起人设定筹集资金的目标额度和时间，在规定时间内，达到或超过预期的目标金额，出版众筹成功，支持者将会获得相应的物质和精神回报。英国《卫报》和福布斯商业网早有报道，美国 Kickstarter 网站这家全球最早的“众筹”平台自成立起，共筹集到 7000 万美元的出版类项目，“众筹”成功的项目从 2011 年的 735 个上升至 2014 年的 2064 个。“众筹”出版对传统出版业的影响在不断提升。从文献梳理中看，“众筹”模式对出版产业链及出版流程的影响得到普遍重视。众筹出版也得到国内众多学者的认可。

（二）众筹出版在我国兴起的背景

众筹出版在我国快速萌芽与兴起，是因为顺应了互联网金融蓬勃发展和出版业寻求创新的潮流。

网络支付的普及和线上消费习惯的养成。21 世纪以来，我国互联网技术不断进步，尤其是智能手机的普及以及移动互联网的迅猛发展使得上网成本越来越低，加之经济的不断发展，我国网民数量越来越多。到 2016 年 6 月，我国网民人数达到了7.10亿，互联网普及率已经提升至51.7%，高于全国总人口的半数。巨大的网民群体下隐藏的商业价值大大地促进了互联网金融的发展，尤其是电子支付的普及，改变了人们的消费习惯，互联网交易支付类业务在中国蓬勃发展，各大银行利用互联网或移动互联网建立便捷的支付清算渠道，企业也凭借自身优势建立第三方支付公司，如支付宝、微信支付等。

互联网交易支付类业务凭借其自身优势吸引了广大网民，他们体会到互联网支付为生活带来的方便与快捷，例如，网上银行使用户不用去银行就可以在几秒钟之内完成转账，淘宝、亚马逊等综合类购物网站上几乎可以找到用户想要购买的任何商品，等等。网络支付的便捷使大众慢慢养成了线上消费的习惯。

到2016年6月，使用手机进行支付的人数达到424亿，半年增长率为18.7%。当线上支付成为一种习惯，通过网络筹集资金就会变得更加容易。网络支付的普及和线上消费习惯的养成使众筹出版在操作层面上更加可行。

传统出版与新媒体的融合需求。信息技术不断进步，电子书、手机报，尤其是各种社交平台等数字化媒体迅速崛起。新媒体革新了信息传播方式，给传统出版带来了强烈的冲击，加剧了出版业与互联网、通信等产业的融合。这给出版行业带来了挑战，同时也带来了机遇。

许多传统出版观念开始改变，出版产业结构不断调整，书报刊等纸质媒体在出版总产值中的比例不断降低。数字化潮流裹挟着出版企业走向改革与创新之路，寻求新的商业模式。众筹是互联网高速发展下的产物，与生俱来带有互联网思维的特征，而传统出版业亟须找到与互联网更好的融合方式。众筹出版的出现是出版与互联网进行产业融合的一次新尝试，顺应了传统媒体不断寻求创新与发展的时代潮流。

出版行业的资金需求。出版业的发展与壮大需要足够的资金做支撑。在一个出版项目中，前期需要大量的资金投入，从出版物的策划开始，内容的编辑、形式的设计，再到批量生产与发行都需要人力、物力成本。而且出版物的销售是一个长期的过程，由于零售店面临的库存压力，很多都是寄售制，只有出版物被卖出，出版社才能收到回款，有时还需面临高退货率，资金回流时间较长且风险较大。

对于很多出版企业，尤其是中小出版企业来说，资金的前期投资过多与货款回流慢可能会造成较大的资金压力，影响其他出版项目的开展和创新型产品的开发。而众筹采用预售的模式，使出版物的支付环节被提前，出版企业在图书印制前就能收到货款，减缓了中小出版企业的资金压力。

（三）众筹出版的意义及特点

众筹出版具有社交属性，能够将热爱文学和艺术的特定生产者和消费者联系起来，让更多作品通过互联网融资的方式得到资金的支持而公开出版和发行。

有学者认为："众筹出版是在社会化网络时代对于传统出版生产与消费的一种突破，是一种商业模式和消费模式的创新和组合。"众筹改变了出版行业的商业模式，它天然具有的社交属性能够将热爱文学和艺术的特定生产者和消费者联系起来，让更多的小众化作品也能获得网络资金的支持而公开出版和发行，为相对垄断和封闭的出版市场投入了一粒粒搅动波澜的"小石子"，刺激着出版业改变既有的经营范式，以更加进取的姿态迎接市场竞争。

而众筹出版作为互联网的产物，以其对传统出版模式的颠覆，被视为传统出版业创新商业模式向互联网经济转型的重要出路。

众筹出版不但对变革传统出版模式，促进出版资源优化配置以及创新营销推广方式方面具有重要作用，还可以弥补传统出版的一系列劣势，形成独特的优势：精准定位读者群，减少库存浪费，降低生产成本；缓解资金筹措压力，增加粉丝影响力，减少出版风险；促进内容生产和行业创新发展，丰富题材，拓展格局，延伸产业链等。

众筹出版的突然兴起有其特点。一是为传统出版业提供了交互性出版平台。众筹模式下的图书出版已经不是传统意义上的图书销售购买，出版社、作者、读者之间能随时交流，即时反馈，不仅能直接作用于图书的出版，而且使得三者之间通过互动构建了稳定的社交圈，获得了读者群。

二是降低了出版风险，提升了销售效率。一本书采取众筹模式出版，除了能帮助出版社或作者解决资金困扰，更多的是通过掌握项目获得多少人支持的信息，可以确定图书首印数量，并通过接受支持者的预付款降低出版风险。同时，还可以帮助出版社预测市场风向，做好图书相关营销工作。

三是颠覆了传统的出版模式。众筹参与出版的关键在于，基于众筹项目给支持者的回报强调个性和创意的特点，众筹出版项目成果不会再局限于实体图书，有别于传统纸质图书，基于网络的多媒体出版物也将会成为回报支持者的重要选项。

同时，众筹出版对传统出版格局的改变也有着不小的意义。

其一，众筹提高了出版物的创新性。互联网时代，消费者需求多元化与出版社供给单化之间的信息不对称，加大了出版业发展的困境。众筹模式立足于满足消费者的需求，通过提供开放的融资平台，赋予社会大众直接的参与权，为出版业的发展注入了新活力。融资成功后，创意出版人通过“众筹社区”发表项目进展情况，具有投资和消费双重角色定位的社会大众，就项目情况进行讨论并提出相关建议。借助群体智慧、市场逻辑研判，创意出版人创造性地对作品进行修改，提高了出版物的创新性以及关注度。创意出版主体还可以利用众筹平台上的项目参与者信息、交流信息等进行大数据分析，为创意出版主体下一阶段的研发提供思路。

其二，众筹实现了出版的“长尾效应”。传统出版行业中，出版资源大多集中于知名大家、精英群体以及满足部分消费者现实需求为主的畅销书作者手中。长尾出版物因印数、销量少导致出版、印刷销售和库存的成本高，很难受到出版业的重视。传统行业出版物形式较为单一，虽然符合经济学中的二八定律，但在互联网时代变得越来越缺乏竞争力。众筹通过优化社会资源配置，将分散的公众力量集聚起来，补充出版资金的同时，将出版资源更多地分配给具有知识和创意优势的普通社会大众，丰富了出版物的形式和内容。例如，有声图书、折叠书、立体书等创意图书，通过声音、图像、触感等形式激发儿童的学习兴趣，受到了家长的欢迎。

其三，众筹促进了出版的“供给侧改革”。传统出版物的供给方式以实体书店和网上书店为主，销售主体通过库存满足消费者的需求，库存压力明显。

众筹过程实际上是一个对创意产品宣传的过程，可以改变传统出版的供给方式。一方面，创意出版主体通过众筹平台的预售方式，可以实现“按需出版”，避免了传统出版过程中的库存积压、缺货、退货等出版风险。另一方面，众筹出版主体针对投资人投资金额的不同，可以设立不同的回报方式，除了创意出版物之外，还可以设置如作者签名、明信片、互动交流会、内容讲解等出版物的衍生产品和服务作为回报。众筹与创意出版的有机结合，有利于推动传统出版模式的转型，变革出版供需匹配形式，并通过附加服务提高了消费者的满意度。

三、众筹出版在国内的发展环境分析

（一）众筹出版在国内的发展历程

综览国内专业众筹平台，目前国内规模较大的专业众筹出版平台缺乏。不过，通过综合类众筹平台上“出版”这一类项目的表现，也可以看出不少情况。

2011 年 7 月，点名时间上线，成为我国第一家众筹网站，众筹模式被引入中国。紧接着，追梦人、天使汇、众筹网等众筹平台接连成立，众筹在我国受到越来越多的关注。2013 年 7 月，徐志斌的《社交红利》成为我国首个众筹出版的案例。《社交红利》成功筹集到 10 万元，相当于提前预售 3300 本。这个案例的成功，使得众筹出版在国内成为热门话题，越来越多的图书开始尝试众筹出版模式。众筹出版模式能否在出版行业大规模复制，也引发了众多讨论。

2013 年 12 月 18 日，知乎网发起了一次出版众筹，目标在 10 分钟内达成，众筹得 9.9 万元款项，该书即被不少人熟知的《创业时，我们在知乎聊什么?》。2015 年是我国众筹发展迅速且关键的一年。据统计，到 2015 年底，全国众筹平台增加 283 个，比 2014 年全国众筹平台数量增加了 99.3％，几乎是 2013 年众筹平台数量的 10 倍。2015 年，我国众筹行业规模为 114.24 亿元，较 2014 年全年投资总额增长了 429.38％。从众筹网的相关出版项目数据来看：2014 年上半年，众筹网上成功的出版项目只有 4 个，全网平台成功的不超过30个；2015年12月25日，众筹网已成为国内成功的出版项目最多的众筹平台，有336个。到2016年10月1日，众筹网成功众筹出版项目超过其他众筹平台上众筹出版项目数量之和，达到558个；截至2017年2月20日，根据统计在众筹网的“出版”板块里共有699个项目，其中成功的众筹出版项目达到648个。

（二）众筹出版在国内的发展现状

政府机关在2015年发布了多项关于众筹的政策，例如国务院6月发布的《关于发展众创空间推荐大众创新创业的指导意见》以及随后发布的加快构建的文件等，提出要引导和鼓励众筹融资平台规范发展，并提出开展公开、小额的股权融资试点。各项政策频频发布，国家对于众筹发展的扶持力度可见一斑。

同时，从数据总体来看，我国众筹出版的总体数正以稳定的态势上升，且发展符合正比例函数的线性趋势。

这一趋势，在分析统计众筹网在“出版”板块中列出的最热门的“标签”每年的项目数上有所体现。人文社科类是众筹项目中最为常见的出版项目，其次是生活类和经管励志类。人文社科类和生活类的项目数之和超过了总数的一半。各类出版的项目数皆有增长，尤其是2014年基数较大的几类众筹项目在之后的发展中也保持着较好的表现。

总体来说，众筹出版的发展呈现出全面平稳的健康趋势，不过众筹出版在我国发展的时间并不长，还存在诸多问题，商业模式不够成熟，相关法律法规也不完善。这里总结了国内众筹出版的一些发展现状。

目前国内众筹出版项目整体筹资成功率不足20%，总体上处于探索尝试阶段，其实践存在一系列问题：众筹盈利模式尚不完善；众筹出版项目营销推广不力；众筹出版的回馈缺乏足够吸引力；众筹项目的售后服务缺失等。

1. 众筹出版项目网络资源分配不平等

任何事物都具有自身局限性，众筹出版也不例外。而“众筹”上线的出版项目具有马太效应，存在网络资源分配不平等的情况。

比如，名人的影响力。知名作者占据更多的营销资源和注意力，往往“众筹”成功的可能性更大，历时更短。而急需出版资金的小众图书、绝版图书反而很难众筹成功。

就像知名演员林志颖的众筹图书《我对时间有耐心》，上线首日即获得6位数的资金，图书上市后更成为现象级畅销书。

这种现象的出现与“众筹”模式的初衷是不一致的，但也成为世界范围内的普遍现象。根据福布斯商业网的数据，截至2014年9月，平均每天有超过20个出版“众筹”项目上线，其中知名作者和出版代理商所占比重逐渐增大。

可以说，在某种程度上作者或出版机构更加看重“众筹”平台的营销功能而非资金筹集功能。“众筹”模式很难成为非知名作者或小微型出版机构运作的常态。

2. 支持者支持的程度有限，卷入度有待加深

根据现行的出版法规，出版物必须拿到相应的书号才有可能印刷。这意味着出版“众筹”项目一旦成功，就必须交由传统出版机构运作。

而目前，出版项目的支持者在“众筹”平台的卷入程度有限，有待加深。读者或支持者的作用是有限的，还未对出版机构的核心决策层产生足够大的影响力。这也是“众筹”模式难以根本性地动摇出版产业的原因之一。可以说，出版的众筹模式是处于传统出版和自出版之间的一种过渡状态。

3. 出版行业发展报告指出众筹出版新模式

中国出版协会在2016中国出版年会上发布了《2016年度中国出版业发展报告》，报告指出出版业新产品、新业态、新商业模式不断成熟。众筹出版将有望改变传统出版的格局，为作者和出版人提供一条完整的出版产业链。

但由于我国实行的是出版许可证制度，不管是作者个人还是出版机构进行众筹出版都离不开具有出版许可资质的出版商。

内容出版商是从事内容产品策划、加工、制作、整合的机构，既包括传统出版社、杂志社，也包括具有数字出版权的内容原创网站等单位。

由于国内出版业具有严格的审稿制度和审批制度，民营书商都不能独立

进行纸质出版，亚马逊成功跨界融合的模式在国内很难复制。

不过，就当前情况来看，这种新模式对主流出版模式的冲击还不明显。未来的出版产业能够在何种程度上从“众筹”模式中受益，还要考量传统出版单位改革的意向和决心，以及作为读者大众的成熟程度和接受意愿。出版机构持观望态度的背后原因，不仅涉及“众筹”运作过程中的种种问题，也包括传统出版机构的观念和体制。

4. 对于大中型出版机构，众筹并非完美的模式

“众筹”出版对于中型出版机构也并非完美的模式。

虽然“众筹”可以在图书预热、赢得先期读者等方面发挥作用，但是这种抛开中间渠道、直接与终端读者发生联系的商业模式，并不一定适合出版机构现有的分工设置。比如说，为先期数量不多的读者制作特别版本并分别寄送快递，对大型出版机构而言不符合规模经济的考量。

从操作层面来讲，一些出版机构还存在把众筹模式等同于“团购”模式的思路。他们将“众筹”视为一个零售渠道，而非把“众筹”视为加强与用户的联系、听取用户意见的有效方式来操作，这种操作也是对“众筹”出版抱有怀疑态度。

5. 传统出版机构不善于直接维护用户社区

在众筹发展的这几年时间里，不少作者与出版机构其实并未意识到，一个项目的众筹成功，只是建立“粉丝群”的第一步。那么，如何维护这个社区？这对于出版机构来讲是一个很大的挑战。

由于运营机制等方面的限制，传统出版单位只是将图书生产出来，但是，对于更为重要的，如何推广这本图书、如何维护与读者的关系，都外包给渠道商去做。因此，传统出版单位在直接维护读者社区方面仍需不断探索。

出版机构直接参与终端读者的维护，有利于形成与维护品牌效应，以便将来更多出版项目的投放推广，并激发用户群在“自组织”中发挥口碑效应。这是一项颇具挑战性但应该尝试的工作。

6. 创意等相关信息公开透明，版权保护难度增加

通过众筹出版项目的实施，项目发起方可以提前获取一部分资金用于开

展出版相关活动，确实收获了便利，但也存在一些隐患。

为了获得大众的支持，项目发起方会在众筹平台发布出版物创意、内容等相关信息，而众筹项目的介绍资料是完全公开的，很容易造成创意被剽窃。

一个众筹出版项目的筹资期为1个月到3个月不等，耗时较长。对那些创意可复制性较强的项目来说，风险很大。一些资金比较雄厚的出版商，可能会在看到其创意后，抢先一步将其创意变为出版物，并推向市场。而此时，众筹项目可能还没结束，加之项目结束后出版物的生产还需要一段时间，项目发起方可能因此失去了抢占市场的先机，造成利益损失。对于此种情况，项目发起方很难通过著作权法对自身的利益进行保护。

基于思想和表达的二分法原则，我国的著作权法并不保护创意，只保护创意的表达。一方面是因为创意是一种思想，对其进行保护不易于对创作的鼓励。另一方面是因为法律的执行必须依据具体标准来进行操作，而创意本身非常抽象，很难被定义和量化，必须通过能可视化的形式来保护。

7. 众筹出版缺乏外部环境支持和内部制度建设

我国出版业正处于出版转型期，各方均在不断尝试，而我国相关法律法规建设明显跟不上出版业的探索脚步，使得我国目前很多新兴出版业态都处在一个灰色监管地带。我国还未正式颁布针对众筹行业的相关法律法规，国家新闻出版广电总局对于众筹出版的相关集资问题也没有明确规定。

在我国现有经济体制下，众筹模式也多次涉嫌诈骗、非法集资、吸收公共存款等法律问题。从众筹平台管理者的角度来看，众筹平台不应该只作为一个公众平台简单存在，更应该发挥社会监督作用，从项目申请开始就严格审核其资格，把好上线质量关，如众筹图书项目上的审核，其内容立意一定要符合我国图书质量管理规定。此外，新的出版模式可能会改变中国社会公众的消费习惯、消费文化观念，也会对各利益方，特别是商业经营者的信心产生很大影响。

由此可见，我国众筹模式的发展当务之急还需解决政策配套问题，金融监管、审核机制等内外部环境问题。

8. 众筹出版相关学者观点汇总

徐琦和杨丽萍（2014）通过对国内4家众筹平台的整站数据分析发现，众筹出版主要因为流量建设、赢利模式、社群互动等关键问题尚未得到有效解决而限制了其更深入的发展。白志如（2014）、潘静超（2014）和武小菲（2014）均指出目前众筹出版规模不大、专业度和读者参与度低的问题，白志如还指出众筹成果回报未能和出版有效结合，项目主题、发起方、发起地点和资助情况等影响因子都表现出分散化、多元化和小众化趋势。

王凯山（2015）认为虽然源于美国的自助出版模式在中国可以引入众筹模式改善局面，但是新闻政策的监管仍然无法规避，正式出版和出版机构须经有关部门审批是扩大出版规模的外部环境压力。

另外，众筹垂直平台的案例分析主要局限于国外出版专业网站，因众筹从国外发源，有良好的投资基础和社会环境，国内的案例研究侧重于综合性众筹平台，国内尚未出现出版类的垂直化众筹网站，加之国内本身众筹基础较为薄弱，是众筹出版研究的先天缺陷。而对主体三方的研究已经较为完善，各自的作用与不足也有不少涉及。文献概括的主要限制更多地表现在融资和活动规模还处在新兴阶段，专业度较低，赢利模式不成熟，读者与作者利益诉求有待重视，管理模块欠缺，平台上的网络互动机制不完善等问题尚未解决。

总体而言，众筹出版的生态环境并不友好，还需加大力度宣传众筹理念，培养读者的参与意识，建立规范的法律、平台规章及反馈机制，规避风险才能发展众筹出版行业。

（三）众筹出版在国外的发展环境分析

由于出版业的行业特性和差异化服务特点，国外也出现了一些较为成功、专业的出版众筹网站，例如，立足于传统出版的众筹出版网站Unbound（英国）和着重挖掘潜力作者的众筹出版网站Ten Pages（荷兰）。

国外还有专业的众筹出版平台，提供了更适合出版产业的差异化服务，如为作者、文学中介、独立书商等提供一站式服务的Authr，颇具有出版风投意味的荷兰平台Ten Pages等。

众筹出版随着众筹平台 Kickstarter 的成立而出现，Kickstarter 在影视、科技、出版等各个领域的迅速发展为其他各行各业都提供了新的发展思路，表现在出版领域，就是垂直类众筹平台的出现。

2011 年 5 月，Unbound 在英国伦敦成立，成为世界上第一家垂直类的专业众筹出版平台。

2012 年 2 月，荷兰女出版人 Valentine van der lande 创立了专业出版众筹平台 Ten pages，帮助不知名的作者完成出版意愿。

2012 年 5 月，unglue. it（The free ebook foundation）正式上线，为使免费电子书成为可能而筹集资金。

2013 年 8 月，社会化出版企业 Wattpad 发布了一个为写作者而众筹资金的平台 Fan Funding，旨在为作家们的创作提供社交网络。

2014 年，Pertain 在西班牙成立，打破传统的出版流程，将资金流巧妙地引入自出版流程之中，尝试开展自助出版业务。

1. 众筹出版在美国的发展——综合性众筹网站 kickstarter

2009 年 4 月 28 日，综合性众筹网站 kickstarter 成立，根据 kickstarter 官网公布的数据，截至 2015 年 11 月，kickstart 上共有 96302 个众筹项目获得成功，得到 990 万名投资者的支持，融资超过 21 亿美元。而 2014 年全年，创意活动在全世界展开，330 万人参与其中，众筹资金超过了 5 亿美元，这意味着每分钟都有将近 1000 美元的投资，其中 22252 个众筹项目获得成功，出版项目为 2064 个，融资 2. 18 亿美元。

2012 年 5 月 17 日，unglue. it（The free ebook foundation）正式上线，为使免费电子书成为可能而筹集资金。在 unglue. it 平台上，作者和出版人为他们已经出版过的纸质书的电子版设定一个筹资目标，在此目标之内，他们可以在全世界范围内分享该电子书并且仍然可以获利，随后 unglue. it 通过众筹方式向公众集资，一旦目标完成，作者和出版人将会获得资金回报，而支持者将会获得一本带有许可证的电子版作品。该许可证允许任何人阅读、复制、分享该作品，所有人都将受益。而如果没有达到筹资目标，这本书将不能被共享，大众也不必为此支付，这种模式被称为“承诺开放”（pledge－to－Unglue）。在这种运营模式下，unglue. it 获得了广泛关注和大力支持，并且取得了巨大成功，于 6 月 21 日成功众筹了《Oral literature in africa》(《非洲口头文学》)，一共获得了 257 名读者的支持，众筹资金 7743 美元，超过了众筹目标 7500 美元。

2014 年 1 月和 4 月，unglue. it 又发布了另外两种新的众筹模式，"购买开放 (Buy－to－Unglue) 和 "感谢开放" (Thanks－for－Ungluing)。"购买开放" 不同于 "承诺开放" 先完成众筹再制作电子书的方式，而是在项目发起人完成电子书的制作后，通过 unglue. It 建立众筹项目，目标达成后进行分享，"感谢开放" 则是指作者已经完成电子书的制作并获得分享的许可，然后在 unglue. it 发起项目进行众筹。

2013 年 8 月 13 日，曾获雅虎创始人投资的社会化出版企业 Wattpad 发布了一个为写作者而众筹资金的平台 Fan Funding，Wattpad 是一个旨在为作家们提供社交网络的网站。作家们可以将自己的作品发布在该网站上供读者阅读，但每次只发布作品的一部分，并且跟读者进行沟通，根据读者的反馈继续创作。Wattpad 的创始人之一称其为写作界的 "Youtube"。Fan Funding 是 Wattpad打造的类似于 Kickstarter 和 Indiegogo 那样的众筹平台，但它不是综合性的众筹网站，而是专门为 Wattpad 的作者创立的出版众筹网站，原 Wattpad 的作者可以在 FanFunding 发起众筹项目，获得粉丝一定数量的资金支持，作为回报，支持者可以获得一些相关福利。比如在作者 Jordan 发起的项目中，资助 5 美金的读者将会获得一本电子书，而 500 美金的支持者，Jordan 将会以他们的名字作为书中的某个人物，并且将印刷出版的纸质书寄送到支持者手中。由于与母平台 Wattpad 的密切关系，Fan Funding 上所有最终完成出版的项目，都将在 Wattpad 上免费发布。

2. 众筹出版在其他国家的发展

英国的 Unbound。2011 年 5 月，Unbound 在英国伦敦成立，发起人有 Dan kieran (丹基兰，畅销书作者)、John mitchinson (约翰・密钦森，资深出版人)、Justin pollard (贾斯汀・波拉德，历史学家、电视制作人)。作为世界上第一家专业众筹出版平台，Unbound 初创时，便获得了大量关注和支持，得到了来自三家投资机构价值 194 万美元的投资。其中一家投资机构的负责人尼克·布雷斯波恩（Nic Brisboune）说：

“Unbound 团队同时满足了出版商和作者的双重需求，成功的众筹出版项目证明了他们对作者及其需求的深刻理解。”

作为专门的众筹出版平台，Unbound 创造了一种与过去截然不同的出版模式，这种模式颇具革命性：既吸收了传统出版的精髓，比如内容把关，又融合了创意产业众筹的特性，比如粉丝效应和众筹支付。Unbound 拥有许多优秀作者，他们提出新书的想法与出版计划，Unbound 努力帮这些作者扩大影响力，提高知名度，将他们打造成明星，将读者变成粉丝，资助新书的出版。当然，并不是所有作者和所有书稿都能在该平台募集资金。

Unbound 像传统出版机构一样，需要对作者进行筛选。正是这种把关人的做法，让 Unbound 的项目保持着 1/6 的众筹融资成功率。截至 2013 年，Unbound 为作者们筹资已超过 100 万英镑。Unbound 将这些资金用于新平台的开发，业务将涉及出版行业的整个产业链，包括图书代理、出版以及营销。此外，一旦图书出版获得成功，Unbound 的作者能够获得 50％的利润分成，远远高于传统出版社给出的 57％～109％的版税，所以筹集到了 25000 英镑的项目《笔记的字》（Letters of note）的作者肖恩·阿西尔（ Shaun usher）拒绝了传统出版商，而是与 Unbound 签约。

荷兰的 Ten pages。2012 年 2 月，荷兰女出版人 Valentine van der lande 创立了专业出版众筹平台 Ten Pages。与 Unbound 拥有很多知名作者，大部分项目是知名作家已经完成的书稿不同，Ten Pages 发掘了一个细分市场，帮助不知名的作家完成自出版的愿望。

但 Ten Pages 并不属于严格意义上的奖励性众筹平台，而是一种股权类众筹平台，因为 Ten Pages 模式本质上是一种大众化的风险投资。该网站提供文本的前十页给读者免费阅读，之后读者根据前十页内容以及阅读体验选择要不要继续支持该项目，并且 Ten Pages 不像其他众筹网站可以根据项目需要设定不同的筹资额，而是设置一个恒定的筹资额一万欧元，如果成功融资，作者将得到 109 欧元的报酬，剩下的全部作为编辑出版的费用由出版机构持有。等项目成功结束，项目发起人即图书作者继续享有10%的版税，Ten Pages收取896欧元的管理费，出版商获得309欧元的利润，大众投资者共同享有10%的分成。这个模式建立起利益风险共享机制，将作者、众筹投资者、出版商和众筹平台都纳入了利益共同体得益于荷兰丰厚的文化资源，Ten Pages运营之初发展十分迅速，上线半年上传700部原创手稿，两年内为66位作家成功筹资，并出版了两本全国畅销书（Zo Zuidas和De urenfabriek），一度被誉为出版界的kickstarter备受关注。

不过遗憾的是，Ten pages发展后劲不足。在经历过两年的辉煌后，以失败告终。Hans bushes & Elmer den braber总结了Ten pages失败的6大原因，认为最重要的原因是其完全依赖于新作者，导致图书内容质量不高，缺乏市场竞争力。而出版市场向来是内容市场，Ten pages这一致命弱点最终导致这个开放的、符合互联网精神的众筹出版平台无疾而终。

西班牙的Pertain。Pertain于2014年在西班牙成立，当时还是一个传统的出版商，但是随着数字出版日益发展壮大，Wentian打破传统出版流程，巧妙地将资金引入自出版流程中，所以某种意义上来讲，Pertain是一个自出版众筹平台。

在刚开始运营的半年时间里，Pertain众筹成功的自出版作品占全国自出版总额的6%，Pertain开创了一种全新的众筹运营模式，完全不同于美国的Kickstarter、荷兰的Ten Pages、英国的Unbound。

与Kickstarter上允许筹集比目标资金更高金额的做法不同，Pentair为出版项目设置一个筹资的最高额度，一旦达到这个额度筹资渠道将会自动关闭，因此，项目发起人的注意力将不会一直集中在资金筹集上，而是会在筹资结束后，及时将精力投放到图书的编辑制作上。另外，Pertain还设置投资时间长度，最长为60天，在规定时间内项目投资人可及时放弃或调整项目，提高了融资效率。严格控制融资时间和额度，一方面可以提高资金的利用率，扩大项目数量和规模，另一方面能够有效地利用每一笔资金开展出版活动，避免资金浪费，保证图书的顺利出版。

与Ten Pages谋求大众风投的股权众筹模式类似，Pertain与投资人、作者共担风险共享利润，当图书获得成功之后，图书作者获得40%的版税，投资者连续3年获得50%版税，Pertain收取10%的版税作为运营管理费。但与Ten pages缺乏对内容的监控不同，Pertain在出版领域耕耘十多年，一直十分重视图书的出版质量，在出版活动中的一系列流程中充分当好把关人的角色。

此外，Pentair还十分注重打造读者与作者的良好关系，形成了项目发起方、投资方以及平台三方和谐共处的局面，提高了读者的参与度。除了保证读者充分的自由选择权，Pertain还采取了与Fan Funding类似的策略，可将投资者的名字写进作品里。

在打造《Cyberwar》时，Pertain创始人之一恩里克·帕里拉（EnriqueParrilla）提出：凡是投资超过300美元的读者，作者可以将其名字写进小说。此外，与其他众筹平台一旦图书成功出版，投资者顺利得到回报后便撒手不管的情况不同，Pertain十分注重图书后续的发行营销。并且专门开辟了博客专栏，为投资者提供相关的众筹信息，以此吸引用户参与评论，增强用户黏性。另外，目前Pertain出版的书籍仍以西班牙语为主，英文书籍较少，不过，Pertain也表示将会努力扩大英文图书的市场份额，为英文作家提供出版机会。

四、国外众筹出版平台个案分析

（一）综合性众筹平台个案分析——以美国Kickstarter为例

外部环境分析。美国良好的政治、经济、人文、法律、技术环境为众筹的发展提供了有利的条件。尤其是2012年4月美国总统奥巴马签署的《Jumpstart Our Business Startups Act》（《创业企业融资（JOBS）法案》），允许通过互联网筹集资金，使众筹得到了法律层面的认可和保障。而在商业领域，众筹也得到了许多风投基金的关注和支持，例如，Indiegogo于2014年年初成功获得了高达4000万美元的B轮融资。

同时，美国有深厚的捐赠传统，不论是慈善机构还是拥有捐赠能力的知名人士或普通个人都有较强的捐助意识，因此，捐赠行为较为普遍，为众筹提供了良好的价值环境。另外，美国的传媒环境自由，众筹网站发展所受到的限制较少。

内部管理分析。灵活的运营模式和完善的经营管理，Kickstarter 开创了众筹的运营模式，将众筹创意、平台和资助者联合起来。项目发起人向 Kickstarter 提交创意申请，审核通过后，Kickstarter 在平台上公布由文字、图片、视频构成的项目方案及具体的执行计划，并设置一定的筹资额和筹资时间，项目完成后，投资者按照承诺得到相应的回报，整个众筹过程，Kickstarter 都参与其中，进行监督管理。

通过这种方式，投资者即读者成了图书出版实际上的把关人，他们的喜好和选择决定了哪些项目可以最终生产出版，哪些项目只能被淘汰。

同时，为了避免某些图书仅仅被某些大额资金的支持者所控制，无法充分体现众筹网站的公正、客观，许多众筹平台对项目的单个出资额进行限制。例如 Spot. us 规定单个投资者的资助额不得超过筹资总额的 20%，此外，网站会对项目方案预先审查，例如 Emphas is 则有一个由专家、记者和编辑组成的专业团队对项目进行审查，通过审查的方案后会在网站上进行公布。

良好的营销技巧和传播策略。Kicestarter 官网数据表明，2014 年全年一共有 2046 个出版项目成功地实现筹款目标，筹资 2. 81 亿美元，是 Kickstarter 最成功的众筹活动之一。美国作家哈伍德是最早尝试众筹出版的图书出版人，取得了巨大成功，连续在众筹平台上众筹出版五本新书，其中《这就是生活》仅一天就筹资成功，实际筹资额是目标筹资额的 2 倍。

哈伍德除了出版人的身份，还是一名知名作家，拥有大量的粉丝读者，并且在项目回报上也极具创意，比如出资超过 999 美元的支持者，不仅可以参加各种活动，哈伍德还可以根据资助者提出的想法构思一篇小说，当小说付梓后还将其做成精装典藏版送给资助者，成为独一无二的藏品。

从根本上来说，众筹出版成功的核心就在于众筹平台提供了作者和读者直接沟通联系的机会，作者要得到大众的青睐，可以是凭借一个良好的创意，也可以是依靠自身的影响力，成功把自己的出版计划推销出去，读者能够参与到图书出版制作的流程中，与作者互动，创造了新型的读者关系。

（二）垂直类出版众筹平台分析——以英国 Unbound 为例

外部环境分析。跟美国一样，英国也拥有众筹模式发展所需要的良好的经济、人文、政策环境。Unbound 创立之初，便因其独特的创意和运营方式，获得了大量的关注和支持，得到了 3 家投资机构共计 120 万英镑的投资，大量资本的投入，给 Unbound 的发展注入了新鲜的活力。

另外，英国拥有极其丰厚的人文资源及阅读传统，读者的阅读需求较高，为众筹出版提供了良好的市场环境。同时，英国有大量优秀的作家，为众筹出版提供了丰富的作品资源。

内部管理分析。Unbound 创造了十分独特的商业模式，同时满足了出版商和作者的双重需求。既吸收了传统出版的精髓，比如选题论证、内容把关，又融合了众筹的特性，比如粉丝经济和众筹在线支付，将作者打造成明星，吸引粉丝读者资助出书。同时，Unbound 还积极向知名作家邀稿，给出 50％的利润分成，以此吸引知名作家的入驻，以提高众筹出版物的质量以及众筹平台的影响力。

另外，经过几年的发展，Unbound 实现了资金的原始积累，并将这些资金用于新平台的开发，业务涉及出版行业的整个产业链，包括图书代理、出版发行以及推广营销出版众筹遇到的阻力和发展瓶颈，包括“众筹”平台自身的原因，以及出版机构中体制和思路的限制。

而在关于出版众筹内部影响因素研究方面，文献研究主要集中在出版众筹的限制因素方面。

Jones（2014）认为图书众筹出版的基础是粉丝效应，但在实施过程中有诸多限制因素，如发起人的精力有限，需要作者与出版商共同的平衡点才能合理众筹。

Allen（2013）指出 Kickstarter 网站中出版所筹集的资金在所有板块中属于倒数，限制因素主要为定价过高、宣传力度不够充分，未来存在的问题是出版板块达到网站饱和的时间，以及达到饱和时网站如何取舍。

同时，在国外，有这样一种声音认为，众筹出版正在尝试为“为组织者提供新的工具”。

玛丽斯·克雷兹曼（Maris Kreizman）是美国众筹平台（Kickstarter）一般出版项目的组织人，她曾担任过自由出版社（Free Press）的编辑以及B&N自出版渠道的编辑主任。她在接受采访时曾表露：Kickstarter的出版活动不一定要跟书有关，它也可以是关于一位作家的旅行，或是一场发布会。人们现在真的是有能力尝试自出版，创造出属于他们自己的东西。而Kickstarter正在尝试“为组织者提供新的工具”，并且督促他们“创作那些他们没有尝试过的书”。

（三）国外众筹网站图书出版案例分析

通过对众筹网站典型的案例进行分析，从国外比较知名的众筹网站筛选出首个国外众筹网站Kickstarter和Fan funding作为研究案例。

Kickstarter作为众筹网的鼻祖又是发展最为优秀的综合性网站，研究众筹网站中出版成功案例具有代表性；

Fan funding是由Wattpad创建的众筹出版网站，属于专业性众筹网站，现在是出版网站中发展最好、成功率较高的网站，以下以这两个作为案例进行分析研究，并得出结论。

Kickstarter众筹网站案例分析。Kickstarter于2009年4月在美国纽约成立，是首家众筹网站，发展至今已有7年，截至2016年2月成功融资众筹项目已达10万个，平台已发展成为一个优秀的众筹网站，一个专为具有创意方案的企业筹资的众筹网站平台。

2015年9月22日众筹网站Kickstarter宣布重新改组为“公益公司”，创始人称不会将公司出售或上市。

Kickstarter众筹图书出版流程。Kickstarter是一家综合性众筹网站，众筹出版只是该网站中的一个模块，随着项目的增多已逐渐发展成熟，众筹出版模块已经开始进行细分，包含出版物、APP、周边产品等。若想准确地在网站上发起图书众筹，需要清楚地掌握它的图书出版。

首先，在Kickstarter上点击“ star a job”发项目，选择出版物标签

“publishing”将众筹产品进行准确定位。然后开始对所筹的图书进行描述，包含它的类别和名称，并且选择参与众筹的国家，目前 Kickstarter 创建的项目仅对美国、澳大利亚和欧洲部分城市，中国暂时不在参与众筹的国家内。

其次，通过 Kickstarter 网站团队进行审核后，确认符合发起众筹的条件，将发起人制作成文字、图片或视频多媒体等通过 kickstarter 发布，并设置一定的资助标准或条件。

最后，投资者发现项目，并对项目感兴趣进而进行投资，在规定时间内资助总金额达到目标金额，项目完成众筹，最后履行承诺，而 kickstarter 则负责对整个过程的管理。

在 Kickstart 发起图书出版项目只需在发起界面选择“ publish”页签即可发布到出版模块，上述过程只是众筹的第一步项目面向群众的环节。

Kickstarter 图书出版投资与回报方式。Kickstarter 投资方式是通过第三方支付机构——亚马逊支付（AmazonPayment），亚马逊是担保支付软件，众筹平台发起项目，投资人进行投资时需通过亚马逊进行支付，支付的款项暂放亚马逊平台，若众筹成功，众筹款由亚马逊支付平台转给发起人，发起人收到众筹款，开始进行图书的编写及其出版工作；若众筹不成功，投资人的钱由亚马逊平台原路返回，投资人的钱不会损失，由于第三方的担保不会产生资金无法收回的情况。

Kickstarter 图书出版回报方式主要为回报众筹和公益众筹，公益回报多为投资元或者自由金融，可以参与抽奖。回报众筹是 Kickstarter 众筹图书出版的主流模式，图书出版的特点在于它的实物回报形式可以有两种，第一种为纸质书籍，第二种以电子书的形式进行回馈。第一种需要花费较多的钱，联系出版社进行图书的出版与发行，所以众筹发起设置的所筹金额也较高，第二种则相对成本投入较少。而这两种回报方式都需在发起众筹时在众筹平台上告知投资人，根据投资不同金额段设置好回报的物品。

Kickstarter 众筹图书出版管理机构。Kickstarter 众筹平台由筹资人在平台发起众筹，网站会进行一次筛选，筛选通过后这个项目才会出现在受众眼前。网站会对项目方案预先审查，Kickstarter 具有自己的专家团队，专家和编辑组成的委员会来对发起的众筹图书出版项目设定审查方案，只有通过审查的方案才会获准在 Kicestanter 上进行众筹。

Kickstarter 对于每一位出资者的最高上限固定在整个筹集资金的 20%，这种设置保证了众筹的公平性。在众筹的历史舞台上，曾经为了能使众筹达到成功，出版商个人投资 90%的众筹款，最后众筹达到成功，而这样违背了众筹的本意，所以 Kickstarter 设置个人投资最高上限有效地避免了此类事件的发生。

众筹在 Kickstarter 网站的发展形式非常好，经常会出现项目完成时获得的筹资额是起初设定额度的 2 倍甚至更多，因此 Kickstarter 进行了设置优化，在众筹发起时会设置两个档次，第一档是基本档次，第二档是高级档，金额由发起者设置，只要筹资金额达到基本档就算众筹成功，若项目非常吸引受众，仍继续有投资者进行资本注入，则获得的筹资金额就会增加，此时可达到众筹金额的第二档，会承诺提供更高水平的服务，例如精装出版物或者开展书迷见面会等更多的回报。

Kickstarter 众筹出版的规模分析。Kickstarter 自 2009 年成立至今，众筹资金得到了迅速增长，在 2015 年突破 10 亿，紧接着在 1 年 7 个月之后，众筹资金达到 20 亿，仅一年半的时间增长了一倍，这足以说明 Kickstarter 的发展速度突飞猛进，得到了更多人的喜爱。

2016 年 3 月，Kickstarter 已成功出版项目达到 8927 个，筹集资金为 9000000000美元，Kickstarter 的业务在公司成立初期得到了快速的发展。2015 年度，Kickstarter 成功完成了 3910 个众筹项目，筹集资金为 27638318 美元，当年项目融资成功率为 43%。其中 2014 年，共有 22.252 个项目在 Kickstarter 成功融资，其中有 2450 个出版项目成功地实现筹款，目标募集总金额达到 529 亿美元，其中一些富有创意的点子获得了大量资金支持。2013 年，成功的众筹项目数增长到 11836 个，筹集资金翻了近 3 倍，高达 399344381 美元，融资成功率增长到 46%。截至 2012 年 10 月 10 日，该网站共推出 73620 个众筹项目，其中 3426 个项目正在进行之中，平均项目融资成功率为 43.85%，项目筹集的资金总额为 3.81 亿美元。目前，Kickstarter 已经是全球最大的创意项目募资平台，2015 年宣布重新改组为公益公司，网站将不是商业模式的定位，更加重视为网站社区建设提供公益平台，并且巧妙地解决了有关融资纳税及其股权纷争的金融问题。

Kickstarter 网站的众筹出版类型很多，其中出版物涵盖了各行各业，包括艺术、动漫、舞蹈、设计、时尚、电影、金融、互联网、游戏、音乐、摄影还有阅读 APP。其中，图书出版物占的比重最高，出版项目数量达到 8000，占项目投入第一位，占比 83%；其次是众筹 APP 项目，项目众筹数量达到 1230；随后就是摄影项目，众筹数量 1090。成功率最高的众筹项目类别依次是图书、APP、游戏，这三类项目获得的众筹资金占到全部募资金额的 90%以上。

Kickstarter 图书出版的应用。Kickstarter 于 2009 年 4 月上线，网站本身的定位非常明确：创意项目的募资平台（Funding platform for creative projects），Kickstarter 提供了对接有创意、有想法，但缺乏资金与有资金也愿意捐款支持好创意的平台。美国作家哈伍德可能是最为成功的图书出版众筹人，哈伍德之前本身就是知名作家，借助传统媒体和博客吸引了大批忠诚读者。

哈伍德最早在众筹平台上连续发布 5 本新书的众筹项目，其中《这就是生活》在众筹平台发布第一天就筹满了所需资金，最终筹得的钱超过了预期近 1 倍。在哈伍德的新书众筹出版项目中，他设置出不同的支持金额，出资 1 美元就能够进入书中的感谢名单，更高一点的出资则可能在某分支章节中加入支持者的创意内容，而出资 999 美元则能参与各种类型的交流，且作者会以资助者为主角并根据资助者的想法撰写一篇小说，当小说正式出版后将制作唯一精装版送给资助者，成为其独一无二的收藏。而格兰特和奥·科奈尔在《带着哭泣而来》一书的众筹项目，更体现了社交化媒介的特点和威力。

作者通过自己的网络博客来激发读者的兴趣，并承诺在该书创作的不同阶段给予赞助者不同回馈：可以在该书出版之前下载书的拷贝，也可与作者更紧密地联系和交往，甚至是获得作品创作过程中的各种原始版本。

Kickstarter 众筹图书出版的优势与不足。众筹属于蓬勃发展的事业，kickstarter 众筹模式在国外运营中取得较大成功，其主要有三个优势：

第一，良好的经济、法律与人文环境。新的创新产业形态和商业模式首先出现在美国，并能在西方发达国家获得广泛推广不是偶然的。经济发达国家良好的管理制度、金融信用支持系统和法律体系为此提供了良好保障，而这些国家以消费者需求为本的市场化理念也是企业改革创新的根本动力。

第二，灵活的运营模式和完善的经营管理。kickstarter 等专业众筹出版网站不仅仅是发布项目的载体，同时也承担各类项目的经营和运作管理，这些网站能够有效地将政府部门、金融机构、社会慈善组织、商业组织吸纳进来，形成完整的产业生态模式。

第三，良好的操作手法和营销技巧。以众筹网站为核心，对社区内的读者、作者、评阅者、出版组织和其他公众进行组织和动员，指导项目发起人有效发布项目和提高传播技巧，发动社区成员积极参与互动并投身其中。Kickstarter 大多是以预购的方式成立，个人只是“贷款”给企业去生产产品，生产完成后个人则得到商品作为投资报酬，这个决策非常简单，风险在个人能承受的范围内，没有后续的跟踪反馈机制。但超过这个风险级别，也无法追回众筹资金，这样的网站，方便了投资人与众筹者，但是金融风险也伴随着他们。

通过对 Kickstart 的图书出版流程、金融模式及其发展状况的研究，可以看出 Kickstarter 处于发展阶段，不断更新与完善，例如反馈与互动机制都有欠缺，但针对众筹存在的法律问题，Kickstater 选择了公益方向，这是一个很好的针对“预售”模式容易出现的法律漏洞的规避，我国在这一方面需要向 Kickatatel 吸取经验。

Fan funding 众筹出版网站模式分析。Fan funding 是专业性出版众筹网站，Fan funding 虽然成立时间不长，却一跃成为发展最好的出版网站，用它来当作案例进行研究分析，可以知道出版众筹网站的发展模式。

Fan funding 由 Wattpad 于 2013 年 8 月 13 日发布，Wattpad 本身就是一个在线免费电子书制作分享社区，是电子书分享网站，Wattpad 的 CEO 兼创始人 Allen lau 创建的社交出版商。Fan funding 这个平台大多数是原先的 Wattpad作者发起众筹，作家写手可将自己的小说免费发布在该平台上，但每次只能发布一章，在此过程中，作者可以跟读者互动，甚至通过读者的反馈来塑造故事，为自己的写作想法筹集资金，或者是为自己已写好的电子书筹集专业化排版编辑和刊印费用。每一个众筹项目都必须在30天内完成，如果未达目标额度则用户已付的钱将会被退回。由于衍生于 Wattpad，最终众筹成功的书籍都会在这个网站上免费出版，Fan funding 具有较高起点，所以我们在深入了解 Fan funding 之前需要先了解它的起源。

Wattpad 的出版模式。2006 年，Wattpad 在加拿大多伦多市成立，创始人是 Allen lau 和 Ivanen，被誉为作者的社交网站，电子书平台是一个在线的电子书制作工具，不仅可以在线制作电子书，完成以后还可以通过该平台进行电子书形式的商品交换。Wattpad 推出 APP 真正做到移动出版，移动社交实时沟通，创造了属于自己的社交工具。

Wattpad 平台目前属于免费制作、免费分享和免费在线阅读，被誉为出版界的“ Youtube”，Wattpad 提供了图书管理、自动书签、配套插图、字体类型、背景、大小、颜色等设置功能，已经具有亚马逊专业图书网，而它比亚马逊有优势的地方是它的免费。Wattpad 平台中，作家把视频或者作品信息发布到导航页面，获得粉丝一定数量的捐助。作为回报，赞助者可以获得一些福利，比如在书中他们的名字可能被作家用来命名一个人物。

值得一提的是，一位 Wattpad 成员已经在项目正式启动前获得了5000美元的收入。早先就有专家提出平台的模式类似于众筹网站，Wattpad 于2013年正式走向众筹出版的道路。

Fan funding 发展模式分析。Fan funding 相比 unbound 来说起步较晚，但由于 Wattpad 拥有强大的后盾，作为后起之秀已经超过第一众筹出版网站 Unbound，对于读者来说，他们的回报则根据投入多少而有所区别，在 Fan funding 平台，Jordan 这一众筹人发起图书出版的众筹，提供5美金的贡献者可以获得经过专业化编辑的电子书，而贡献了500美金的人，Jordan 则以他的名字命名书中的某个人物，并且当书刊印出版之后寄给他们。Fan funding 是粉丝众筹图书出版模式，图书成功出版后不仅稳定现在已有的粉丝，图书销量的增加又为作者带来了更多的粉丝，这样 Jordan 再发起众筹图书，会迎来更多的粉丝来给他投资，这是个滚雪球式的模式，会让作家越来越出名，众筹图书出版越来越成功。

由于衍生于 Wattpad，所以 Fan funding 上所有项目最终成形的内容，都将会在 Wattpad 上免费出版，国内众筹类的项目也已经非常多，但是类似 Fan funding 这种细分的众筹出版网站国内暂时还没有，建立众筹图书出版网站也是将来我国众筹图书出版的一个趋势。

第二节　国内众筹出版的案例分析

本节主要介绍国内众筹出版发展概况，选取其中具有代表性的众筹网、追梦网、青橘众筹、淘宝众筹四家进行量化分析。对 4 个平台共 568 个众筹项目的筹资额、出资人数、筹资时间、项目完成度等一手数据进行统计整理，以此作为本节分析中国众筹出版发展问题的量化基础，并用图表配合文字说明进行分析，总结出相关规律，得出相关结论。

一、众筹网

2013 年 2 月，网信金融集团旗下的众筹网正式上线，该网站为项目发起提供募资、投资、孵化、运营一站式综合众筹服务。目前，众筹网主要提供科技公益、出版、娱乐、艺术、农业等领域的奖励类众筹服务以及教育助学、绿色环保、公益创业等公益类众筹服务。

截至 2015 年 12 月，众筹网共众筹项目 11521 个，累计支持人数 631634，累计众筹金额达 147894106 元。

众筹网是目前国内最大的奖励性众筹平台，其 Logo 是“众”形，类似两个人红黑相间、互补互联，代表众筹网是一家聚众人之力为众人服务的众筹平台的理念。

众筹网成功出版的项目中最具影响力、最为公众熟知的莫过于腾讯内部员工徐志斌撰写的《社交红利》。

2013年5月，李开复向磨铁黑天鹅图书推荐了这部书稿，当时黑天鹅图书有两种营销模式可供选择，一种是黑天鹅图书营销推广团队已经非常熟悉的微博微信营销，另一种是新浪的一位高层推荐的新兴的、陌生的众筹模式。新浪高层的建议立刻得到了营销团队的响应，并很快与众筹网达成一致。因为对于成立不久的众筹网来说，高质量的众筹项目同样是他们所渴求的。

2013年7月26日23:56分，众筹网正式在网上站发布项目，向网友推荐《社交红利》这本新书。不到一个小时，就得到了5位支持者的资助，共下单图书7本，筹资210元。

8月9日，黑天鹅图书接到了众筹网的通知，他们在众筹网上发起的图书项目《社交红利》，成功完成了筹资工作，筹得预期金额10万元。

此时，距离项目启动刚过了半个月。这次巨大的成功使众筹网和《社交红利》都获得广泛关注，出版界开始意识到互联网金融在业界的影响力。

二、追梦网

2011年9月20日，上海追梦网络科技有限公司旗下的类似于kickstarter众筹模式网站追梦网第一版正式上线，2012年9月25日完成改版。上线四年多以来追梦网涵盖了设计、科技、影像、人文、出版、音乐等领域，是对传统融资方式和融资渠道的有力补充。

在追梦网，所有项目发起人都要进行实名认证。项目上线前，追梦网的工作人员会对项目进行审核、沟通、包装、指导。项目成功后，工作人员将监督项目发起人执行项目，确保支持者的权益。若是项目未能融资成功，既得资金将会全额退回到支持者的账户，保证投资者的资金安全。

追梦网的盈利模式是众筹平台典型的佣金模式，从成功的项目中抽取5%的佣金。2013年，《董小姐》原唱歌手宋冬野在追梦网上发起了“爱上一匹野马，来到他的草原：民谣歌手宋冬野百战巡演计划”，成功筹集到23万元资金，成为追梦网影响力较大的众筹项目。

三、青橘众筹（原中国梦网）

2013年10月，掌门科技旗下的创新型众筹平台中国梦网正式上线，分为出版、设计、公益、动漫、音乐、影视等领域。

2014年10月30日，运行了一年多的中国梦网启用新品牌——青橘众筹，新logo是一个青涩的橘子，代表着每个新鲜的创意和创业梦想，并且宣布经过一年的运营摸索，青橘众筹将全面启动从项目众筹到股权众筹的递进式众筹模式。

青橘众筹网上产生了较大影响力的项目是2013年11月蝴蝶蓝发起的“蝴蝶蓝作品《全职高手》纪念画册出版”，共获得了5361位投资者的支持，筹得资金362204元，完成度达181%。

四、淘宝众筹

2014年4月，阿里巴巴集团旗下的淘宝众筹上线，置于淘宝网首页特色购物区域，涵盖影音、书籍、公益、娱乐、科技、动漫、游戏等领域，其中科技类产品在淘宝众筹上占到筹资额的90%。

凭借淘宝强大的平台优势，截至2015年11月，淘宝众筹累计筹款金额102127万元，累计支持人数560.7万，单项最高支持金额达3559万元。

2015年3月15日，淘宝众筹创造了一项参与众筹人数最多的世界纪录，在众筹项目“三亚玫瑰谷爱情地标建设”中，多达27万人参与其中，共筹集资金逾350万元人民币。

不同于其他众筹平台的收费模式，淘宝众筹相关领导在接受媒体采访时表示：“淘宝众筹永不收费，公司对我们的考核标准不是赚多少钱。”并且透露，能吸引多少创新者和优秀项目入驻，才是集团对淘宝众筹最重要的考核要求。

五、《消失的世界》AR科普绘本众筹出版

原著《消失的大陆》（电子工业出版社，2013年）由法国儿童科普作家亨利·德斯梅（Henry Desmet）创作，2011年该书法文版荣获法国科研部、文

化和交流部赞助支持的“法国科普奖”。

作者敏锐地观察和收集资料，由特殊到普遍，极其风趣地阐述了人和动物之间的联系，并根据生物诞生的时间顺序，用一种瑰奇亮丽的绘本风格介绍了32种已经消失的生物《消失的大陆》的第2版，在再版的过程中，中国科学技术大学先进技术研究院新媒体研究院（简称新媒体研究院）与电子工业出版社联合对绘本进行AR（Augmented Reality，增强现实）技术应用的设计。

从2015年10月底开始，新媒体研究院利用AR技术进行为期2个月的集成创作，通过移动终端的拍摄功能，使得绘本中的原始动物3D立体地呈现在屏幕中。读者可以通过动画看到生物最具代表性的动作特效，同时聆听语音解说的科普内容，甚至可以和绘本中3D立体生物进行合影留念。

这本神奇的绘本不仅广受读者好评，还荣获由中国科协主办、果壳网承办的高科技创意大赛一等奖。

《消失的世界》众筹出版项目是基于众筹形式开展的一次图书出版的营销推广尝试。该项目由作者周荣庭带领4名硕士研究生参与策划与实施。项目策划历时21天，包括策划的筹备工作、策划方案的设计与拟定、众筹平台的审核；项目在线众筹历时20天，包括对项目的宣传和推广；项目回报为期5天，包括项目回报兑现的发行工作，详见众筹项目工作时间轴。该项目共有885人参与支持，售书986本，目标筹资50000元，预估筹资57840元，实际筹资61299元，完成率达122.60%。

另外，在国内，还有“字里行间”项目创造了出版众筹行业的奇迹：24小时在众筹网上成功众筹100多万元，成功率高达200%。

六、案例呈现

（一）玩出来的产业王志纲谈旅游

项目名称：玩出来的产业王志纲谈旅游

项目发起人：时代飞鹭

支持人数：322

目标金额：1000000

筹资金额：1271230

目标完成度：128％

项目进展：2014年7月7日项目上线，8月4日筹款超过100％，8月27日项目成功结束。

项目内容：旅游界大师级玩家王志纲众筹出版图书《玩出来的产业——王志纲谈旅游》，在书中通过谈旅游、讲故事的形式，将发展旅游产业的体悟、旅游策划的精髓呈现给大家。

1. 关于王志纲

中国著名战略咨询专家，智纲智库创始人，大师级的玩家。10年的新华社记者生涯，王志纲走遍了全国山川大河，体验了各地风土人情；随后20年的旅游策划经历，更是让王志纲玩贯中西，体验全球。正是这种丰富的经历，让王志纲成了成都、西安、丽江、西双版纳、长白山等玩家火爆之地的幕后推手，打造了上百个成功旅游案例。

2. 关于本书

王志纲，丽江、成都、西安“找魂”历程的幕后推手，二十年来成功打造西双版纳、长白山等多个具有世界级影响力的旅游城市。书中首次披露这一历程的台前幕后，汇集上百个旅游项目策划实践总结，独家预测旅游产业未来的发展大趋势，字里行间将各地景点、民俗、文化娓娓道来，展示了深厚的文化功底。

3. 编辑推荐

王志纲二十年来上百个旅游项目策划实践总结，丽江、成都、西安“找魂”历程的幕后推手，旅游爱好者的导游手册，政府官员的操作指南，企业家的寻宝地图，封新城、秦朔、罗振宇、陈伟鸿、徐列联袂推荐。

4. 精彩书摘

未来社会最大的消费是什么？就是体验。体验者能够认这个账，愿意为琴棋书画，为诗酒田园，为文化底蕴买单，这就是新的时代，主体就是那些吃饱了撑着的人。有了这样的主体才会有相应的客体，它不再只是硬邦邦、冷冰冰的文化遗产，而是一切可以纳入体验并消费的产品。

5. 关于我们

这是一群热爱书籍的人，这是一支热爱工作更会玩耍的年轻团队，北京时代飞鹭文化传播有限公司隶属于海峡出版发行集团鹭江出版社，已出版图书：《人本教练模式》《抗癌：第一时间的抉择》《喵 2》等。

我们想要做什么。首先，我们想向大师致敬。20 年多来，王志纲及其团队策划知行合一，在旅游领域提出了系列影响深远的概念，策划了大量标杆性旅游案例，为中国旅游业做出了巨大贡献，因此，想借此书的出版，向王志纲老师致敬。

我们想让“玩的智慧”福泽更多人。本书将通过王志纲讲故事的形式，将一个大师级玩家对玩的理解和体悟娓娓道来，希望广大玩家从中受到启发，更会玩能玩。我们想让玩的产业更丰富多彩。我们希望不管是一位地方官员，还是想转型进入这个行业的企业，都能从这本凝结王志纲 20 多年来旅游策划心得的兵法秘籍中，感悟到极具价值的东西，打造出不负广大玩家厚望的作品。

为什么需要您的支持。玩家时代，是一个需要参与、需要互动、需要激情的时代，我们希望通过众筹活动，让大家参与到这个玩的过程中，传播玩的正能量，本次众筹所得资金将用于本书出版和相关推广活动，让“玩出来的产业”成为潮流。

我们的承诺与回报。通过支持，您将可以获得本次出版的图书，成为我们微信的重要客户，并有机会参加工作室举办的各种沙龙、大型研讨会以及战略培训等。

6. 项目回报

￥1￥5￥10 信件或贺卡。(0 人支持)

￥58 新书《玩出来的产业——王志纲谈旅游》，王志纲工作室 20 周年庆纪念版 1 本（该版本仅限为本次活动提供)。(189 人支持)

￥298 新书《玩出来的产业——王志纲谈旅游》，王志纲工作室 20 周年庆纪念版 5 本；王志纲工作室微信的高级会员，获得案例推送和问题咨询的机

会。(35 人支持)

￥522 新书《玩出来的产业——王志纲谈旅游》，王志纲工作室 20 周年庆纪念版 9 本；王志纲工作室微信的高级会员，获得案例推送和问题咨询的机会。(1 人支持)

￥870 新书《玩出来的产业——王志纲谈旅游》，王志纲工作室 20 周年庆纪念版 15 本；成为王志纲工作室微信的高级会员。(2 人支持)

￥1188 新书《玩出来的产业——王志纲谈旅游》，王志纲工作室 20 周年庆纪念版 20 本，其中 2 本签名版；王志纲工作室微信的高级会员；1 张工作室近两年举办的沙龙、研讨会入场票。(52 人支持)

￥5800 新书《玩出来的产业——王志纲谈旅游》，王志纲工作室 20 周年庆纪念版 100 本。(1 人支持)

￥6000 您将获得新书《玩出来的产业——王志纲谈旅游》，王志纲工作室 20 周年庆纪念版 50 本，其中签名版 3 本；王志纲工作室微信特级会员；3 张工作室近两年举办的沙龙、研讨会的入场票。(5 人支持)

￥15000 新书《玩出来的产业——王志纲谈旅游》，王志纲工作室 20 周年庆纪念版 100 本，其中签名版 5 本；王志纲工作室微信特级会员；3 张工作室近两年举办的沙龙、研讨会的入场票；1 次培训机会。(3 人支持)

￥30000 新书《玩出来的产业——王志纲谈旅游》，王志纲工作室 20 周年庆纪念版 300 本，其中签名版 10 本；王志纲工作室微信至尊会员；5 张工作室近两年举办的沙龙、研讨会入场票；1 次培训机会；参加新书首发仪式。(32 人支持)

￥58000 新书《玩出来的产业——王志纲谈旅游》，王志纲工作室 20 周年庆纪念版 1000 本。(1 人支持)

￥87000 新书《玩出来的产业——王志纲谈旅游》，王志纲工作室 20 周年庆纪念版 1500 本。(1 人支持)

7. 分析：众筹成功必须做到三点

众筹网的 COO 孙宏生曾分析过众筹网上大量成功案例，得出的结论是众筹成功必须做到以下三点：

其一，项目本身要有创意，内容质量要高，不要投机取巧，浑水摸鱼，因为众筹项目是完全公开、透明的，质量不高的项目很难得到投资者的支持。

其二，要把项目的理念、价值追求表达出来，大部分人支持的并不仅仅是众筹实物本身，更多的是项目背后的梦想、情怀以及对项目发起人价值观的认可。

其三，要学会通过社交网络做好社交传播，积累铁杆粉丝，互联网一个“千个铁杆粉丝”的理论，你的家人、朋友，还有你一些忠实的拥护者，这些资源对众筹成功是非常有帮助的。这个众筹网上筹集资金最多的项目“玩出来的产业——王志纲谈旅游”完全集合了这些经典元素：一个听上去很有意思的项目，一群狂热的追随者。单个投资者支持金额最低 58 元，已经超过了很多项目的最高支持额度，而最高达 87000 元，远远超过了很多项目的筹资总额。这也验证了众筹网出版合伙人黎耀辉在首届全球众筹峰会上发表的演讲，他认为适合众筹的产品有三类：明星类产品、具有增值服务类产品、符合细分市场的小众产品。他还表示，一个引人注目的众筹项目还需要一个小故事，一些情感诉求，如此方能调动支持者积极参与，其次就是要做好线下活动，引发粉丝效应。

另外，众筹上线周期以 30～45 天为宜，筹集时间太短，筹集难度更大，筹集太长的话，回报周期太久了，尤其是出版项目影响支持者的信任感。

第一，项目本身极具创意。旅游休闲是众筹出版项目的一大主题，但已发起的项目中多为个人游记或者旅游感悟类的小清新、小文艺作品，“玩出来的产业——王志纲谈旅游”同样是谈旅游，但是一改此前众筹网关于旅游项目的出版风格，从经济学角度切入，独具特色，加之生动的案例分析，使其可读性、学理性兼得，吸引了大量关注。

第二，项目属于明星类产品。王志纲毕业于兰州大学经济系，经历丰富，身份多重，是学者、媒体人、策划人、社会活动家。1982～1993 年先后从事过社会科学院经济理论研究、新华社记者，大型电视专题片的拍摄等工作，1994 年成为独立的策划人，1995 年成立王志纲工作室，任首席策划。截至 2015 年新浪微博拥有粉丝 13 万。由此可见，王志纲本身就拥有极大的影响力，有一大批追随者，这批追随者中不乏铁杆粉丝，因此，关于王志纲的项目一定会备受粉丝关注。

第三，项目回报价值较高。该项目回报共分为11档，除了第一档1～10元没有人支持，其他每一档都有支持者投资，并且其所设定的投资额也是众筹网中最高的，达87000元，单个支持者的投资额超过了很多项目的筹资总额，但是投资额不同，支持者将会收到图书，成为微信会员，参加沙龙、大型研讨会、战略普及班培训等不同的回报，这些回报都有较高的价值，也吸引了大量投资者花高价去投资，促进了项目的成功众筹。

（二）知乎网的“众筹”出版行为

筹资金。资金的筹集是“众筹”模式最初存在的意义，也是出版类目中运用较多的一种，即项目发起人估算出版一本图书所需资金，将金额分成不同的回报等级并面向公众筹集。出资越多的支持者得到的回报越大。网络社区问答平台“知乎网”《创业时，我们在知乎聊什么?》就属于资金“众筹”的典型案例。

在创意之初，《创业时，我们在知乎聊什么?》发起了一个“募1000位联合出版人”的“众筹”项目，每位联合出版人出资99元，“众筹”总额为9.9万元。每位联合出版人的回报是一本印有自己姓名的典藏版图书。根据“知乎网”的数据，该“众筹”项目在上线后15分钟内有5000人同时下单，迅速达成“众筹”目标。与这1000本特殊的专属图书不同，后续推出的版本为普通版本，定价为42.00元。

筹创意。一本图书诞生的起点就是创意，只有经历市场检验的创意才会产生强大的获利能力并赢取利润。不论是作者还是出版机构，期望在创意产生之初就能得到潜在读者的反馈意见，以估算图书未来的盈利能力。“众筹”网站就提供了这样的平台。作者可以在平台上阐述自己的写作意向，出版机构可以观察潜在读者的态度与购买倾向。

一个典型的案例是图书《小世界：温情爸爸的拍摄手记》。这本书的作者从女儿出生起连续为女儿拍了7年照片，留下许多图片和故事。但是出于对作者知名度的考虑，出版单位对这本书的盈利能力信心不足。该图书作为一个出版“众筹”项目于2013年上线以后，得到许多读者的认可与支持，最终得以出版并获得市场肯定。这种“众筹”实质上是在选题策划阶段测试市场的反应，为连接目标读者、制定销售策略找到参照点。“众筹”活动在创意产生之初发挥了市场调研的作用，使出版机构从前期投入少量“试验品”的阶段中预测潜在受众的态度，减少经营风险。

筹营销。在以用户生产内容为主要特征的Web2.0时代，出版机构亟须直接与终端读者对话，而“众筹”模式使之成为可能。“众筹”模式利用粉丝经济，在特定的“圈子”里进行人际传播，口口相传的力量通过互联网社区得以放大。

在图书问世之前，“众筹”中的“路演”阶段实质是图书预热的过程，即把产品或服务与潜在的终端消费者连接起来，通过持续地告知项目支持者关于图书出版的新进展，提高其卷入度和参与感。图书上市以后，当其产品生命走向成熟期，“众筹”见面会、个性化定制、培训与咨询、沙龙等形式，对进一步提升图书销量大有裨益。由乐嘉所著的《本色》一书，“众筹”的对象就是作者带来的一场同名演讲暨读者见面会。

（三）“飞行五号日志”

FlyingV是目前台湾地区最知名的众筹平台，中文名为“飞行五号日志”，创立于2012年，资助完成了500多件成功案例。FlyingV将自身定位于互联网的融资平台，它还具有市场调查、推广营销的功能。在出版方面，FlyingV平台已经助力一批青年作者筹集到了出版资金，帮助他们实现了出书之梦，一定程度上影响了出版的商业形态。

首先，制造话题，以公共事件吸引投资者众筹平台面对的受众不是职业化的、专业化的投资人，而是普普通通的网民，因此众筹平台上的很多文案不像是一项专业的融资方案，更像是带有公共性质的新闻事件，具有一定的趣味性和公益性。

2015年1月，“移民工文学奖”组委会发起了一项募资计划，旨在资助第一届、第二届“移民工文学奖”的获奖作品公开出版，这个活动本身就是一起独特的新闻事件，曾经引起台湾地区部分媒体的关注和报道。在提案中，组委会首先介绍了募资的缘由和目的。目前在台湾地区生活着近50万移民，他们有的务农，有的做渔民，有的做家政，有的在工厂打工……然而，无论工作多么低微，这些移民工却没有远离文学的滋养，依然拥有从事文学艺术创作的激情与能量。

“移民工文学奖”旨在为台湾移民工提供一个舞台，让他们能够面向更多的读者讲述自己的故事。作为一项公益活动，稿件征集完成后却缺乏后续的资金支持，为此组委会希望借助募资平台让获奖作品集得以出版，让这些移民工在台湾的生命经验能够载入历史；募资资金还将用于获奖人的影音制作环节和校园文学营的推广活动，产生进一步的传播效果，让更多的读者从多样化的文学体验中学习到尊重与关爱。

这个出版提案一出来就在台湾社会广受热议，并且成功在FlyingV平台上获得全部资金，选择“单纯赞助不需回馈”的赞助者占到了20%。《移民工文学奖作品集》的成功融资出版借助了新闻事件，通过有吸引力的话题引发大众的关注与参与，因而获得了广泛支持，一举成功。

其次，提倡回馈性，以优惠方式惠及支持者参与众筹活动的赞助者愿意赞助一些案例，是因为这些网友本身也喜欢创新的事物和概念。

如果提案者能够让赞助者参与整个案例的过程，并成为案例中的一部分，无疑将激发起赞助者们更多的热情。目前大多数的赞助者在赞助提案时都希望获得一定的报酬，无论是物质上还是其他形式的，因此通常附有回馈内容的提案都较容易成功。

绘本《狐狸与我——关于动物、关于生命的图文绘本》主要描绘了陪伴作者长达16年的小狗“狐狸”，它是作者成长中最好的动物朋友，然而“狐狸”的过世却让作者感受到了生命的无常，作者将他们相处中的故事付诸笔端，用于抒发内心的悲痛与思念。这本书得以成功获捐，不仅源于内容的别致，还在于提案者为赞助者提供了不同类型的回馈方案：

150元台币：单纯赞助，让书找到读者；

300元台币：作者亲笔谢卡一张；

600元台币：作者亲笔谢卡一张＋《狐狸与我》新书一册；

1000元台币：作者亲笔谢卡一张＋《狐狸与我》新书一册＋《永远的下一站》一册；

5000元台币（团体赞助方案）：作者创作心得分享会＋《狐狸与我》一册＋《永远的下一站》一册（附签名）＋亲笔谢卡一张。

蔡金宏在《群众募资的美丽与哀愁》一文中将众筹分为捐赠型、回馈型、借贷型和股权型四种类型，众筹出版一般主要侧重于回馈型。回馈型的众筹还包括一种特殊形式，就是预购型，这也意味着参与众筹出版的网友一般都是抱有获得产品的期待和动机来参与活动的，而在具体实践中若提案者能够超额地回馈给参与者以礼物与惊喜，无疑将会让投资者对未来的融资活动更有兴趣和热情。

再次，提炼故事性，以个人特质温暖参与者在后物质时代，人们对表意文化的消费越来越重视，这表现在赞助者有时不仅是在赞助一种实质性的物品，更是对一种人格化的精神表示嘉许，因此在众筹平台的活动中，提案人的个人特质极大地影响了提案的成功率。这也正如有些学者所看到的："在个性消费环境下，少数人对少数人的出版成为可能，读者面对的不再是冰冷的工业产品，而是一个富有充沛感情、充满想象力的交流对象。"

目前众筹网站的一个发展趋势就是具有故事性和主观性，更多的人开始透过募资平台讲述自己的故事和理念，并分享给每一个真正欣赏和理解的受众，以求一份情感上的共鸣，从而潜在地获得资金支持。

《徒步到拉萨》的作者齐孝昕是东海大学的一名毕业生，他是一个不满足于现状、想要探究外面世界的年轻人。在他看来，人类所处的世界有许多可能性，也有许多不同的故事，因此他对远方的世界充满了好奇与向往。有一天，小齐真的踏上了这样的旅程。在这段前往西藏的旅行中，他真正体验到了藏民的生活，体验到了藏民的精神，看到了他们生活中的艰辛，同时收获了感动与温暖。这一路上他曾多次受到他人的帮助，提供食物、住宿或搭便车等，这些都让他相信世界的友善，并且想要分享给更多的人听。

为此，小齐将自己的全部感受汇聚在《徒步到拉萨》一书中，他期望这本书能够作为徒步西藏者的入门指导。作者用他的坚持和真诚感动了许多赞助者，他的提案也顺利获资出版。

最后，坚持定制性，以专业内容聚集特别受众传统出版业面对的主要是大众化的用户，却忽略了一部分拥有特殊品位与兴趣的小众用户，针对这一利基市场，不少众筹网站资助的书籍和杂志从策划阶段开始就具有一定的针对性，主要为固定、专业化的阅读群和特定、小众化的读者提供创意内容，并根据流行风向和社会潮流随时转变出版风格。

类型杂志《秋刀鱼》的内容是介绍日本文化给台湾的相关爱好者，其之所以能超额获得资助，其一在于杂志本身具有明确的定位。编辑团队集结了台湾、日本两地专业写手，编辑并介绍日本的第一手信息，主题横跨生活、艺术、设计、历史、科技等多个方面，目标受众是日本旅行的游客、研究日本文化的学生、欣赏日本艺术的上班族，试图达到团队在创刊中所声称的“做一本连日本都好奇的杂志”。其二在于编辑团队坚持着独特的品位和理念。在细腻阅读渐渐被网络的快速取代、杂志慢慢转型成数字内容的今天，编辑团队希望透过纸本杂志的形式与读者接触，真正触动读者的灵魂，这也迎合了团队的另一个口号：“从台湾出发，让‘杂志’有更多想象，让‘纸本不死’。”杂志借由独特的内页、新奇的设计版型和变化多样的封面样式，为台湾的杂志圈注入了一股新的力量。

事实上，传统的出版商业模式正在板结化，层层垄断资源正在让出版业失去了原有的创意与活力，而众筹出版模式最大的意义就是对传统出版业形成挑战与颠覆，正如有的学者认为“相比与出版社合作，这种行为最大的特点是在很大程度上冲破了著作经纪人、出版社等传统资源垄断者构成的壁垒”，众筹出版提供了一种开放的形式，向更多独立、专业、小众化的作者提供了出版的可能性，也让更多优秀的作品可以和特定、局部、个性化的读者见面，间接刺激了传统出版业的转型与改变。

启示：以经验促发展。众筹本是一种有利的融资方式，但目前国内大陆地区的众筹网站过多地关注产品的营销功能和宣传机制，而不在产品的思想性、情感性和公益性上下功夫，同时也缺乏与受众的沟通，在发展中具有一定的壁垒，而在这方面，台湾的成功经验为我们提供了一些启示。

第一，创意先导，以新颖打动受众。台湾众筹网站的成功在于利用了互联网和 SNS 传播的特性，让小企业、艺术家或个人可以公开向公众展示他们的创意，争取大家的关注和支持，进而获得所需要的资金援助。在操作层面中，每一个众筹出版项目都需要设定明确的主题、目标金额及回馈项目，并运用影视和文案说明计划书来吸引群众的支持与赞助，在这一过程中，能让一个提案脱颖而出的往往是作品的创意和特别的气质。随着社会进入后物质时代，人们的投资习惯也在改变，仅仅追求资本收益的愿望正在降低，个体投资者更愿意扶持有创意性、故事性和新颖性的内容与产品，因此以创意为先导、以新颖为载体的作品更能打动网络投资者的心。

第二，情感渗透，以参与吸引受众。优秀的出版作品除了本身要具有精湛的艺术技巧和写作功底外，更重要的是作品能够散发无穷的精神魅力，作者要通过文字和图像真正打动读者，以情感唤起读者难得的生命体验，让读者领悟到这本书的价值与意义。因此在众筹出版中，如果作品的介绍能够渗透故事性与感染力，就可以最大限度地赢得网友的关注，以情感的机制获取资金上的帮助。提案者若能让受众在互动中产生强烈的参与感，带动其参与到给作品提意见、作品产制的流程中，容易使其对作品产生感情，从而推动众筹流程的良性运转。

第三，经营关系，以服务赢得受众。众筹的兴起，使得提案者不必再通过银行和政府等传统手段去融资，只要登入网络平台，按照特定的平台流程就可以完成计划书，从而以更多人的助力去完成特定的目标。有趣的是，参与众筹出版活动的融资人有着多重身份，他们不仅是作品的集资者，也是作品的消费者和读者，同时更是作品的口碑传播者，因此提案者需要更好地经营与受众的关系，真正以服务赢得市场关注、网民支持。

未来，对于众筹模式的研究，除了要关注新的技术、传播渠道和商业模式外，也应当注重新旧业态融合中体现的机会，以互联网的思维提升文化产业的核心竞争力。党的十八大报告中强调：促进文化和科技融合，发展新型文化业态，提高文化产业规模化、集约化、专业化水平。而众筹出版本身是文化产业新型业态的一种形式，它对出版业而言意味着变革，也意味着新的发展机遇。众筹出版为更多热爱文字与影像的草根作者提供了传播与出版他们作品的机会，让这些优秀的作品能够借由大众的力量公开出版，也让更多的读者感受到纸张的厚度、文字的深度和创意的温度。

第三节　国外众筹出版的案例分析

一、Inkshares

Inkshares作为国外优秀的图书众筹出版平台之一，通过对优质资源的全面整合，不仅为作者提供了全流程出版服务，还通过分区特色服务和利益共享机制实现各参与方的利益最大化。Inkshares的成功经验可以为我国传统出版业的数字化转型提供参考。

Inkshares：利润共享的专业性众筹出版平台。2013年4月，杰瑞米·汤姆斯、萨德·伍德曼、亚当·葛墨林和劳伦斯·列维茨基共同创办了专业性的众筹出版平台“Inkshares”。平台的logo是一个钢笔笔头，Inkshares直译过来是“墨水分享”的意思，体现了平台创办的理念，即一个将传统出版商和日渐兴旺的众筹融资模式相结合的平台。公司初创时采用的是股权众筹形式，即面向公众买卖图书的投资份额分享图书利润。然而，由于美国JOBS法案对公众小额集资相关法律并不完善，买卖股权的模式在实践中还是转向了奖励性众筹，这个方式相对来说更为保险。

在众多欧美众筹出版平台中，Inkshares凭借自身独特的经营模式，吸引了众多项目参与者。从成立至今，在Inkshares上众筹成功的共有154个图书项目。其中，已出版69本图书，有89本处于正在制作阶段。图书总订购量达到了181775份，作者版税总收入达到了620465美元。目前，平台上有7516个创意草稿以及253个正在发起的项目。

销量最好的一本书是 HERB：Mastering the Art of Cooking with Cannabis（《药草：掌握烹饪大麻的艺术》），此书讲解了关于大麻这个草药的烹饪方法，主题新颖又实用，截至目前已达到了 15690 本的销量。详细分析 Inkshares 平台的项目运作、特色服务和商业模式成功之道，对国内的众筹出版平台运营具有一定的借鉴意义。

第一，全面整合资源，提供图书全流程出版服务。Inkshares 强调在风险均摊、保证图书质量的同时，实现各方利益最大化。其最大的特色之一就是通过与第三方合作进行项目运作，将专业的编辑团队、成熟的市场营销合作方以及知名的分销商等出版环节的最优资源整合在一起，为平台项目提供全流程出版服务。

其一，为项目运作提供专业的编辑和设计团队服务。Inkshares 不仅拥有自己专业的编辑团队，同时还与得力助手制作公司（Girl Friday Production）、当纳利集团（RR Donnelley）等专业机构合作，为平台项目提供专业的出版服务。

得力助手制作公司是一个在线自助出版平台，为作者提供出版策略、主页和商标设计等服务；当纳利集团则是世界财富 500 强的综合性通信公司，为客户提供市场营销、企业通信、商业印刷等相关服务。

Inkshares 上众筹成功的书籍由得力助手制作公司提供专业的出版设计，当纳利集团负责图书印刷，以保障图书的出版质量。

其二，与知名图书分销商合作，确保图书销售渠道畅通。为了确保平台众筹出版图书销售渠道的畅通，扩大图书的发行量，Inkshares 与英格拉姆、亚马逊、巴诺书店、苹果等 249 家各类书商合作。在分销模式上，Inkshares 平台不仅可直接与书店进行交易，还可以以折扣价将电子书和纸质书批发给分销商，再由分销商分销给各独立书店。可以说，畅通的销售渠道为 Inkshares 的成功提供了保障。

其三，通过第三方平台为项目提供全程营销服务。Inkshares 主要通过第三方平台为项目提供全程营销服务，利用第三方平台影响力和自身平台资源来增加作者粉丝量，扩大作品知名度，进而提升图书销量。如果作者对合作方提供的营销活动方案不满意，可以随时撤回自己的作品。合作方通过与Inkshares上的优秀作品资源合作，可获得较高的版税收入。此外，Inkshares还可以利用社交媒体、电子邮件等为出版项目开展形式多样的营销活动。

第二，提供特色分区服务，增强用户黏性。Inkshares为参与者提供浏览区、竞赛单元区、第三方合集区和辛迪加社区四种特色分区服务，为潜在的项目参与者提供多样化选择的同时，通过社区互动增强用户黏性。不同特色分区将兴趣相同的作者和读者汇集在一起，通过社群营销不仅方便项目发起人更好地了解读者需求，还方便项目参与者找到自己心仪的作品。

在图书浏览区，读者可以自行挑选图书试读，以确定是否对项目进行投资。试读时，读者可以选中作品中的一部分进行评论、修正和点赞，作者可以针对这些留言进行互动，以增强用户黏性，激发粉丝经济。为了方便读者试读，浏览区将众筹图书项目划分为Inkshares读者推荐、Inkshares员工推荐、辛迪加社区推荐、项目筹集中、项目制作阶段、已出版项目、最近更新项目、草稿和创意点九大类，每个项目都会清楚地标明图书属于科幻小说、喜剧、悲剧、恐怖故事还是成人读物，以便于读者选择。在竞赛单元区，Inkshares以竞赛形式提升平台热度并挖掘更优秀作品。通常，在规定的一到两个月赛程内，排名前三或前五的获胜作品将得到平台的出版服务。由于项目投资者会持续关注并积极宣传自己支持的项目，因此胜出的作品会得到不错的销量。此外，Inkshares还会在所有参赛作品中选择三部优秀作品投放到第三方合集区平台，为这些作品提供编辑、设计、印刷、营销以及分销到独立书店的全流程出版服务。机会好的话，这些作品还有可能被改编成影视、数字产品和其他衍生作品等。

在第三方合集区，Inkshares致力于帮助那些拥有好作品但不擅长营销推广的作者推广作品。通常，Inkshares与已经有一定影响力的Nerdist、The Sword and Laser、Geek & Sundry等第三方平台合作，借助第三方平台的光环和成熟营销模式为作品吸引更多投资者。作者要加入第三方合集，需要由合集管理者邀请方可，且每本书只能加入一个合集。被邀请的作者可以选择是否接受邀请，如果作者接受邀请，其作品将会被放到合集页面进行推广。

同时，依据作者个人意志或者市场反馈，作者和合集管理者都可以随时将作品从合集里撤走。

在辛迪加社区，Inkshares 参照辛迪加运作模式，设立项目投资人俱乐部，利用社区意见领袖的影响力，帮助投资人挑选优秀项目。Inkshares 共设立了 14 个分类社区，每个辛迪加社区都可以设定为科幻小说、历史、喜剧、都市奇幻等特定主题。社区每个月选定一部作品进行统一运作，每个社区成员必须出资支持辛迪加选中的项目。当前，InksharesCEO 杰瑞米·汤姆斯设立的“CEO 辛迪加”、盖里·惠特设立的“游牧辛迪加”等名人辛迪加更受投资人欢迎，并取得了优异成绩。

第三，兼顾各参与方利益，力争实现共赢局面。Inkshares 在实现风险均摊的同时兼顾各参与方利益，力求实现共赢，调动各方的积极性。对项目投资人来说，平台以多样化和等级化的回报方式满足了不同的投资需求。

Inkshares 的投资回报分为三个等级，第一等级为 10 美元（最低筹资资金），项目成功后出资人可获得一本电子书，并且可以阅读作品草稿和更新内容。第二等级为 20 美元，项目成功后筹资人可获得一本电子书和一本有作者签名的平装书，同样可以阅读作品草稿和更新。第三等级为 60 美元，项目成功后除了资助者姓名会被印在作品最后外，还可以享受 20 美元等级的全部回报。

作者、平台、第三方以及书商等也能在合作中获得利益平衡和最大化。对作者而言，在扣除相关成本之后，作者和平台共享净收益，作者可获得高达 35%的净收益。合集中的第三方可以参与项目的利益分享。

通常，合集项目成功出版后，第三方可以获得总收入的 20%，作者获得总收入的 30%，Inkshares 获得总收入的 50%。以售价为 10 美元的电子书为例，如果通过 Inkshares 平台分销，在扣除 5%的支付手续费后，作者可以得到销售净收入的 35%（3.325 美元）。如果通过网络分销商分销，在扣除支付给经销商 6%的费用和 5% 支付手续费后，作者仍可以获得净收入的 35%（3.115 美元）。

由于纸质书在出版和销售过程中需要支付印刷成本和邮寄费用，因此其利益相关方的收入分成模式与电子书不同。通过 Inkshares 平台销售纸质书，在扣除 15% 左右的印刷成本、5%的支付手续费以及数额不等的邮费后（平台提供包邮促销时免费），作者分享 35%的净收入。通过批发商分销，在扣除 15% 左右的印刷成本、5%的支付手续费以及数额不等的邮费后，还需要多扣除支付给批发商 20%的分销和储存费用，作者再分享 35%的净收入。

最后，基于社交网络的互动与营销。出资人除了直接在 Inkshares 上参与项目之外，还分别通过媒体报道、Twitter、Facebook、Google、Email、Producthunt、Reddit、Goodreads 和 LinkedIn 来关注和支持 Inkshares 上的众筹出版项目。

这些渠道几乎都是互联网社交平台，Twitter 是时下最火的微博客平台，人们在此发送不超过 140 个字符的消息进行信息传递。Facebook 则是通过发送图片、视频和链接等多媒体形式的信息与自己的朋友圈保持社交联络的平台。LinkedIn 是世界上最受欢迎的职场类人士进行信息分享和互动的平台。Reddit、Product 以及 Goodreads 等则是互联网用户们关注娱乐、流行文化、各类新闻，发现新媒体作品以及出版物作品的社交平台。

可以看出，用户参与通道非常多样化，Inkshares 通过各大社交媒介将流量引入自己的平台上，利用社交化特性吸引有兴趣的粉丝，并在此基础上对作品进行营销和推广。

总体来说，作为一家提供全程出版和“轻出版”服务平台（达到 250 份预购量可获得编辑排版、出版电子书服务），Inkshares 除了将众筹出版与自助出版相结合满足了不同的出版需求外，还通过与优秀的第三方合作提高其出版全流程服务质量。

也就是说，Inkshares 不仅是一个有技术支撑的出版商，更是一个快速、高效运作的出版管理公司。Inkshares 通过对优质资源的高效整合，使其在担负起传统出版商角色功能的同时，有效管理、协调各参与方，通过“合作共享、正和博弈”实现参与者的利益最大化。

二、Pentian

Pentian：实现共赢的众筹出版平台，比较有影响力的众筹出版平台包括

Unbound、Ten Pages、Unglue.it 等，其中 Pentian 凭借独特的盈利模式，悄然变革着出版产业。它在 2004 年成立之初还只是西班牙的一家传统出版商，但是随着数字图书的爆炸性增长，Pentian 尝试打破传统出版流程，开始拓展自助出版业务，且将集资层巧妙地引入自助出版流程之中。从某种意义上讲，Pentian 是自助出版与众筹相结合的综合型平台，探索其商业模式、运营流程、实践情况等，对众筹出版的发展大有裨益。

（一）严格把控筹资时间与金额

众筹的原则之一是筹资项目必须在发起人预设的时间内达到或超过目标金额。一般 Pentian 只给出资者 60 天的投资时间，如果有人想要加入项目投资，他们必须立刻行动，否则将错失良机。从某种程度上而言，这巧妙地缩短了集资时间，提高了集资效率。如果在规定的时间里没有完成集资，那就表明这本书没有足够的市场需求，项目集资人就可以适时调整项目或者放弃筹资机会。让众筹做市场需求的晴雨表，不失为一种明智之举。

许多筹资平台如 Kickstarter 会筹集比目标金额更多的资金，而 Pentian 反其道而行之：设置募资金额的最高额度，当筹集的资金足以出版一本书时，Pentian 会关闭集资渠道，限制众筹资金的金额，然后将注意力转向图书出版流程。精打细算、严控资金，一方面能够避免资金浪费，合理利用每一笔筹资费用来运作图书出版，从而保证交易顺利和取得成功；另一方面可以加快资金周转速度，增加项目量，扩大运营规模。

（二）启动利润共享模式

传统的自助出版，作者是图书营销措施的主要执行者，他们会利用社交网站为其新书做宣传推广，可想而知，效果会大打折扣。如今，Pentian 对外承诺投资人可以与作者共同分享众筹图书的利润。因此，如果一本书拥有 50 位投资人，那么作者与这 50 人就是项目带头人；在图书出版之后，他们会利用各种渠道，采取多种营销措施，为这本书的成功出版做出努力。通过 Pentian 集资而成功出版的图书，离不开作者与出资者的共同努力。共担风险的模式将作者、出资人、筹资平台纳入了利益共同体。

这一模式运营主要包括三个流程：一是在 Pentian 平台上展示作者的项目，为筹资者做宣传；二是读者在平台上发出投资承诺；三是当书销售完之后，投资者拥有 3 年抽取 50% 版税的许可权，作者获得 40%的版税，Pentian 收取版税的 10% 作为运营管理费。

Pentian 创始人之一恩里克·帕里拉（Enrique P arrilla）在美国书展（Book Exposition of American，BEA）上接受采访时说："我们最初的目标只是想给作者提供一个集资平台，让他们顺利出版图书。可如今我们立足于平衡作者与投资者之间的利益，使二者实现共赢。"每一个人都有机会成为出版者，作者与出资者站在同一战线——这促使很多作者开始尝试这样一种有趣的商业模式。Pentian 在西班牙运营的最初 6 个月里，西班牙语国家 6%的自助出版作品都在该平台上运作成功了，因而在这些国家的图书市场上产生了很大影响。2014 年"数字图书世界（Digital Book World，DBW）大会"一项关于作者的调查报告显示：无论是选择传统出版商还是自助出版平台出版图书的作者，都不满意最终的出版结果。Pentian 的运营活力，源于它内在的机制驱动了利益链条上主体参与者的积极性。

以《网络战争》(Cyberwar）为例，该书在 Pentian 平台上成功筹资 4200 美元。2014 年 5 月，Pentian 将自助出版众筹模式延伸至美国，理查德·约瑟夫·赫尼克（R. J. Huneke）是使用 Pentian 的第一位美国自助出版作者。"我用一年时间创作完成了《Cyberwar》，当我将稿件投到各大出版社时，得到的结果只有一个——没有一家出版社愿意为我的新作冒险，"赫尼克说，"当我发现 Pentian 平台时，就像抓到了一根救命稻草一样。最终结果没有让我失望。Pentian 完全超出我的想象，与他们合作我感到很满意。"

（三）打造核心竞争力

众筹浪潮袭来，很多筹资平台如雨后春笋般出现。如何打造核心竞争力，在诸多竞争者中脱颖而出，成为筹资网站比较关心的问题。为普通投资者与自助出版作者提供专业服务，针对目标群体实行差异化策略是 Pentian 打造核心竞争力的制胜法宝。

2014年初，由荷兰女出版人瓦伦丁·范·德尔·兰德（Valentine van der Lande）于2012年2月创建的众筹出版平台十页（Ten Pages）倒闭了。这个曾经盛极一时的平台失败的关键原因在于缺乏对内容的质量监控。这无疑对Pentian敲响了警钟。因此，它深耕出版领域，一直很重视图书出版质量的控制，在图书选题、平台集资、图书营销等各个流程扮演着把关人的角色。

此外，Pentian将自己定位为作者与读者之间联系的纽带，注重培养与二者的友谊，三方牢固的互助合作关系逐渐形成。

首先，Pentian运作的图书有纸质版与电子版两种出版形态，这不仅满足了不同读者的需求，让读者充分享有自主选择权，还会促进市场份额的增加。

其次，Pentian充分保障作者的著作权，它只拥有图书的第一连载权，作者享有影视改编权、图书俱乐部权等其他所有权利。

在项目的具体操作实践中，Pentian会真诚地与作者沟通交流，哪怕是图书封面设计用哪种字体、字号等问题，也会与作者进行探讨。在运作《Cyberwar》时，帕里拉为了帮助作者获得资金，想出了一个极好的策略：出资超过300美元的投资人，作者可以将其名字写进小说。

Pentian有意识地培养、关心、帮助作者，这既有利于提高作者的业务水平和写作能力，也有利于增进Pentian与作者之间的了解，促进双方的进一步合作，从而稳定作者群。“我们总会一直帮助你。”这句话表现了Pentian对作者的忠诚态度，也为其后续阶段成长打下了坚实的基础。

为了促进众筹出版图书的销售，Pentian将传统的营销渠道与网络渠道相结合，实现了立体式营销。首先，为了拓宽图书营销渠道，Pentian不仅在平台页面上主动链接亚马逊（Amazon）、巴诺（Barnes & Noble）、苹果（Apple）、Kobo和谷歌（Google）等美国重要图书销售平台，还和拉美、西班牙市场的批发商进行深度合作。其次，Pentian利用社交媒体实现了互动营销。由于众筹是为了迎合小众投资者，所以Pentian十分注重在脸书（Facebook）、推特（Twitter）等社交媒体上发布众筹消息。Pentian专门开辟的博客专栏，为公众提供了诸多众筹资讯，以此吸引用户参与评论，增强用户黏性。

目前，Pentian 运作的西班牙语书籍居多，只有小部分是英语书籍。Pentian在 2014 年美国书展上承诺要为更多美国自助出版作者服务，扩大在英语图书市场的份额，表明了它想要发展壮大的决心。Pentian 顺应时代潮流，结合自身优势，以高瞻远瞩的姿态走向更广阔的市场，以掌握市场主动权。它是否会拥有一个美好的未来，我们拭目以待。

三、Kickstarter

随着数字革命的步伐加快，作者和出版商的压力与日俱增。但作者、杂志和独立出版商正开始迅速应对线上世界带来的挑战——他们开始走向网络，通过 Kistarer 等众筹网站直接接触读者。

Kickstarter 成立于 2009 年，迄今为止，该网站出版类项目已筹到 7000 万美元。最近几年，图书类项目成功率已经翻了两倍多：2011 年众筹成功的项目为 735 项，到 2014 年则为 2064 项，根据 Kickstarter 出版扩展业务负责人玛戈特·阿特雏尔的说法，用户们对具有创新性的项目反馈良好，例如“微型免费图书馆”倡议，或者是追随米开朗基罗的脚步探索佛罗伦萨的 AFP。“除了做书、卖书，这也是一种实践新想法的方式。这些平台使出版商能够跨越创作者和读者之间的层层壁垒，直接与粉丝建立联系。”

由于用户以及他们的资金在每个项目的成败中扮演着关键角色，因此 Kickstarter 不可能会发展成为出版集团的市场工具。

四、其他相关案例

英国《卫报》的这篇文章最近总结了十个优秀的图书众筹案例。

(一)《堂·吉诃德》400 周年纪念绘本 Restless books

一家新的世界文学独立出版商，希望筹资以绘本的形式出版塞万提斯的经典著作，插图由艺术家埃科绘制，同时配制一系列视频讲座（该讲座由伊兰·史塔凡斯主持，后者是人文教授兼出版社社长）以及出版社图书的在线读书讨论会。

【目标：2万美元；状态：开放】

（二）追随米开朗基罗的脚步探索佛罗伦萨的互动APP

通过推出“时间旅行者的旅行和故事”，这款互动APP让用户能够跟随米开朗基罗曾经工作和生活的街道和地点，更加深入地了解佛罗伦萨。

【目标：4万美元；状态：开放】

（三）在世界范围内推广“微型免费图书馆”

“微型免费图书馆”由威斯康星州的一位教师发起，最初是一款弹窗图书馆。在过去五年中，该项目已经在全世界建立了25000多家迷你图书馆。他们发起众筹，希望再建立100多家图书馆，并为教师和社区创造更多资源，“这样，就不会有人生活在没有图书的世界了”。几周以前，他们实现了目标。

【目标：5万美元；状态：筹资成功】

（四）关于黑猫的自出版绘本

众所周知，黑猫——如果说它们很可爱——是非常难以拍摄的，同时也很难被准确地画下来。插画师彼得·阿克尔和作者安妮·戈德瓦瑟在设计他们的圣诞卡片时意识到了这一点。他们的手绘、手书作品——《所有的黑猫都不一样》（All Black Cats are not alike），用手绘的方式展现了50只不同的黑猫。这本书已经实现了其筹资目标——筹资人的权利是可以决定50只黑猫中的48只（作者和插画师选择的2只是不可替换的）。

【目标：2.8万美元；状态：筹资成功】

（五）沿着比尔·布莱森在《小不列颠札记》中的路线游览英国

旅行笔记在《小不列颠札记》出版20周年之际，作家本·艾特肯追寻比尔的足迹游览英国，他在旅途中一直坚持写日记，记录了英国的变化。

【目标：8000美元；状态：筹资成功】

（六）渔夫渔妇的歌谣和散文集

七卷本的《深海停泊》（anchored in Deep Water）在筹集到一万多美元以后成功出版。

作品包括由渔夫渔妇们创作的歌谣和散文。

【目标：一万美元；状态：筹资成功】

（七）只向在线赞助人开放的《领导人指南》

这是一个（已在传统出版社出版作品的）作者转向 Kickstarter 的案例，同时也是目前为止该平台上筹资最多的图书项目。这本书只针对项目赞助人开放，筹集了 50 万美元的资金，这是一次有趣的出版实验。

【目标：13.5 万美元；状态：筹资成功】

（八）Mcsweeney：新书、新杂志以及其他各种创意

独立出版社和杂志 Mcsweeney's 为“一波新项目”向其粉丝发起筹资，这些项目有制作《信仰者》（The Beliver）等杂志，制作《风琴演奏者》（The Organist）一类的博客，乃至出版《用嘴做的事》（That Thing you Do with Your Month）等图书。该项目为赞助人准备了印有漫画字体的感谢信，以及由 Paul madonna 独家绘制的旧金山海报，最后成功在截止日期前实现目标。

【目标：1.5 万美元；状态：开放】

（九）未来编年史：时间旅行杂志

这本新的德语杂志关注随着时间流逝而发生的社会变革，第一期就将互联网作为主题。因此，读者可以跟随杂志追溯早期的数字时代，然后跳跃到对 2096 年的网络想象之中。该杂志每一期都会以一个新的概念为主体，很有吸引力。

【目标：3 万欧元；状态：开放】

（十）复活电视节目“阅读彩虹”

“阅读彩虹”是1983～2006年播放的一款深受观众喜爱的美国电视节目，它培养孩子们的阅读技巧和态度。节目主持人勒瓦尔·布尔顿在网上发起了“复活”该节目的倡议。该节目筹集到500万美元资金，并在其新网站上播出。

【目标：100万美元；状态：筹资成功】

因此，跨界融合是未来的发展趋势。随着互联网的不断普及，互联网逐渐成为人们生活、工作中密不可缺的一部分，各行业之间的界限越来越模糊，跨界融合是未来的发展趋势。国务院在2014年颁布的《国务院关于推进文化创意和设计服务与相关产业融合发展的若干意见》中指出：“推进文化创意和设计服务等新型、高端服务业发展，促进与实体经济深度融合，是培育国民经济新的增长点、提升国家文化软实力和产业竞争力的重大举措。”出版业具有较强的渗透性，可以与各种行业产生关联。

出版物是知识传播的载体，行业相关知识的大量传播能在一定程度上促进该行业的发展。众筹的快速发展是金融业与互联网行业融合的结果，具有高度开放的特点，发起众筹出版项目是出版行业与其他行业进行融合协作的一种很好的方式。

从很多已经成功的众筹出版项目中可以看到，出版业与其他行业之间的融合与协作变得越来越深入。企业发起以自己经营业务为主题的众筹出版项目，不仅可以推销企业产品，还可以助力企业品牌的构建与营销。《初中物理力学全能突破秘籍》的众筹即众筹出版与教育培训行业的融合与互助，项目支持者不仅可以获得图书，还可以获得好未来的其他附加条件，例如在线教学课程、名师辅导等。通过众筹的方式，好未来既能筹集到图书出版的成本，还能同时招揽学员，推销网上课程。

借助众筹模式，食品制造业也能与出版行业很好地融合。例如海太制果发起的《从Fad到Fashion：蜂蜜黄油薯片的秘密》的众筹，项目以如何将蜂蜜黄油薯片打造为受欢迎的网红食品为噱头，试图将企业产品的热卖打造为一个经典的产品营销案例进行研究，进一步推广蜂蜜黄油薯片。

同时，海太制果还在奖励设置中附加了薯片和商品代金券，直接促进了薯片的销售。跨行业融合的众筹出版案例比较多，其中也不乏出版与科技、农业等其他行业融合的案例。

企业可以从其他行业进入出版业，借由众筹模式，出版企业也可以将业务范围对外延伸。出版企业可以逐步由内容提供商向内容服务提供商转型，例如教育出版机构可以开展众筹出版项目，作为进入教育服务领域的尝试。尤其对知名教育出版机构来说，可以凭借其强大的品牌知名度，将教育出版物与其他增值服务打包预售，例如将外文阅读丛书与线上或线下阅读交流课结合，来试验市场反应。

同时，众筹出版项目想要成功，一定要抓住大众的眼球，而单一的产品模式缺乏足够的吸引力。将出版业与科技、教育等其他行业融合，在提供出版物的同时，提供其他增值服务供支持者选择，为其带来不同层次的服务，不仅能创造更高的商业价值，还能够提高众筹项目的成功率。在未来的众筹项目中，行业间的融合一定会更加深入。

那么，面对诸多问题，借鉴有益经验，众筹模式在国内出版社发展方向上应解决思想、组织、内容、方式等方面的问题。

思想上要保持开放。店面、集市等传统的交易入口是靠流量和性价比博得销售额，但人格化的交易入口正在崛起。互联网让交易变得便捷，流量绝不限于一城一池，而是有网络的地方都可能存在需求。合作可以将散落在用户间的细微需求、兴趣汇聚起来，提供更好的服务。

组织上要保持高效。一个图书众筹项目的完成，应该以诚信为第一原则，保证公开透明。项目应具有高效的内部运行模式，既能开展科学评估、设计合理计划、推动项目实施，又能与出版社、印刷商保持长期友好合作关系，确保能在承诺时间内完成项目，并完成图书的发行和寄送。

内容上要保持精确。从过程、步骤、理念和商业运营模式，都要冷静分析和独立思考。从专业的角度对设计、选材、排版、装帧、印刷、检查产品漏洞、产品体验度等程序和内容严格把关，保证质量，提高图书体验的满意度。用户可以自主选择、了解、接触信息，杜绝“机器语言”。准确有效的信息可以带来高质量的转发、互动的口碑，吸引用户参与众筹、吸引目标用户群等。

方式上要保持多样。在线教育被很多人视为“互联网”创业热潮中的下一个风口，越来越多的老师和创业者选择在线教育创业。在线课程开发，线下分享总结，图书出版发行，众筹发起实现，每一个点每一个平台都是一个入口，应串联并共同推进国内出版行业的发展，构建新的发展格局。图书的本质是教育，不管是传统出版行业还是众筹模式出版，都要回到教育本身的规律，为用户提供有价值的内容。能准确导入流量（客户），最好是比较中性的平台这一点在互联网导购传播中是相当重要的。

互联网时代，众筹模式在国内出版行业依托众筹平台，促进国内出版行业简单、便捷、平等、高效地发展。面对愈加激烈的市场竞争，关键是要坚持理念创新、手段创新，从思想上保持开放，从组织上保持高效，顺应时代发展潮流，努力克服面临的困难和问题，发行真正有营养、高质量的图书，更快地推动国内图书市场的发展，实现精神文化与物质文明协同发展的最大效益。

第四章 CHAPTER FOUR

众筹出版发展存在的问题与策略

第一节　我国众筹出版的量化研究

2015年5月，中国台北的张佑和贵州的蔡啸在北京创建了最早的众筹平台“点名时间”，它是第一个成立并且至今正常运营的众筹平台。从2012年，各大众筹平台争相上线，但是在众多众筹平台中，仅有众筹网、青橘众筹、京东众筹、淘宝众、追梦网等几个平台有书籍出版的设置，其他众多的众筹平台并无出版板块的设置。由此可见，传统出版的进行数字转型的众筹出版的尝试才刚刚拉开序幕。

2015年初，王留全、陈序两人联合创立了主打社交出版的“赞赏”，“赞赏”的成立肩负着两个合作人的一个伟大的理想，那就是让中国每一个写作的人都能挣到钱，赞赏成立后在其APP的测试阶段，试运行的一些书目，在短时期内得到了较高的赞赏额度，特别是范卫峰的《新媒体十讲》在上线的24小时内获得了高达12万元的赞赏额，这个数据使业界人士广为震惊，因而引发了作者、读者、出版商的极大关注。之后不久，“赞赏”便获得了IDGD的A轮将近900万元的融资。“赞赏”初上线的成功，引发了专业众筹出版平台的产生，亿书客便是其中之一，2015年5月立足于服务作者、读者、出版社的亿书客成立，它是将互联网与出版垂直地联系起来，目的在于给作者、读者、出版商提供一个互通有无的平台，为项目的发起者提供众筹、出版、销售的一条龙综合服务。亿书客以各大媒体为载体进行书目宣传，以众筹的方式帮助书目进行预售来获得出版经费，并且可以以预售的情况作为出版的参考，亿书客能够将优秀的作者和爱书的读者联系起来实现共同出书的愿望，所以，亿书客也得到了广大网友的支持而获得初步成功。紧接着，另外一个类似的网站“书易网”也出现在大众视野，书易网是北京大容文化发展有限公司创办的专注于O2O模式的垂直化的众筹出版平台，书易网为作者开出了天价稿费，为读者提供零元购书服务，为更多的想出书的作者和想读书的读者构建了一个更加完善的能够零障碍沟通的并且具有共赢属性的超级生态系统，也为出版商提供能够降低出版风险的策划咨询服务，最终为所有的用户提供真切的实惠与便利，让所有参与的人都能受益。

截至2016年年初，调查到的众筹平台大约有300家，而这其中的一大部分都是股权众筹平台，股权众筹平台中的众筹出版项目又多为奖励型众筹，包括上面举出的赞赏、京东众筹、众筹网都有奖励型的众筹项目，因为它们大多数都是综合性众筹平台，所以它们除了众筹出版项目还有其他的众筹项目。而专业性的众筹平台，目前能够查询得到的也就有亿书客和四十大盗两家，其规模相对较小，项目也比较单一。但是无论是综合型的众筹平台还是专业型的众筹平台，只要能够为众筹出版出力，便能获得不同程度的发展与壮大。众筹出版的出现以及发展是新的商业模式在垂直细分领域探索的一大进步。其中，众筹网是传统综合类回报平台的出版模块，京东众筹是电商型众筹平台的出版模块，赞赏和亿书客分别是社交型众筹出版平台和垂直型众筹出版平台。它们基本代表了我国目前众筹出版的整体现状。这里，就以众筹网、京东众筹、淘宝众筹、追梦网、青橘众筹、赞赏、亿书客为实际案例进行量化分析。

一、众筹出版项目的数量分析

截至2016年中期，我国主要的几个众筹出版平台上线项目1000个左右，其中众筹网出版平台上线558个众筹出版项目，京东众筹出版平台上线171个众筹出版项目，淘宝众筹出版平台上线32个众筹出版项目，追梦网众筹平台上线68个众筹出版项目，青橘众筹出版平台上线44个众筹出版项目，亿书客众筹出版平台上线12个众筹出版项目，赞赏众筹出版平台上线139个众筹出版项目。其中众筹网出版项目成功502个，成功率约为90%，京东众筹出版项目成功78个项目，成功率约为46%，淘宝众筹出版项目成功17个，成功率约为53%，追梦网众筹出版项目成功31个，成功率约为45%，青橘众筹出版项目成功12个，成功率约为27%，亿书客众筹出版项目成功3个，成功率约为25%，赞赏众筹出版项目成功59个，成功率约为42%。

根据各众筹平台出版项目的上线数量以及成功数量，我们可以看出，成立较早并且知名度比较高的众筹网出版平台的出版项目上线率以及成功率遥遥领先，说明众筹网已经有比较成熟的经营手段与模式。亿书客作为专业的众筹出版平台，其出版项目的上线率以及成功率相对比较低，而青橘众筹的出版项目的上线率以及成功率位居倒数第二。由此来看，专业型的众筹出版平台在与综合型的众筹平台在经营营销过程中并不占据优势，不过综合来看，我国的众筹出版还是以传统综合类回报平台为基础，以社交型众筹平台和电商型众筹平台为重要助力，在此基础上共同迅速发展，所以京东众筹、淘宝众筹、追梦网众筹借助众筹出版的风浪还是有很大发展潜力的。

二、众筹出版项目的内容分析

为了更加清晰地分析众筹出版的项目内容，根据各大众筹平台的项目主题进行整合梳理发现，大多数项目平台出版的图书类别分别是：人文社科、文学艺术、经济管理、摄影杂志、动漫绘本、时尚旅游、教育培训、生活休闲、互联网、科技沙龙、医学科普、学术会议等。

其中，众筹网经济管理类书籍将近170项，占总出版数量的30%左右；生活休闲类书籍将近109项，占总出版数量的20%左右；人文社科类书籍将近85项，占总出版数量的15%左右；文学艺术类书籍将近97项，占总出版数量的18%左右，剩下的17%的比例分别是摄影杂志、动漫绘本、时尚旅游、教育培训等书籍类型。

京东众筹经济管理类书籍将近35项，占总出版数量的20%左右；休闲生活类书籍将近52项，占总出版数量的30%左右；文学艺术类书籍将近28项，占总出版数量的16%左右；教育培训类书籍将近22项，占总出版数量的13%左右；人文社科类书籍将近11项，占总出版数量的6%左右，剩下15%的比例分别是医学科普、科技沙龙等书籍类型。

赞赏众筹所有项目中，经济管理类书籍将近44项，占总出版数量的31%左右；文学艺术类书籍将近36项，占总出版数量的26%左右；休闲生活类书籍将近32项，占总出版数量的23%左右；人文社科类书籍将近17项，占总出版数量的12%左右，而剩下的8%则为教育培训、科普类书籍。

亿书客众筹所有项目中，经济管理、人文社科、休闲生活、学术各有1项，教育类却有8项，占总出版数量的66%左右，由此来看，亿书客的出版项目更多地偏向于教育，并且在后来的发展中，教育类书籍所占的比例更加高，这也很有可能是亿书客以后发展中专业做精做细能够做出特色的项目。

淘宝众筹，前后上线了32个项目，其中，经济管理类书籍10项，占总出版数量的31%左右；休闲生活类书籍5项，占总出版数量的15%左右；文学艺术类书籍有7项，占总出版数量的21%左右；动漫绘本10项，占总出版数量的31%左右，剩下2%则是其他书籍类型，所占比例相对较低。

青橘众筹所有的出版项目中，经济管理类书籍只有1项，占总出版数量的2%左右；休闲生活类书籍有4项，占总出版数量的9%左右；文学艺术类书籍将近29项，占总出版数量的66%左右；动漫绘本类书籍有5项，占总出版数量的2.2%左右；少儿教育类书籍将近5项，所占比例与动漫类书籍相近，都是2.2%左右；而剩下18%的比例，则是其他众多的书籍种类。

追梦网的所有出版项目中，经济管理类书籍只有1项，所占比例是1.47%，比例比较少；但是文学艺术类书籍有29项，占总出版数量的42.64%，在追梦网的所有出版项目中是比例最高的书籍项目；而动漫绘本次之，有14项，占出版项目的20%左右；排名第三的是休闲生活类书籍，共有11项，占总出版数量的16%左右；那么，剩下20%的比例，则被人文社科、摄影杂志、时尚旅游、教育培训、互联网、科技沙龙、医学科普、学术会议所分配占领。

根据以上数据，我们可以得出结论，众筹网、赞赏、淘宝众筹中经管类书籍所占的比例都是最高的，虽然京东众筹中经营管理类的书籍比例也不低，但是并没有超过生活休闲类书籍所占的比例，也许是因为京东电商，京东商城中所卖物品也多为生活用品。京东众筹的出版项目也是比较偏向于生活休闲类项目的，而且，其他众筹平台中，生活休闲类书籍所占的比例虽然不是最高的，但也都位列前三，可见，众筹出版是来源于生活又高于生活、服务于生活的。再看数据，很多众筹平台教育类书籍的出版项目并不多，像众筹网、赞赏、淘宝、追梦网，几乎都没有教育类书籍的出版项目，即使有也是非常小的一部分，但是亿书客却有66%的比例都是教育类书籍的出版项目，京东众筹也有13%的书籍出版项目，青橘众筹也有2.2%的书籍出版项目。除了经济管理类书籍出版项目和生活休闲类书籍出版项目，剩下的出版项目中，文学艺术算得上重量比例级别出版项目了，青橘众筹的文学艺术类书籍出版项目占到了总出版项目的66%，而生活休闲类书籍出版项目则占了9%，其他种类的书籍项目则更少，由此来看，青橘众筹上线项目的侧重点放在了文学艺术上。除了青橘众筹的上线项目重点放在了文学艺术上，追梦网上线的项目中，文学艺术类书籍出版项目也占到了追梦网总项目的42.6%，项目比例紧随青橘众筹之后，由此可以猜测，在文学艺术类书籍出版发展的路上，追梦网是青橘众筹最强劲的竞争对手。最后不得不提的是人文社科类书籍出版项目，人文社科比例较大的众筹平台是众筹网，比例是15%；其次是赞赏众筹，比例是12%；最后是京东众筹，比例只有6%，而且各大众筹平台中，比例都不是太高，由此来看，人文社科并不是众筹平台重点发展上线的项目，但相较于动漫绘本、摄影杂志、时尚旅游、互联网、科技沙龙、医学科普、学术会议的比例，人文社科已经是相当重要的发展项目了。

三、众筹出版项目的筹资情况分析

众所周知，众筹项目人发起众筹出版的目的有三个：一是为了解决传统出版的资金问题，有些作者有足够的能力创作一本书，但是并没有足够的经济能力去出版这本书，如果发起众筹，就有可能解决出书的资金难题；二是为了确定该书的市场认可度，让作者以及出版商在正式出书之前就能把握市场对此书的认可度，进而更加合理地做出是否出版此书或者出版多少的决策；三是为即将问世的书进行预热，先让大众对该书有一定的认知了解，在此基础上，对大众进行消费的引导，进而打下市场基础。所以，众筹的目的要么是解决缺钱的问题，要么就是更好地挣钱，归根结底是钱。所以，每个参与众筹的出版项目在最初上线的时候都会定制一个众筹目标金额，这些众筹的金额目标，高的多达几百万，低的只有几百元，无论目标金额多与少，众筹项目结束的时候都会有一个金额完成度来判断此次众筹的成败。现在就以众筹网、追梦网、青橘众筹、淘宝众筹为例分析一下出版项目的筹资情况。

有数据显示，众筹网的拟总筹资金额在 1693.06 万元左右，最终筹集金额在 1970.32 万元左右，募资成功率高达 116.38％，单个项目实际募资均值 3.87 万元左右，单个项目募资最高值 127.12 万元左右；追梦网的拟总筹资金额在 197.18 万元左右，最终筹集金额 138.71 万元左右，募资成功率达 70.35％左右，单个项目实际募资均值 2.5 万元左右，单个项目募资最高值 37.5 万元左右；青橘众筹的拟总筹资金额在 177.7 万元左右，最终筹集金额 113.5 万元左右，募资成功率达 63.88％左右，单个项目实际募资均值 2.58 万元左右，单个项目募资最高值 36.22 万元左右；淘宝众筹的拟总筹资金额在 128.75 万元左右，最终筹集金额 178.30 万元左右，募资成功率达 138.49％左右，单个项目实际募资均值 9.38 万元左右，单个项目募资最高值 31.47 万元左右。因为众筹平台允许超额募资，因此项目实际募资额可能超过拟募资额，所以募资成功率可以高于 100％。从以上数据来看，众筹出版项目的募资情况良好，大多数募资项目都能够达到自己的预期值。

从项目募资的总金额来看，众筹网的拟募资金额最高，而且实际情况中，达到的募资金额也最高，已经接近 2000 万元，把淘宝众筹、青橘众筹、追梦网远远甩在后面，单个项目募资的最高值是 127 万元，也是其他众筹平台不能够相比拼的；从募资成功率来看，淘宝众筹拟筹金额128.75万元，实际筹的金额是178.30万元，募资成功率高达138.49%，高出众筹网22%，更是远远高出青橘众筹和追梦网的成功率；而剩下的追梦网和青橘众筹的则相对持平，两个众筹平台的拟筹金额分别是197.18万元、177.70万元，两平台拟募资金额相差19.48万元，两平台募资成功额是138.71万元和113.52万元，相差25万元，所以，募资成功率只相差了7%左右，而且单个项目实际募资均值和单个项目募资最高值也都相差无几，所以，追梦网和青橘众筹从筹资金额情况这一方面来看，两者处于同一实力水平。

四、众筹出版项目的发起者分析

任何一项众筹出版项目的上线，都必定有一个发起者进行从头到尾的运作执行，那么这个发起者有可能是一个团体，也有可能是单独的个人，无论是团体还是个人，这个发起者必定拥有一定的经济实力或者知名度，只有这样，他发起的项目才能得到充分的关注。在这里，我们将能够发起众筹出版项目的团体分为专业的出版机构和非专业的出版机构；我们将能够发起众筹出版项目的个人分为普通个人和知名人士。其中，专业的出版机构主要有专业的出版社或者专业的出版公司，比如：中信出版社、人民教育出版社、人民文学出版社、商务印书馆、高等教育出版社、中华书局、科学出版社、长江文艺出版社、华章书院等是非常有名的专业出版社；非专业的出版机构，主要是各个领域的专业公司、传媒公司和学术机构，比如中国广告博物馆、清华大学五道口金融学院、凤凰传媒、长江传媒、中文传媒、中南传媒、中原大地传媒等都是比较出名的非专业的出版机构。能够发起众筹项目的普通个人是指比较普通的创作者或者读者，为了一个单纯的目的，独自一人发起的众筹出版项目，这样的发起者发起项目的成功率相对较低，毕竟单独普通个人对社会民众、网友缺乏一定的号召力。能够发起众筹出版项目的知名人士包括在某个领域具有广泛知名度的人士，也包括有出版经历的著名作家，还包括没有出版经历的网络作家以及网络红人。

那么各众筹平台的发起者都是什么样的分布情况呢？就让我们做一个数

据分析。首先我们看一下众筹网，截至2016年10月，众筹网的所有众筹出版项目的发起者当中，专业的出版机构发起了157项，占总出版项目的28%。非专业的出版机构发起了141项，占总出版项目的25%；普通个人发起了97项，占总出版项目的17%；知名人士发起了165项，占总出版项目的29%。从这些数据来看，在众筹网的出版平台上，知名人士发起的众筹项目是最多的，占到了总出版项目的29%，超出专业出版机构28%，超出非专业出版机构25%，从这一点来看，知名人士在众筹网的活跃度稍高于出版机构；但是知名人士与普通个人总比例是46%，而出版机构是54%，从这一点来看，个人发起的众筹出版项目没有机构发起的众筹出版项目多，从而可以简单地得出结论，个人的实力相对而言还是低于出版机构的。

再看一看京东众筹，截至2016年6月，京东众筹的所有众筹出版项目的发起者当中，专业的出版机构发起了37项，占总出版项目的21%左右；非专业的出版机构发起了89项，占总出版项目的52%；普通个人发起了13项，占总出版项目的7%；知名人士发起了22项，占总出版项目的12.8%左右。由此来看，非专业的出版机构的比例占绝对压倒的数目，高达52%，远远超过了专业出版机构、普通个人和知名人士；比例最低的是普通个人，发起项目仅占总出版项目的7%，而知名人士发起的众筹出版项目虽然比普通人发起的多，但是也只多了约6个百分点，由此来看，京东众筹上出版机构发起的众筹出版项目是京东众筹出版的主力军，个人只贡献了很少一部分力量。

然后我们再看一下赞赏众筹平台的项目发起者情况，截至2016年10月，在赞赏出版平台上，专业的出版机构发起了9项，占总出版项目的6%；非专业的出版机构发起了17项，占总出版项目的12%；普通个人发起了38项，占总出版项目的27%；知名人士发起了76项，占总出版项目的54%。从数据来看，知名人士发起的众筹出版项目是最多的，占到了总出版项目的54%，专业的出版机构所占的比例是最低的，仅有6%，而且个人发起的出版项目一共占据总项目的81%，而出版机构只占据19%，我们可以分析得出，在赞赏众筹出版平台上，个人比机构更加倾向于在此发起众筹出版项目，而机构在此众筹出版平台上的活跃度相对比较低。

最后，再看一下亿书客众筹出版平台，亿书客相比较其他众筹平台活跃度一直很低。截至2016年10月，在亿书客出版平台上，专业的出版机构发起了4项众筹出版项目，占总出版项目的33%；非专业的出版机构发起了0项众筹出版项目，占总出版项目的0%；普通个人发起了7项众筹出版项目，占总出版项目的58%；知名人士发起了1项众筹出版项目，占总出版项目的8%。根据这些数据，我们可以得出，在亿书客的众筹出版平台上，普通个人的活跃度高于专业和非专业的出版机构，高于知名人士，也许我们可以说，亿书客是更加平民化的众筹出版平台。

现在，把四个众筹平台的数据放在一起进行分析，众筹网发起众筹项目最多的是知名人士，最低的是普通个人，但是知名人士、普通个人、专业出版机构、非专业出版机构四者的所占比例相对均匀；京东众筹非专业出版机构发起的众筹出版项目是最多的，并且占据压倒性比例，而普通个人发起的众筹出版项目是最低的，并且四者所占比例并不均匀；赞赏众筹平台知名人士发起的众筹出版项目所占的比例是最高的，并且也是压倒性的比例，而出版机构占据的比例是最低的，并且四者所占比例并不均匀；亿书客普通个人发起的众筹出版项目的比例是最高的，并且也是压倒性的比例，非专业出版机构占据的比例是最低的，而且四者所占的比例并不均匀。

第二节　众筹出版的效果分析

现在的社会生活，互联网应用于生活中的方方面面，为人们提供了极大的生存、生活便利；而众筹，是大众一起筹集资金共创生产的一种方式；在互联网上进行众筹，大众的接触面比较宽，参与度也会比较高，因为在互联网上，人与人能够无缝对接。出版行业现在面临互联网给予的巨大竞争与挑战，将互联网与出版结合起来，无疑是给了出版一个巨大的发展机会。那么，“互联网＋出版”，即众筹出版对整个社会、出版行业、出版商、作品作者以及读者会有什么样的效果呢？让我们进行详细的分析。

一、承接互联网的社会交往属性，建立相对和谐的网络社群文化

在传统的纸质传媒时代，传播信息、文化都是单向的，相对比较封闭、落后以及低效率的，全程中的所有信息内容，只有作者与出版商进行参与决定，读者只能是被动的接受信息者，出版商、作者、内容、读者四者之间的关系是分裂的，所以导致一系列的出版问题。比如，作者写出来的内容，自以为很好很完美，出版商也认为很好，很有市场潜力，但是，内容一旦以纸质版的形式展现出来，传递到大众手上，大众就会发现，这个内容很无趣，很没有吸引力，那么大众对这项出版的内容就会丧失热度，出版的产品，没有得到大众的消费，那出版商和作者就接收不到相应的报酬、收入，也就无法维持正常的生活生产事宜，出版就会受到限制。现在，互联网就可以为出版创造这样一个虚拟的平台，能够将作者、出版商、读者结合起来，由作者创作内容，发布到虚拟的社交平台上，读者首先进行品鉴，甚至提出异议，或者提出修改意见、见解，或者进行分享，作者可以根据读者意见建议进行修改整合，以打造更完美、更符合读者口味的作品，然后出版商根据读者以及作者的反馈信息决定出版的数量以及质量。在这样一个虚拟的平台上，作者、读者以及出版商虽然没有现实生活中真正的接触，但是都能够发挥自己真实的认知、情感，他们遵守各自应该遵守的游戏规则，在互联网平台上完成自己角色应该完成的事项任务，那么三者之间就会形成一股致力于出版优质作品的凝聚力，三者进行的互动、遵循的规则，久而久之就形成了一种虚拟的社群文化。

二、利用互联网大数据实现精准营销，提升传统出版行业的产业链

大数据、云计算、物联网是当下最流行的词汇，也是当下社会正常生产生活最离不开的社会科技。在众筹平台里，大数据的应用是非常普遍的，读

者为了提前预定自己喜欢的作品书目，就必须参加项目发起者在平台里发起的活动，那么读者首先需要在平台注册信息、完善信息，在这个过程中，项目发起者或者出版商通过读者填写的信息进行数据分析，把分析得来的数据进行分类整合，这样能够准确地把握读者需求，根据需求再制定准确的生产出版数量，这个过程就是精准营销的重要内容之一。

在传统的出版行业中，出版—印刷—发行构成了传统出版的产业链，首先是出版阶段，出版创造出版物价值内涵与精神内涵；其次是印刷阶段，印刷将出版物上面的文字大批量呈现在纸上，为将出版物内容呈献给客户做准备，最后是发行销售，将印刷的纸质版的出版物通过营销的方式跟消费者见面，以展现图书的精神价值与物质价值。整个传统出版的这样一个过程，从出版到最后的发行，消费者都处于一个被动接受的状态，而出版发行者对于消费者也没有一个理性的把握，就导致传统出版过程烦琐、市场把握不准等问题。而众筹出版的模式，是对传统出版模式的一个颠覆和创新，省去繁杂的程序，直接对接消费者，让消费者参与出版物内容的编排，让消费者决定出版物的发行时间以及发行量，把决定权交给消费者，使得出版商更能准确把握市场，生产出大众满意的出版物作品。那么在这个众筹模式里，消费者决定了生产，消费者即生产者，众筹出版就是把消费者的创造力与消费能力完整地结合到一起，将众筹者与消费者的互动变得更加迅速便捷，提升众筹平台用户的黏性，同时也能解决图书出版后销售状况不佳的问题，从而推动出版产业垂直上的变化，提升了出版物各个节点的价值。综上，消费者参与到出版物的内容编排上来，那么出版出来的出版物便能得到消费者的喜欢；出版商提前把握了出版物的社会认可度，从而做出合理的出版量的决策，那出版出来的出版物就会有很好的销量；消费者在众筹平台上得到自己喜欢的出版物，出版商利用众筹平台上的信息进行精准出版，双方都得到益处，那平台的活跃度就会上升，平台也得到了有利的发展，更加为其他众筹出版项目进行服务，如此，新的出版途径以及营销途径便诞生了。

三、让大众参与，提高出版物的创新度与优质性，实现出版物的物质及精神价值

现在互联网时代，作品内容的呈现方式以及承载方式有着不同程度的变化，但是高质量的内容仍然是大众追求的对象，也只有优质作品才能在同行业的竞争中取胜。从目前各出版平台来看，着眼于高质量、优质量、力求更具吸引力的“创新内容”正在成为整个出版行业追求的新方向。“创新内容”在出版中尤为重要，创新的内容是出版物的生命，只有优质的内容才能吸引投资商和读者。对于所有参与者来说，判断众筹出版项目内容的创新性有两个标准：一个是出版内容的创意水平，另外一个是作者的知名度以及在本行业的资历。创意水平取决于一个创作者的创造能力，高水平的创作者手中都是充满创意的高水平作品，低水平的创作者，手中很难创作出好的作品；作者知名度其实也是社会对该作者的一个认可度，知名度高的创作者可能是一位著名作家，也有可能是一位网络红人。

我们已经知道，众筹出版将消费者、出版者进行连结，使读者的消费提前，颠覆了传统的出版流程。在新的出版流程中，消费者有效地参与到众筹出版项目的组稿、编辑、印刷、发行、流通、消费中，在项目前期，消费者可以就编排内容提出自己的创新性见解和建议，并在一定程度上决定采取何种出版方式；在项目生产流通过程中，可以通过众筹平台与作者以及出版商进行互动；在消费环节，所有读者、作者、出版商可以实时沟通反馈出版物的销售情况。在这个过程中，读者群体不仅仅是在最后购买了这本书，还能够参与到选题策划以及后续的内容生产中。众筹平台把尚未成型的书展示到众筹平台上，这就是在给消费者提供群体性建议的机会；消费者在众筹平台上看见尚未出版的书籍，就会被激发参与热情；众筹平台出版了消费者喜闻乐见的书，书就能够很好地销售出去，实现它真正的价值。

四、降低出版融资门槛，解决资金短缺问题

各大中小企业的融资问题一直是制约企业发展的世界性难题，各大中小

企业也普遍出现过融资渠道狭窄、融资成本太高等问题。传统出版行业的资金一般都来源于自身经营盈利的积累和政府部门的一些补贴，很少能够走信贷这条路进行融资，而众筹出版将投资者、支持者闲置的资金拿出很小的一部分来支持项目的出版，这样很好地解决了传统出版行业融资困难的问题，所有支持者，无论所投资金多少都属于正式的参与者，从而降低了整个行业的融资门槛，解决了出版行业巨大的资金压力。由此来看，众筹出版不仅是对项目的发起者设置很低的门槛，对众筹项目的资金支持者、投资者也几乎没有设定任何门槛。项目投资者、支持者完全可以按照自己的喜好、兴趣来选择让自己满意的出版项目进行投资支持，也可以为了某项服务回报进行投资，也有可能就是为了单纯的支持项目发起者的梦想，只要他们在众筹出版平台上进行注册信息就可以参与出版众筹项目了。众筹平台依托众筹项目的发起、筹资、筹资结束这样一个过程，充分发挥传播能力，提高该众筹平台的知名度，众筹平台知名度的提高又会吸引更多的支持出版项目在该平台上线，从而吸引很多网友们支持，项目最终的成功，又会为该众筹平台带来更多收益。所以，这是一个双赢互利、相互促发展的过程。

现代信息网络时代，为众筹出版提供了平台，各种众筹 APP 帮助参与者便捷地参与到众筹项目中，使得众筹出版项目的投资门槛变得很低，而众筹资金的筹备变得更加容易，这无疑是给了出版行业最大限度的筹资便利与高效率。

五、预测市场方向，降低出版风险

出版机构是把图书的编辑、出版、销售当作项目进行运营，书到达消费者的手中，这个项目才算完成。在很多情况下，出版商有足够的能力出版图书，但是他们往往不能准确把握市场对该图书的需求量，只能通过经验对社会的需求量进行判断，如果图书印刷得多了，就会造成销售困难，图书积压，形成很大的库存压力；如果图书出版得少了，满足不了社会需求，那么出版社还需要组织重印，重印的过程就会使读者与图书有了间隔期，在这个间隔期里，读者有可能转移对该书的注意力，转而消费其他书目，这个过程就会造成客户的流失，图书销量会因此降低，那么多出版的图书的积压会更加严重，而且会占用更多资金资源，影响出版商正常的生产经营。而且，在中国这样一个文明古国，纸质图书承载了中华上下五千年的文化，在未来很长一段时间内都不可能被放弃，所以，纸质图书的需求会一如既往地旺盛，而纸质版图书带来的利益也会一直存在。除了考虑利益问题，图书出版商还要考虑风险问题，众筹出版是将消费者、作者、投资者、出版商等出版过程中所有的参与者的利益与风险捆绑起来，将资金压力平均分摊到每一个投资者身上，形成了一种共享利益平摊风险的机制，这一运行机制，既减轻了出版商的压力，又减少了投资者的顾虑，也降低了整个出版项目的失败率。

众筹出版项目在众筹平台上发布推出以后，发布者能够随时随地对自己发布的作品进行关注和计算统计，根据计算统计的数据，可以对市场有一个简单的预测。众筹出版给上线的项目一个筹资的时间，如果固定时间内，筹集到了足够的资金，就说明此项目有很好的市场需求；如果固定时间内，该项目没有筹集到预定的资金金额，就说明该图书出版项目没有足够的吸引力，这个预测的过程就是在让消费者决定图书投放的市场范围，也就是相当于在网上进行一个出版前的调研，以降低图书出版的利润风险。图书出版数量在众筹项目结束时就能够确定了，根据社会对该图书的热度以及需求量，作者得到了需求量的鼓励肯定就会更有信心进行创作；出版社得到了需求量的鼓励，就会对下一批的生产量有一个准确判断，避免了出版的盲目性，也让出版更加合理、科学，更加能够降低成本避免资源浪费。

六、创新性众筹出版平台，高质量的图书出版

互联网的产生与运用使得社会生产不再局限于组织内部，社会创新的速度也变得更快，创新的成本也降得更低。互联网的开放性是它自身最大的一个优点，也是广大网友能够活跃其上的一个重要原因，它也更能帮助众筹用户施展自身的价值与创造力。众筹出版也是互联网开放性的一个体现、一个创新点。首先，众筹出版在一定程度上变革了传统的出版模式，让作者与读者之间的距离变得更小甚至消失，所有出资者都可以成为项目的主人，每一

个项目都成了项目发起者和项目投资者的共同劳动成果。其次，众筹出版能够无嫌隙地将投资者的资金与项目发起人的资金需求完美联合起来，实现资金的无缝对接，使得投资者的每一份投资都能够为项目发起人所用，将投资人的作用、价值发挥到最大化。再次，众筹出版的项目从上线，到筹资，再到筹资结束，图书出版这一系列的流程都会在众筹平台上公布，出资者能够实时查看众筹出版项目的进度，了解所投资金的流向，这也使得项目的投资者能够安心地将自己的资金投入众筹项目。出版商获得了图书出版项目的资金支持，就会全力支持出版项目，出版商就有足够的精力对图书的内容进行选择修改，有足够的时间对图书的排版进行更新设计，内容编辑得好，排版效果也好，那么出版的图书质量就能得到一个质的提高。

七、帮助小众出版

众筹出版模式给小众出版带来了好处，以前很多比较冷门的专业图书都难为大众所熟知，比如严肃严谨的学术图书、科技工具用书，因为它们需求比较低，市场利用率比较低，能够带来的利润价值也很低，所以在很多时候得不到出版商的支持以致无法出版生产。现在有了众筹出版，通过这一方式，可以直接把作者、出版商、需求者联系起来，有了需求者的需求，出版商就不用担心出版的图书销售不出去。因为有一个理论告诉我们，如果把足够多的哪怕冷门的产品组合到一起，实际上就会形成一个能够与热门市场进行匹敌的大市场，也就是说，不管众筹出版出来多么小众的图书，只要能够受到关注，只要有人需要它们，就一定会有市场，就一定能够从中得到利润。在互联网时代，这种关注很容易就会得到。虽然人们更愿意关注比较重要的并且是他们感兴趣的人或者事。现在每一个网民都能够通过网络花费很少的力气在网上寻找到自己感兴趣或者需求的东西，就是说，在众筹模式的帮助下，看似比较冷门的、不被关注的小众图书受到关注的成本和精力都在大大降低，因此，它也在逐渐享有更大的市场，甚至会比主流图书更加好销售，更加能够得到很好的利润回报。

八、项目回报多样并且丰富

所有参与众筹出版项目的支持者，在项目成功结束的时候都会获得一定的项目回报，有物质回报也有精神回报。并且，在同一众筹出版项目中，众筹平台根据各个投资者投资的金额不同设置的回报形式也不同，呈现的是多梯度多维度的回报形式。众筹出版平台在项目发布的时候，都会在项目提案中设定出资金额的等级，所有的参与者都可以依据自己的兴趣爱好或者需求来确定金额进行资助和支持。众筹平台设置的金额等级一般都没有最高上限，但是有最低下限。

首先，实物回报是众筹平台根据支持者出资的等级进行设置准备的物质，通常情况下，包括有作者或者出版商亲笔签名的图书本身，或者作者之前出版的亲笔签名的图书，或者作者相关的读者见面会的入场券或者其他沙龙活动的入场券，以及由图书带来的一些衍生物品。其实，从商品的交换规律角度来看，众筹出版项目的实物回报不仅仅只有图书一种，所有的投资参与者还能通过众筹出版的方式获得比传统出版方式更多的实物回报。

其次，众筹出版项目回报的常见方式也有精神回报，作者、出版商等项目发起人通过深度挖掘消费者、参与者的精神需求，在项目的基础上给予回报。那么，最常见的精神回报的方式就是把所有投资金额达到一定标准项目参与者的名字写进图书中，以增强他们对此书的拥有感、占有感。其他精神回报的方式就是在出版商的官网平台上发布通告，公开感谢所有参与者；或者在作者的公众号、微博里，公布所有人的名单并且表示感谢；或者举办作者读者见面会，所有参与者都有机会参加。

总之，无论是物质回报还是精神回报，众筹出版平台都会给予参与者力所能及的各种方式的回报，而且，在众筹网平台上，所有回报都是分等级的，投资人出资越多，等级越高，获得的回报就会更加丰厚，甚至投资者有资格选择回报方式。对于消费者来讲，参与众筹项目得到的回报比单纯的购买传统出版的图书更具吸引力，他们更愿意参与到众筹项目中来。

第三节　众筹出版项目的问题分析

一、缺乏强有力的专业众筹出版平台，众筹出版规模受限

目前的众筹出版平台很多，但是大多数都是综合性的众筹出版平台，非常专业化的众筹出版平台几乎没有。那么在这些综合性的众筹平台上，众筹项目复杂繁多，包括科技、教育、娱乐、艺术、股票、房产等各大领域。虽然这些综合性的众筹平台有其比较显著的优势，比如，可以通过平台上的用户资源推销众筹出版的项目，使得众筹出版的项目能够在很短的时间内得到充分关注，并且获得投资，但是平台上的综合项目一旦占据了主力，平台上的人力物力财力就会自然地流向综合项目，众筹项目得不到众筹平台工作人员的重视与关注，那么众筹的效果肯定会大打折扣。另外，众筹平台上的项目一旦很多，里面注册的人员也会非常繁杂混乱，有一些网民，面对自己喜欢的众筹项目可能会支持，遇见自己不喜欢的项目很可能贬低诋毁，网友之间又很容易盲目从众。所以，如果有一冷门的不讨人喜欢的众筹出版项目被这种类型的网友看到，无疑是没顶之灾。而且，网友一旦超过了平台的承载量，需要很大的人力进行监管，一旦监管不到位，网络平台上很可能会出现混乱，那么众筹出版项目难免会受影响。

所以，对于众筹出版项目而言，更好的是能够有一个专业的出版平台来进行众筹出版行业的发展。而实际情况是，专业的众筹出版平台很少，即使有，平台的筹资能力也非常有限，在此现实情况下，众筹出版很难独善其身独立发展。

二、众筹平台变成推销平台

在众筹平台上，有一些项目设定的筹集资金比较少，但是有一些项目设定的筹集资金比较高。筹集资金设定比较高的项目，它的目的极有可能就是

筹集资金进行图书的生产出版，而筹集资金比较少的项目里，有一部分众筹出版项目发起的目的并不是筹集资金进行图书出版，而是为了给图书做一场出版之前的营销，先为即将出版的图书预热，想利用众筹平台给图书来一场“营销 show”，以此来吸引消费者的眼球。虽然众筹平台有预测市场风向的作用，但是“营销 show”严重违背了众筹平台的本质属性。一个正规的众筹平台，它众筹的精华在于通过众筹出版项目筹资的成功来实现整个社群的利益，真正优质的众筹项目，必须扎根于所有的项目参与者、投资者，以大家共同的利益为根本立足点，而不是为了迷惑、鼓动消费者去掏钱，更不能是为了达到为新作品宣传的目的而故意搞虚假噱头。众筹出版平台上的这种非常功利化的做法，非常不利于众筹出版的良性发展，不能提倡。所以，众筹出版平台在以后的发展中，必须严禁这种虚假众筹的项目上线，只有这样，真正的众筹出版项目才能得到自己出版需要的众筹资金。

三、法律条文空白，容易滋生法律问题

综观所有的众筹平台以及所有众筹平台的众筹项目，我们能够看到很多公益性众筹和奖励性众筹，而股权众筹的数量极其少，债券众筹项目几乎没有。追究背后的原因，是因为我们国家政府层面对众筹相关的法律条文几乎是空白的。据《管理办法》中对众筹的规定：股权众筹必须采取一种非公开发行的方式，投资者的数量必须限制在 200 人以内，而且众筹项目的发起人在众筹过程中不得在众筹平台上对该项目进行公开性的宣传。因为如果众筹平台的实际控制人出现了道德问题，携款潜逃，出版商会因为选择不当、监督不到位被依法追究承担投资人损失的所有责任。这就导致了众筹项目发起人为了避免触及相关的法律条文，或者为了避免损害投资人的权利，他们几乎不在众筹平台上发起股权和债券项目的众筹。这在一定程度上限制了我国众筹项目发展的速度，也使得众筹出版模式的创新受到了一定的限制。

另外，众筹在我国是新生事物，目前我国的众筹活动还处于“打擦边球”的状态，几乎没有法律条文对他们进行明确的限制。但是，众筹行为又牵扯到很多法律条文，比如众筹平台的法律认定、众筹集资的法律界限等都很少

被界定，所以，如果众筹行为涉及收益、红利、股权、债券等经济问题，那么该平台就很有可能被认定为“非法集资”，后果就会很严重。非法集资是什么意思呢？非法集资首先是一种行为，一种收集资金的行为，而这种行为违反了法律的规定，而且非法集资还需要满足四个条件：一是没有经过有关部门同意而打着合法经营的旗号吸收资金；二是通过新闻媒体、手机短信、传单等途径向社会公开宣传；三是承诺若固定期限内以某种形式给予丰厚的回报；四是向所有社会上的不特定群体吸收资金。而根据中国的法律，所有以股权的形式或者债券的形式或者分红的形式作为回报的项目运作都有非法集资的嫌疑，因此，众筹在中国所有的行动就像是戴着镣铐跳舞，众筹的发展受到极大限制。

四、项目发起者以及投资者的信用危机

众所周知，众筹出版是基于互联网应用的一种新型的出版方式，从我国目前的互联网金融背景来看，大众投资者进行互联网投资的意识比较淡薄，投资者对项目发起者的信任度不够，平台用户的忠诚度不高，征信体系尚不完善以及互联网金融存在安全问题。这些问题对应于众筹平台就是项目发起人可能会因为违约成本比较低而频繁违约，或者会出现投资项目的实际回报达不到发起者最初约定的回报量，也有可能出现投资者资金支付管理的问题。所以基于弱关系建立的众筹，平台的信任机制、进入机制、退出机制、保护机制、回报机制是否健全，关系到该众筹平台能否吸引到用户的广泛支持。所以，在目前信用机制未健全的情况下，人们相互之间或者人们与平台之间很难建立信任关系。目前，大多数众筹平台还没有被包括在央行征信体制之内，只能通过平台自身独立建立客户信用库，自己统计平台上客户的信用信息。

现在众筹平台主要通过实名制注册的手段收集信用信息，所有的实名制注册者只要在平台上有自己的活跃度以及活跃空间，就会留下浏览痕迹，众筹平台就可以根据客户的浏览记录进行信用分析，根据分析对用户进行限制或者制约。但是，经过调查发现，很多众筹平台上的实名制信息注册并不是

强制性的，有些信息是选择性填写，一旦有机会不用实名制注册，就会有很多用户因为各种各样的原因进行非实名制的注册，这样的平台就容易发生信用风险。另外还有一点，社会和众筹平台对支持者或者投资的权益保护不够，众筹项目发起人对投资者所承诺的项目回报没有法律方面给予的保护，这种情况就会导致项目在筹资结束并且成功时，项目发起人可能会因为各种原因不能履行对投资者的回报承诺，此时的项目支持者就会丧失自己的权益而投诉无门。更有甚者，因为众筹平台的保护机制不健全、监管不力，项目的发起人在项目筹资成功后携款潜逃，并且短时间内投资者也发现不了投资人逃走了。所有总结的这些问题，都会一次次地破坏投资者本来就不高的投资热情，投资者缺乏投资热情，那么众筹平台就无法发展壮大。

五、没有专业的营销模式，平台发展受限

就回报方式来说，在众筹平台发起的所有项目中，大多数项目运用的营销方式是许诺投资人以图书或者赠送读者见面会入场券为实物回报，还有的项目赠送作者的签名照，或者在众筹平台上公开进行通告感谢作为精神回报，但是，广大网友需求花样众多，显然如此匮乏的回报方式不能够满足网友们的回报需求，所以很大程度上就没有足够的吸引力来吸引投资者。

就平台盈利模式来说，现在国外的众筹项目都是通过收取佣金的形式进行盈利的，所得佣金，一部分用于维持正常的平台运转，剩余的一部分就属于盈利。但是中国的众筹平台并不适用佣金的模式进行盈利，因为当前中国的众筹平台网站的用户相对比较少，众筹项目筹集的金额也比较小，所筹金额都只够应用于出版项目，并没有多余的金额来支付平台佣金。目前，大多数项目的沟通只是发生于项目的发起人与支持者之间，金钱来往也只存在于他们之间，所以，众筹平台暂时还没有清晰可行的盈利模式，那么众筹平台没有佣金收入，如何维持正常运转呢？据调查，大多数的众筹平台都是通过网站的访问量来赚取流量，以维持平台的正常运转。所以，目前中国的众筹平台基本上都是免费使用的，目的是聚拢更多的人气。当用户量超过一定的规模，人气会更加高，流量也会更加多，众筹平台也许会得到更加顺利的发

展。所以，目前中国的众筹平台还处于烧钱的状态，而有一套完整可行的盈利模式则是众筹平台发展的关键。

六、出版质量难以保障

众筹出版质量主要包括两个方面的内容，首先，图书本身的质量问题，对于正规出版机构，他们出版的图书基本都能够保证质量，因为这些出版机构里面有专业的编辑人员、专业的校对人员，还有比较严格的出版流程制度，即使不能保证出版出来的图书精美无比，但能够保证最基本的质量必须过关合格。但是众筹网上发起众筹出版项目的主体，却不一定是专业的出版机构，而是一些普通的团体或者个人或者传媒公司，这样的机构大多数缺乏专业的编辑人员、专业的校对人员，也缺乏专业的排版人员，他们甚至没有一套完整的出版流程以及出版需要遵守的规章制度，也不了解图书质量的保障体系，所以，更加无法保证图书的出版质量。如果众筹出版的图书质量非常低，那出版出来的图书对整个社会和整个出版行业来讲并没有任何好处，只是增加了社会上图书的库存罢了。其次，图书内容质量的问题，在众筹模式中，有一部分众筹出版的选题是由作者自由选题并且在不受外界利益干扰的情况下独自完成的，这样的选题一般以自己独立的姿态在众筹出版平台上上线，众筹成功的可能性比较低。

而另外一部分众筹出版的选题，却能经受住大众市场的检验，并且能够众筹成功，这样的众筹项目中，很多都是为了迎合大众口味，不顾实际情况一味地追求经济或者社会效益，最终会导致出版物缺乏自由的思想，那么出版出来的版物只是为了赚取经济收益。尤其是现在网友大众的审美水平参差不齐，而且很大一部分处于一个很低的审美水平，出版商如果一味地迎合大众口味，那么出版出来的产物只能称为“俗物”。另外，在对各大众筹网上的众筹项目进行调查分析时可以看出，各种经济管理、创业励志、教育培训类的出版物占据了很大的份额，这么多同一类别的书籍，内容的重复率很高，甚至出版物之间彼此抄袭，所以，就会导致很多同一类别的书籍出版物缺乏独立的个性与各自的灵魂。

出版物是社会文化传播的载体，承担着大众知识文化的积累、思想素质的提高、社会主义核心价值观建立的责任，过度迎合良莠不齐的审美水平的大众口味，也许能够取得良好的经济效益，但是并不利于众筹出版行业的长期健康发展。所以，众筹平台对众筹出版项目的内容选择应该承担一部分责任，在进行项目上线之前的资格审查时，平台应该对项目内容的思想性做严格的把关控制，盲目跟风型的项目以及内容低级的项目坚决不能通过。

为了保证出版图书以及图书内容的质量，众筹出版平台还可以对众筹成功的项目进行跟踪调查评价。如果该项目出版后得到良好的社会反馈，那么就对该项目给予奖励，如果该项目没有得到社会良好的评价反馈，那么该项目的发起方就要接受惩罚，甚至剥夺该项目发起者在该众筹平台上发起众筹项目的权利，希望通过这样的方式，能够督促出版商出版图书质量过关并且内容过关的书籍，以保证众筹出版行业健康持久地发展。

七、作者版权不能得到有效保护

众筹出版还有一个消极影响，这个消极的影响包括两个部分，第一个是作者版权得不到保护的风险。一般情况下，一个众筹出版项目上线后，项目的发起者为了保证该项目具有足够的吸引力就会在项目报告册中详细地阐述自己项目当中的亮点或者创意，但是，我国的产权保护法只保护作品而不保护创意与想法，这就有可能造成项目作品人很好的创意被人抄袭，然后为了利益盲目跟风进行出版，这就会导致原版项目失去优势进而失去市场。为了防止抄袭这种情况发生在本项目中，项目的发起者不得不隐瞒自己作品的全部创意或者部分创意，同时会和众筹平台签订一项保密协议。所有的这些措施虽然在一定程度上保护了作者的著作权，但是，项目的投资者、支持者可能会因为这些保守的做法无法了解作品的全貌，以至于丧失对该作品的兴趣，那么项目的吸引力就会下降。第二个是作者的创作思想被绑架以至于侵犯作者的著作权。

我们都知道，众筹出版项目一旦上线，作者、读者、出版商会在众筹平台上进行互动，互动的过程中，会有出资非常多的读者发表自己对作品的独特见解或者提出对作品的修改建议，甚至要求作者按照自己的思路或者想法来修改作品，如果作品创作者能够坚持自己的想法与主张，坚持自己的创作主张，那么整个作品的版权能够得到很好的保护。但是如果作者为了迅速地回笼资金或者为了得到更多的金额支撑而放弃自己的主张坚持，那么该作品就很有可能被修改到剥离原来主旨思想的程度。所以，如何保证作品著作权的完整以及作品思想的完整，是众筹平台发展必须考虑的问题。

八、支持者权益得不到很好的保证

众筹出版是一种奖励性的众筹，一般情况下，作品都是以预售作品的形式展开，与股权、债券众筹等模式相比，虽然它的法律风险小，但是，在支持者权益保护上依然存在很多问题。在支持出版项目筹资成功后，众筹项目的发起方应该在支持平台上实时发布更新作品出版生产的进度，并且与支持者时刻保持互动以彰显项目方对支持者的投资肯定，但是有很多项目发起者往往忽略这一点，导致支持者在项目留言区的活动无人理睬，这严重影响了用户的支持体验。还有一些项目支持者反映说，项目发起人答应的在项目出版完成的时候给予项目支持者一定的物质或者精神回报，但是，相关的项目回报并没有到达项目支持者手中，而且平台上的项目回报诉求也没有得到很好的处理。综上，可以看出，对于项目支持者来说，维护自身的权利是一项非常难的问题，因为这中间牵扯到支持者损失的计算、举证、赔偿的标准，导致维权的成本超过了项目回报本身。

我国消费者权益法规定，预售的商品，如果到达规定的时间还没有交付，或者交付的产品存在质量问题，消费者可以依据具体的法律条款进行索赔，退款的程序也有法可依，但是需要消费者花费一定的时间进行申请办理。众筹出版也是以预售的形式展开的，虽然带有资助的性质，但是既然有项目回报的承诺，消费者就有权利进行回报的索取。消费者在收取回报的过程中，即使发现项目的发起者有违约行为，目前也没有维护消费者自身利益的解决方案。因为违约行为出现的原因不容易被界定，比如说出版经验不足、缺少数目字号、印刷错误等问题都有可能导致印制时间延长而无法准时兑现项目回报。对于支持者来讲，众筹项目的外部因素造成出版生产周期延长或者产品质量达不到支持者对产品的预期等都是支持者不得不承担的风险。而且，项目的发起方也可以在众筹平台商议后更改项目方案，这样，众筹平台也没有明确的标准来判断违约的原因是主观问题还是客观问题，项目的发起方就可以以此来逃避违约责任了。

所以，众筹平台应该建立一定的管理监督体系来保证支持者、消费者的权益。那么首先项目的发起者必须制定一个详细的项目进度计划表，对什么时间进行众筹出版项目的上线、什么时候筹资结束、什么时候开始出版商品、什么时候进行项目回报都要做一个详细的并且能够严格执行的具体方案，并且公布在众筹网站的平台上保证所有参与者都能知道项目的流程计划。在设定项目的支持等级的时候，必须对支持者的支持比例做一个限定，规定个人的支持比例不能超过一定的限度，以免个人支持比例太高而掌控整个项目计划，造成其他支持者的权益受到损失。同时在项目进度的披露方面，众筹出版平台应该督促项目发起者及时将项目进度公布在平台上以供支持者进行浏览。

消费者在支持项目进行的过程中所承担的所有风险必须提前告知消费者，以免消费者不了解情况而盲目投资。项目发起者在项目筹资结束后，不能轻易地修改出版项目方案，如果因为某些外部的不可抗力导致项目变化，一定要及时告知项目投资者。如果项目的进程因为外部因素而延期，也一定要在平台上通知项目支持者，并且项目的支持者有权利知道项目延期的原因、解决办法以及解决问题的时间，用这样的方式来减少项目支持者对项目的担忧。最后，项目平台应该建立一个项目支持者反馈机制，在这个机制里，项目支持者不但可以对所支持项目的整个进程进行打分，也可以对项目内容的质量进行打分，根据项目支持者对项目的打分，给予项目发起者鼓励或者惩罚，以此促进项目发起者认真执行项目的计划流程。

第四节　众筹出版的发展策略分析

一、政府支持，使众筹合法化合理化

一个新的事物的出现与发展首先要符合社会的发展规律，其次要得到国家、政府、社会的支持与认可。国外众筹出版的迅速发展，归根结底是因为其得力于本国家外部环境的支持，包括政治、经济、文化、法律和社会大众，而我国的众筹平台发展如此缓慢，是因为受制于国内外部环境因素的制约，众筹平台的发展并没有得到法律条文的明确认可，这就使得我国的众筹平台、众筹项目一旦发生法律纠纷就会有非法集资的嫌疑，这严重阻碍了众筹出版在中国的发展。众筹成功后，众筹出版项目发起人所筹集的款项，就会开始应用于出版，但是这个过程也存在很多漏洞，比如款项进出不透明、项目各流程对接不完善、回报物品用资不明，所有这些问题还会增加项目违约的风险，比如，项目发起人无法按时完成出版生产、多余筹款无法退回、投资回报不能按时到位等。

如果我们国家的众筹平台能够得到国家政府在法律条文上的支持与认可、国家政策的引导与鼓励，能够得到知识产权上的保护，并且让法律对众筹的模式、方式、众筹金额、众筹等级、回报方式作出明确的规定，使得众筹项目的信息能够完全透明化。那么中国众筹的发展将会迎来灿烂的春天。法律条文制定之后，国家要对既定的法律条文给予大力宣传，确保媒体大众能够了解到国家对众筹平台的支持。这样众筹出版平台在中国将会得到有序健康的发展。

二、线上线下相结合，将众筹出版与传统出版融合在一起

根据前文的分析我们可以知道，专业的众筹出版平台能够为众筹出版项目的发起者和投资者实现相对精细化的服务。对于众筹平台来讲，与传统出

版社合作或许是众筹平台能够长久发展的一个不错的途径和选择。具体来说，我们可以从出版质量的把关、平台对项目发起者以及投资者的监督管理等方面来探讨众筹平台与传统出版社的合作问题。首先，传统出版社作为众筹项目的发起人，必须严格把控图书的出版质量。传统的出版社具备专业的编辑、排版等能力和经验的工作人员，他们拥有敏锐的视角进行图书的选题，也能够对图书的出版流程和质量进行严格的把关，这种出版优势是众筹出版所不能比拟的。所以，众筹出版平台如果能够取得与传统出版机构的合作，让传统出版社作为第一层出版质量把关人来发起众筹出版项目，当项目提交到众筹平台上的时候，众筹平台可以依据自身的实践经验以及监督体制对众筹出版项目的出版质量进行第二层把关。当众筹出版项目在众筹平台上上线之后，再让广大网友支持者对众筹出版项目的出版质量进行第三层把关。这样的层层把关，把众筹出版项目的缺点问题扼杀在每一层的把关里，那么最后众筹成功的项目的质量肯定会比没有把关的项目质量好得多。

其次，众筹平台本身作为第三方平台，要对平台上所有的众筹出版项目进行严格的监督管理。对于众筹网来讲，在与传统出版社合作的过程当中，它其实是扮演了一个中介的角色，因为出版社是项目的发起人，而广大网友是项目的支持者，众筹网只是为出版社和支持者的结合提供一个平台，但是，众筹网需要负责监督出版社发起的众筹出版项目的上线、运营、实施情况。也就是说，众筹网在监督众筹出版项目运营的过程中要建立有序合理的众筹监督体制，既要审核众筹项目发起人发起的项目内容，又要督促项目发起人、执行人对项目运营过程、进度、细节的披露与公开，保证项目发起人实时关注平台项目留言区的动态，促使项目发起人做到有问必答、有问快答，以此来增加整个众筹项目运营的透明度。在众筹出版项目结束之后，众筹出版平台还要督促众筹出版项目发起者及时兑现对投资者项目回报的承诺，并且要实时关注平台留言区投资者对项目回报的反馈信息，帮助项目投资人得到满意的投资回报。如果出版项目众筹失败，众筹出版平台要监督项目发起人将投资者的资金安全完整迅速地返还给投资者，并做出项目失败的解释，安抚投资人的情绪。

如果众筹平台能够取得与传统出版社的合作，并且严格执行众筹平台的职责，那么众筹平台就更能得到长久健康的发展。

三、完善图书内容建设，提高出版图书的质量

目前众筹出版行业，整体缺乏比较专业的出版人进行图书质量的把控，图书内容的选择，多依靠众多读者网友进行推荐筛选。在用户数量有限的情况下，这种内容选择的方式很容易使图书内容陷入“大众智慧”，众筹平台为了能够吸引大众的投资也会一味地迎合读者口味，这必然会导致图书的出版质量下降。面对这种现实众筹出版情况，众筹平台需要加强同传统出版社、专业原创文学网站的合作，寻求他们的专业工作人员的帮助。具体做法主要有，第一，众筹出版可以在传统出版社的官方网站、原创文学网站、各种文学社区群建立自己的链接入口，用户点击链接能够直接进入众筹网站，进入众筹网站之后就能够与众筹网站上专门用户一样进行互动；第二，在众筹出版网站设置传统出版社、原创文学网站、各种文学社区群的内部工作人员入口，让这些网站里面专业的出版编辑人员实时关注众筹网站的动态，实时维护众筹网站的图书内容选择。通过这种交叉的链接设置，既方便了各大网站用户共享，提高了用户利用率，又能维持众筹网站图书内容的正常选择，互利双赢。

另外，除了设置链接，众筹出版网站甚至可以直接设置其他网站的专区板块，让本网站的用户通过其他网站的板块设置直接了解到其他网站的动态，也能成为其他网站的用户粉丝，并提供专业的维护人员来维护跨网站的一些信息程序。众筹出版领域这样的垂直细分，就有了专业出版人对图书的出版质量进行选择把关，在图书选题确定过后，能够像传统出版一样做到三校三审，再编辑排版，然后出版发行。在这个过程中，各个网站的工作人员的职能都得到了充分利用，彼此之间又能够更好地吸引粉丝，能够快速形成具有凝聚力的同好社群。

四、宣传众筹概念，完善信用体制

众筹出版的健康发展，需要社会消费和投资观念的及时更新、与时俱进，也需要对以下几个方面进行改观。

（一）培养新闻出版行业的创新精神

在新闻出版行业，新闻人应该有一种率先垂范、身先士卒的业务精神，在众筹出版这一新生事物面前，新闻出版人最不应该具备排斥或者抵触的情绪，而是应该摒弃传统守旧的观念和思维，勇敢接受和尝试挑战新鲜事物，利用先进科学的众筹手段，合理有效地利用众筹出版新事物。从现在的具体情况来看，众筹出版的出现，无论是从生产还是从运营上或者是从营销上都打破了原有的传统出版流程体系，也打破了传统出版中的单向信息传播和营销的模式。而且，在某种程度上，众筹出版筹集的不仅仅是资金，更是一种梦想的共享和思维的碰撞。因此，新闻出版人应该与时俱进，运用众筹平台充分发挥自己的才能，选择具有特色和创意的项目，为众筹出版的发展增添一份力量。

（二）向普通大众普及众筹理念

众筹出版是一种新的出版模式，社会上的普通大众对此了解甚少，想要使众筹出版被广泛认知与熟悉，就需要进行一段时间的宣传与曝光。所以，各大媒体网站应该充分发挥自身的宣传功能，做好众筹理念的宣传解释工作。如可以以广告的形式宣传展示众筹出版的优势、好处、收益，让普通民众对众筹出版有一个初步简易的了解；还可以在网页上展示众筹出版成功的案例，让他们信任信服新的众筹出版；或者实时公布一些众筹出版项目的流程进程，让他们充分了解众筹出版的运行方式，做到心中有数。总之，让民众接受一个新鲜事物，从认识到了解到熟知再到运用是一个漫长而艰难的过程，对新闻媒体、新闻工作者要大力宣传推广，做好打持久战打硬仗的准备，力求用最快的速度最有效的方式打开众筹出版市场。

（三）建立完善的信用体系

信用是做人的基础，是社会经济正常运行发展的重要基础，社会经济的本质也就是信用经济。众筹出版是社会经济形式的一种，那么众筹经济的实质也就是信用经济，所以，众筹出版的健康发展需要国内信用体系的建立和完善。需要我们从以下几个方面进行努力：第一，强化社会大众的信用意识与观念。社会大众是互联网的运用主体，大众的信用观念是互联网健康有序发展的重要基础，因此，必须快速并且强有力地提高大众的信用。要充分运用各种媒体的宣传手段，弘扬诚信主义的民族精神，号召大众诚信为本。第二，规范信用中介的运作手段，禁止信用中介与经济机构进行利益勾结，避免损害信用用户的经济利益。第三，加强征信行业的立法，严肃惩戒体系，对有不良信用记录的集体或者个人给予严厉的警告打击，有必要的要给予拉黑处理。这样做会使国内整个经济市场的信用得到有力的提升。将整个经济市场的信用体制应用到众筹出版建设上来，就是将众筹平台纳入经济征信体系。众筹平台在建立用户信用库的时候，可以根据社会信用库进一步完善用户信用信息，以便及时判断用户信用情况，避免潜在风险。因此，政府需要加快版权保护的立法速度，严厉打击侵权行为，并且加快建立经济信用的步伐，保证众筹出版在国内顺利发展。

五、规范众筹出版的融资手段与方式

现在中国众筹出版行业中，很多投资参与者都是抱着奖励或者捐赠的心态投资支持出版项目的，投资过程中，不存在股权和利益的分配，很少有人是专门为了一定的经济收益。相反的，这些投资者的目的很多都是简单的助人为乐、助人成功，以此获得支持别人的成就感和存在感。投资者的这些简单的不求回报的支持，对于项目发起人来讲，有着很多优点。但是，整个项目从上线到图书出版销售结束不会因为投资者的爱心就变得非常安全有正义，反而存在很多安全隐患与弊端，投资者在为项目发起人提供资金提供便利的同时，自身也面临着被欺诈违约的风险。所以，关于支持出版平台的融资问题，需要更加规范与合理，使得融资目的正当明确、融资途径合法得当、资金去向公开透明。首先，对众筹出版平台的融资做出规范，制定众筹出版平台融资的规章制度，制度要求众筹出版平台必须在众筹出版项目上线之前，告知项目发起人他享有的权利和必须承担的义务；在项目上线后，众筹出版平台必须向所有投资者解释清楚投资过程中享有的权利、承担的义务，以及面临的投资风险；项目结束后，众筹出版平台还必须监督众筹出版项目发起人在平台上向投资者汇报资金流向详情，保证投资者拥有资金使用的知情权。

其次，众筹出版平台必须对融资者给予特别的规定，因为在众筹出版过程中，众筹项目发起人是众筹资金最后的拥有者，他们最有机会也最有可能对所持资金进行隐瞒或者转移，所以，众筹出版平台必须制定专门针对众筹资金流向的制度，以保证众筹资金用途透明可寻。另外，在众筹出版融资开始之前，众筹出版的融资者必须在平台上给予投资者项目回报的内容，不同的出资金额可以有不同的回报内容，但是同一金额的出资者必须是同等类型的回报内容，并且，在项目结束之后，必须尽快实现给予项目投资者的回报承诺。最后是对于投资者给予的制度限制，众筹出版平台必须要求所有的项目投资者是完全民事行为能力人，投资者的出资金额必须是在自己理性判断决策的基础之上，不能是在盲目跟风或者受人蛊惑的情况下进行的投资，另外，投资者的单个出资金额理论上不能超过筹资金额的上限。

六、寻找新的众筹出版模式和路径

（一）众筹出版模式

现在我国境内的众筹模式主要是以众筹平台为主要力量的比较单一的众筹出版模式，众筹出版的发展还需要建立在众筹网与原创文学合作的基础上，也就是复合型的众筹出版模式。

复合型的众筹出版模式是未来众筹发展的新模式新思路，这种模式能够使二者的优势得以综合利用，充分发挥各自的强势，并且相互配合，帮助对方弥补自身不足。

就原创性文学网站来说，网站上的作者用户以及读者用户都比较多，电子图书的数量也比较大，但是，图书的题材比较有限，富有创意并且好评如潮的高质量图书比较少。而且，原创文学网站的图书发行渠道比较狭窄，很多优质图书都没有出版渠道，这就导致很多质量较高的图书最终无法印刷出来，那就无法获得一定的知名度。但是，原创文学网站一旦与众筹出版平台合作，就可以通过众筹平台了解市场情况，比如市场对哪一个类型的图书的需求量最高，根据读者需求决定出版什么样的图书、出版量是多少，以及决定出版某类图书的时间，这样原创文学网站所有决策都来自市场需求与要求，那么出版出来的图书一定能够得到市场的良好反馈。并且，原创文学在项目上线后，能够首先得到作品相对忠实的读者粉丝。

以现在众筹网站来看，专业的众筹出版网站非常少，综合性的众筹网站中众筹出版所占的比例份额又比较低，甚至有些综合性众筹网站中还没有设置众筹出版板块，而且，图书出版的利润也比较低，所以，随着时间的推移，众筹出版在众筹网站中所占比例日渐萎缩。鉴于众筹出版平台发展的现状，找到自己的目标客户群，并且提高目标客户群的忠实度，也许能够挽救日渐衰退的众筹出版，而原创文学网站则能够利用网站上的优秀作品帮助众筹网站积累一定的比较忠实的客户，那么，众筹网站便有了与原创性文学网站合作的动力。

（二）众筹出版的路径

众筹出版想要获得迅速的发展，就需要众筹网站谋求多种途径、多种方式，采取多种手段，多方位进行努力，发展势头才能更加强大。

首先，众筹出版可以积极借助专业和非专业的众筹平台。虽然现在众筹出版平台在众筹网站中所占比例不大，众筹平台设施还不完善，但是从社会发展现状来看，众筹出版企业能够积极转变众筹网站的发展思路，寻求多方合作，众筹出版发展的规模会不断扩大，众筹平台网站的数量也会增多，所以我们会在众筹平台上发现越来越多的具备更大价值的出版物。

其次，出版商自建众筹出版平台。一般专业的出版机构如正式的出版社，都拥有比较专业的出版人员，包括签约的作者、出版社内的编辑人员、校对人员、排版工作人员等，也拥有比较忠实的读者客户。所以，出版社只需要再招募一批拥有众筹出版平台建设梦想的人共建网站，当出版社与众筹出版网站都来自一个机构，双方的工作人员就能够无障碍地进行沟通合作，也会减少更多的众筹出版项目上线和众筹过程、出版过程中的障碍，众筹出版的流程会更加简洁，众筹出版的效率会更高。

七、采取多种途径完善营销模式

（一）与互联网社交相结合，培养互动型营销

我们都知道现在是互联网时代，互联网有着信息量大、信息传播速度快、用户全方位互动等特点，而众筹平台应该借助互联网的这种优势，开展多方位的互动营销。

首先，从众筹平台依托于互联网来看，互动营销其实就是在强调众筹项目的投资人与项目的发起人运用网络工具进行多角度的互动沟通，改变了之前传统出版行业由出版社单向向广大消费者推销图书的经营模式。

其次，互动营销还可以渗透到众筹出版的各个环节。比如，在众筹出版项目的设计阶段，项目发起人能够与广大网友互动，征集广大网友的设计创意；在众筹图书正式上线期间，项目发起人能够与广大网友在留言区进行及时互动，以便做出项目的修改完善；在图书的出版阶段，项目发起人能够在平台上设置活动、游戏，还可实时公布图书的出版情况，以此博取广大网友的关注度；在图书销售阶段，项目发起人能够在平台上征集广大网友对该图书的评论评价，以此作为下次出版的参考信息；在项目最后的投资者回报阶段，项目发起人可以在平台上关注了解各大网友关于项目回报的一些问题，以便下次回报能够更符合广大网友的回报需求。

最后，互动营销有三个层次，分别是“一对一”互动、“一对多”互动、“直接瞄准目标”互动，这三个层次是递进关系。具体来说，“一对一”这个层次的互动营销主要是针对项目投资者，当投资者参与了众筹出版项目之后，每个投资者都会有关于投资项目的出版时间、出版结果、营销结果、回报产品、回报时间、回报方式、物流信息等各自的问题，众筹项目发起人必须针

对每个人的每个问题在平台上逐一给予解答。“一对多”这个层次的互动营销是众筹出版项目的发起人将众筹出版的项目详细信息发布到网上，供千万网友进行阅览了解。“直接瞄准目标”这个层次的互动营销是项目的发起人在众筹出版平台上与该图书出版项目的目标阅读群体进行交流互动，回答网友关于此众筹出版图书的问题，这个过程的方向是针对目标阅读群体，互动的内容更丰富多样。

（二）打造众筹文化，力拓文化营销

众筹文化，是指以众筹出版的图书项目为主体，以图书内容和图书创作为背景，以众筹目标和意义为背景文化来打造该项目图书的衍生文化，比如定制相关图书的手绘、海报，制作与该图书文化相关的书签，还可以定制相对应的DIY文化水杯和DIY文化T恤，这都属于众筹文化的范畴。并且，经事实证明，利用这种衍生出来的文化给予投资者以项目回报还是很受欢迎的。

这种衍生出来的文化，不仅丰富了项目回报的内容和方式，在一定程度上吸引了更多网友的投资，还充实了众筹项目图书所展现的文化，更加容易增加话题感，更能够引起网友广泛的参与与传播。

（三）利用社交媒体，做好口碑宣传

因为我国众筹出版成立的时间还比较短，所以，它的影响力和知名度还比较低。截至2017年2月17日，亿书客上线项目只有22个，将近6万人的注册用户。而书易网上线的项目也只有12个左右，累计参与人数也不过3000多人，这些众筹平台现在刚刚起步，而提高众筹平台的影响力和知名度是众筹平台继续生存以及取得发展至关重要的因素。现在是互联网时代，移动互联网的出现改变了传统的图书销售方式；社交媒体的运营，比如微信营销和微博营销，还有QQ空间营销，为图书的销售提供了新思路和方法。所有的这些移动的社交平台，对众筹出版图书的口碑营销有着重要意义。利用移动社交媒体进行图书的口碑营销，一方面增强了众筹出版图书的曝光率和知名度，有利于吸引更多的读者和粉丝；另一方面可以凝聚更多的用户，形成忠

实的线上社群，更加有利于图书的推广营销。而且，微信朋友圈、QQ空间、微博的转发，很多都是粉丝自由转发的，宣传效果很到位，但是并不需要付出很多宣传费用。这种新的推广营销方式，有效地消除了出版到读者之间的层层障碍，节约了大量时间和精力。随着众筹平台知名度的提升，平台的影响力会更大，出版行业很快就会进入良性发展循环中。

（四）传统销售和互联网销售相结合，建立立体销售网

传统出版行业的图书销售方式几乎都是门店销售、实体销售，现在的众筹出版的销售方式，大多数都是网络销售，包括微信销售、微博销售、QQ空间销售、众筹平台用户销售，如果能够将传统的销售方式与网络销售方式结合起来，形成立体销售网，那么众筹出版的销售则变得更加简单而迅速。另外值得一提的是，如果平台上的投资者或者转发者想要了解投资转发该项目的其他用户，可以在转发页面点击下方的“联系我”，页面会直接跳到转发人的微博或者微信页面。投资人或者转发人之间的相互了解和互动，更能够促进图书的营销宣传。

（五）完善众筹出版的盈利模式

目前，众筹出版在中国是一个新兴行业，它的发展正处于起步阶段，未来发展的空间还有很大。所以，除了专业的出版人员，以后会有越来越多的作家、读者以及普通人士意识到众筹出版的行业前景，也会有越来越多的人以融资者或者以投资者的身份参与到众筹出版行业中来。但是，一个新的行业的发展需要有完善的运营体制以及合理得当的盈利模式，小打小闹永远成就不了众筹出版行业的飞跃发展。所以，作为一种商业行为，众筹出版行业首先必须能够在社会经济的大潮中存活下来，并且，在存活的过程中，必须实现盈利，实现更充足的盈利，当所有的参与者有利可图了，他们才会有更多的动力参与到这个行业中来促进行业的进一步发展。目前，众筹出版已将现有的人力资源、作品资源、品牌资源的整合创新作为出路，在整合创新的基础上，提取可行的项目进行组织上线。但是从众筹出版的长远发展来看，

众筹出版还是必须以普通民众的单个的创意项目为基础，只有这样，才能激发广大民众的参与热情，才能激发众筹出版的发展活力，只有这样，众筹出版才的名气才能深入人心，发展了，壮大了，才能盈利，才能回归商业本质。

其实很多众筹项目获得成功，最根本的原因是各项资源的有效整合与利用，比如选取具有竞争优势的创意项目、做好广泛的宣传、合理的用户配套服务等。一个项目的完成不仅仅是一个创意项目的单品交易，包括作为众筹出版核心的项目创意，也包括作为众筹出版发展道路的优质项目内容。而且，众筹出版想要获得收益，还需要考虑寻找除了佣金、广告之外的新的利益增长点和新的盈利模式。众筹结束后，如果是成功的众筹，接下来还会有图书的制作、图书的发行、图书的销售等环节，在所有一系列的环节结束后，支持者获得了相应的实物或者精神回报，整个众筹才算完成。在这个过程中项目发起者和支持平台需要不断提高自己各个阶段的服务质量，包括前期优化选题的建议、生产阶段的内容排版以及插图插画、后期的发行销售推广、投资回报物品的及时发放等，都要考虑到位。根据最近几年众筹出版项目的走向可以看出，专业出版社、专业作者以及相对出名的图书品牌在出版行业的优势正在逐渐被瓦解，而独具创意并且具有独特表现形式的作品越来越受到网友民众的关注，并且这些小众项目越来越占据主流地位。

八、培养众筹概念，强化众筹意识

了解众筹出版行业的人都知道，众筹出版这一行业最初的目的是帮助一些人实现自己的梦想，也帮助一些人实现帮助别人成功的愿望。近几年来，众筹已经开始呈现金融化的趋势，但是我们还不能在完全意义上说众筹已经变成了一种商业模式，它仍然是公益性的行业。这需要所有的众筹人以及投资人了解这一点，提升大家对众筹出版的概念理解，强化众筹出版的公益性意识，特别是项目的发起人更要明白众筹是为了出版更加受欢迎的作品并取得好的销售结果，并不是单纯为了更低价格、更多销售量的结果；所有人更应该站在支持项目人的梦想、支持项目发展的角度去思考，去帮助众筹项目取得成功。

要培养大众的众筹意识，首先需要纠正大众对众筹出版认识的偏差，现在的众筹出版行业虽然出现在公众的视野当中，但是，大众对众筹的意识还停留在新鲜上面，这就需要整个行业采取措施让大众清楚地分辨众筹的类别、了解众筹操作方式以及参与众筹的潜在风险，以此来保证大众理性地消费和投资，促使整个众筹出版行业的良性健康发展。对于众筹项目的发起者，要让他们明白，众筹出版并不是出版的无奈之举，而是现代经济下的新入口，众筹出版并不是一件羞于见人的事情。众筹平台作为众筹出版项目筹资的承载者，更要承担起培养正确的众筹意识的责任，让更多的人正确认识众筹出版。众筹平台不仅仅需要提升自身的品牌凝聚力，还要积极引导项目发起者和支持者正确合作协力共赢，想尽一切办法实现项目的成功。

除了众筹意识与概念，大众还应该具备阅读意识，众筹出版应该多出版精品优质图书，必须弘扬社会民族文化、民族精神。当民众具备阅读意识，又有很多优质图书可供阅读，那民族素养就会在很短的时间内得到提升。另外，国家社会应该积极完善公共图书馆的设施建设，给广大民众提供舒适的阅读场所、优质的阅读服务，也可以定期举办各种形式的阅读活动，吸引更多的人参与到阅读中来，创造全民阅读的社会环境。

九、提升众筹网站性能，加强网站技术建设

众筹网站的发展从最初的一两个，到后来的百千个，网站上的信息量也从最初的一两条到现在的百万条千百万条，最初的网页设计和程序已经无法承载如此庞大的数据量，所以，众筹网站的更新升级已经是众筹出版项目发展的重要基础。

（一）加强网站信息技术的更新建设

众筹出版网站现在的页面杂乱无章，无法进行关键词汇、重点项目的搜索，而且项目分类不明确，项目细节也不好查找，这严重阻碍了众筹出版网站的发展。将众筹网站的页面统一分模块排版，将项目进行重新整合分类，给予各项目类别完整的细节展示，提供便捷的搜索框和搜索链接，把网站页

面的视觉效果提到最高层次，给用户最舒适愉快的浏览体验，这都是网站技术建设的可行性追求。众筹出版网站想要获得长久健康的发展，技术支持是根本，有了强劲的技术支撑，平台项目信息的清晰显示、重点项目的推荐、明确的追踪反馈机制都变得更加可行，投资者就更加愿意参与到众筹网站的建设中来。

（二）增强用户信息的安全保护

互联网的飞速发展为人们提供了很大便利，但是，只要是互联网用户，就会在互联网上注册个人信息，用户在享受便利的同时，也承担着信息被泄露的风险。众筹出版网站，是以互联网为依托的，众筹网站上的用户信息安全也是十分重要的事。因为众筹网站上的用户无论是项目的发起者还是项目的投资者，都需要注册自己的用户信息，以便在网站上活跃行为。众筹项目发起人需要注册自己详细的个人信息以获取网站提供的资源和投资者的信任。投资者需要注册自己详细的信息，包括手机号、家庭住址甚至还有银行卡号，以便投资和获得投资回报。如果网站信息维护不到位，项目众筹人和投资者的信息就会遭到重大威胁，那么众筹网络的发展也会摇摇欲坠。为此，众筹网站可以建立专门的信息维护小组，配备专业的技术人员进行网络安全的维护，实时查看跟踪，并且根据需求及时更新网站系统，运用安全的网络补丁修补网络漏洞，定期进行病毒查杀。而且，网站要建立系统备份体制，将用户信息进行备份，一旦网站遭到攻击，能够立即采取备份应用，争取在最短的时间内恢复网站的正常运转，将用户的损失降到最低。

（三）提高网站的金融安全级别

众筹网站的发展必定与金融有关，投资者用资金支持众筹人发起的众筹项目，众筹项目人通过收取投资者的资金，来进行众筹项目图书的出版，在这个过程中，众筹网上的资金流动量还是很大的。那么众筹网站里面资金往来的方式无非是支付宝、微信支付、百度钱包、QQ 钱包等，这都属于第三方支付平台，如何保证在与第三方支付平台合作过程中的资金安全是众筹平台需要重点考虑的事情。所以，众筹网站第一要建立属于自己的支付方式，第二要建立属于自己的资金往来安全措施，力争用户资金的正常流通与安全流通。

第五章 CHAPTER FIVE

众筹出版发展的未来

第一节　我国众筹出版的主流模式概述

随着互联网移动化的快速发展，受众的阅读习惯发生了改变，从传统的购买纸质图书到现在购买电子图书、使用手机阅读以及涌现出大量优质的自媒体。“互联网＋”时代的新兴出版图书营销新模式对出版业的影响日益扩大，专为具有创意方案的企业筹资的众筹网站平台 Kickstarter 2009 年在美国成立，并快速在中国蔓延开来。众筹出版是出版业通过新媒体平台开展的针对出版项目的大众筹资活动，发起人和支持者通过平台的有机结合，按需求印制、准确定位，在众多媒体跨平台营销，并让支持者获得回报以及额外福利。现阶段我国的众筹出版行业尚处于发展初期，但其发展趋势势必会为传统出版业的转型带来新的途径。

我国众筹出版的主流模式，根据众筹平台、发起者、支持者不同，现有三种出版众筹主流运作模式。

一、通过不同的众筹平台进行书籍出版运作

（一）综合类的众筹平台——以众筹网为例

目前我国大型的众筹项目都是通过专业的众筹平台进行出版运作的，专业的众筹平台大多数是影响力大、知名度高的综合性众筹平台，一般提供包括公益、设计、影像音乐、农业、出版、活动等多行业分类，为用户提供全方面的服务，而出版图书类也会被单独列为一个模块。现在国内专业的大型综合众筹网站有众筹网、点名时间、追梦网等，这几个网站都有出版这一分类。

众筹模式现阶段还处于发展初期，属于在研究中探索的活动。以众筹网站为例，众筹网于 2013 年 2 月正式上线，它是目前国内筹金规模较大、知名度高、众筹类别全、速度最快的众筹平台，支持并激励具有创新性的活动，并有手机 APP。众筹网在项目运作过程中起着桥梁作用，并且会对项目进行筛选和审查，帮助项目成功运作，众筹平台在运作过程中具有把关人的职能，承担着“中间人”的角色，并且对众筹项目进行筛选和监督。众筹网的基本众筹模式分为捐赠模式和奖励模式，捐赠模式是支持者对项目进行无偿捐赠，多用于公益众筹，而奖励众筹多指支持者对项目进行投资，然后获得项目发起人提供的商品或相关服务，而出版众筹多集中在奖励众筹这一板块，这也属于传统的综合类回报项目运作，支持者通过不同等级的资金支持能够获得不同的回报。众筹网出版项目的流程简单，门槛较低。具体运作包括发起众筹项目、筹集资金、项目运作、回报回馈四个方面。

首先，项目发起阶段。首先用众筹网账号登录，在完善个人信息以后就可以发起项目，众筹网现在发布的众筹类型有奖励众筹和朋友众筹，而出版众筹大部分都集中在奖励众筹。奖励众筹需要设置截止日期，并向支持者发放回报，需要在电脑端发起，在 10～59 天之达到一定目标金额才算成功，在要求发起人在项目预约成功后按承诺时间发货。发起众筹以后详细填写和介绍项目内容，其中包括发起人的基本信息，“发起人想要做什么”“为什么需要支持”“承诺与回报”等的项目信息，并设置筹资金额，可以设置不同的档

位及不同的回报，提交以后由平台进行审核，审核完成以后平台会发出并协助发起人推广众筹项目。因为对项目的发起人而言，众筹平台进入门槛较低，对身份、职业、社会地位没有限制，众筹平台发起人有张栋伟、乐嘉、凯文·凯利等明星，也有极具创意和图书内容高质量的普通人，还有中国红十字基金会、南方周末等传统的出版社等机构。

一个众筹出版项目最后是否成功，出版内容的创意与质量以及不同等级的奖励设置尤为重要。在项目发起阶段，发起人要用具有引发用户共鸣和兴趣的方式来展示项目描述，比如详细的个人简介、优美或吸人眼球的图片、动人的故事、高质量的内容等。与此同时，发起人要学会把握用户的心理，分析用户愿意支付的金额和有价值的回报。在众筹网出版项目回报中，支持者可以选择 1 元、5 元、10 元以及其他金额的选项，用户可以通过不同的支持得到不同的回报，并在每个等级不同的回报下都显示有预计回报发送时间。众筹网同时有手机版 APP 和微信公众账号的服务，并在每个项目的下方有通过微信、微博、qq 等社交平台分享工具，迎合了大众阅读习惯的新趋势，提高了项目的影响力和号召力。

其次，募集阶段。项目通过审核过后，便在众筹平台上进行公布，项目经理也会帮助发起人推广和运行，众筹出版项目就到了资金募集阶段，资金募集设置有总目标资金，目标时间在 10～59 天，支持分为无偿回报和有偿回报两种，无偿回报是无私支持，有 1 元、5 元、10 元和其他分类，付出资金但不要求任何回报。有偿回报的回报设置一般分为 2～6 种，有不同金额的设置，不同金额设置所获得的回报也不同。用户如果对发布的出版项目有兴趣，多数的支持者就会查看回报设置，如果符合自己的需求和兴趣，可以选择金额不同的支持。募集阶段是项目运作中最重要的一个环节，在运作阶段需要宣传众筹项目，一方面，众筹网是国内较知名的一家网站，可以借助众筹平台的知名度，在首页用焦点图展示等方式吸引支持者，进而扩大影响力；另一方面可以通过分享到微信、微博、qq、自媒体等网络平台进行多方面的宣传推广，扩大项目影响力，进而使项目顺利运作。在规定时间内获得设定的筹资金额，项目才能成功运作，募集速度越快，表明该项目越被市场认可，众筹平台可以让市场对出版物进行提前的检测，淘汰一部分没有受众需求的出版书籍，项目如果最终众筹失败，筹集的资金将全部被返还到已支持用户的账号中。

通过众筹出版让发起者满足了出版需求，让作者的出书梦实现，作者通过及时了解市场需求，可以有效进行市场分析。对支持者来说也参与到了出版过程中，在满足自己阅读兴趣的基础上，又获得了一些附加的福利，这些福利是传统出版业中缺少的，可以让买书变成一种乐趣，让用户得到心理满足感，进而支持项目并进行二次宣传。在众筹网，对于众筹网平台方，发起者发布项目需支付一定的佣金渠道费 3% ，如众筹项目不成功，则不收取该笔费用。众筹项目的成功，发起者、支持者、平台都会成为受益者，而众筹项目成功的越多，平台盈利越高，提高了自身的知名度和影响力，将会吸引更多的项目以及投资。

再次，项目实施阶段。目标筹资金额在规定时间内完成，筹资成功以后就到了项目实施阶段。众筹网在项目运作募集成功后会显示成功结束，显示已募款金额与支持数、支持记录，并会启动项目更新，项目实施主要包括与支持者的互动，发起人更新项目情况，如与出版社联系洽谈事宜、图书编辑情况、与支持者互动、印刷程序、出版时间并与支持者核对其物流地址情况等。支持者也可直接参与到图书出版中，提出自己的建议，在评论区与发起者进行交流，也有项目支持者要求增加众筹时间，通过既是粉丝又是参与者的受众的宣传，在众筹过程中对图书进行宣传和营销。众筹出版在通过提前了解市场动向、受众需求，提前预判了图书的销售情况下进行出版，避免了图书印刷不符合市场规律，造成资源浪费，并在出版过程中将出版渠道缩短，将图书直接卖给消费者，没有中间商赚差价，减少了出版成本。

最后，项目回报阶段。在众筹项目中根据支持者选择的众筹金额不同而进行相应回报，一般选择支持资金越高获得的回报越高，其中有实物也有服务。实物回报包括书籍、作者亲笔签名、感谢信、定制福利台历、抽奖活动等，另外多个出版项目都特别设置了“1 元抽奖档”，在项目完成以后，发起人抽取幸运支持者送出奖品，这提高了用户的参与度等；服务性回报主要包括参与新闻发布会、俱乐部会员资格、与作者见面、线下培训课程、参与相关活动等，发起方也会及时在平台上发布回报实物的邮寄情况，邮寄时间及活动安排情况，及时将项目进度反馈给支持者。

二、电商型众筹平台

目前，电商型众筹平台是以京东众筹、淘宝众筹、苏宁众筹为主的竞争格局，阿里、京东作为电商巨头，自身拥有庞大的用户群体、用户数据及电商平台经验，从推出众筹平台开始，京东产品把产品类众筹与营销相结合，京东产品众筹融资总额名列前茅。与此同时，淘宝众筹也充分利用了用户数量群庞大的优势，准确将产品定位于大众生活化。电商型众筹平台主要以拥有丰富的客户资源打开众筹平台市场，一上线就跻身于中国众筹行业的“龙头”。

京东众筹

京东众筹的产品众筹背靠京东金融，于 2014 年 7 月正式上线。京东众筹几大板块划分为产品众筹、轻松筹、0 元评测、众筹社区、发起众筹，产品众筹分类有科技、美食、家电、设计、娱乐、出版、公益等。

2014 年 7 月 25 日，奇虎 360 公司董事长周鸿祎在京东众筹发起了《周鸿祎自述：我的互联网方法论》的众筹出版项目。该书在京东众筹平台一个月内筹资超过 160 万元，预订量达到 3225 万册，成为图书行业第一大众筹项目，刷新了京东众筹上线后的单项目点赞和关注人数的历史纪录。2016 年 3 月 1 日，中国早教领导品牌七田真国际教育机构在京东众筹平台推出“七田真——培养天才宝贝的乐园”众筹活动。活动上线当天即得到 1 万元支持金额众筹成功，众筹首周金额即突破百万元，至 4 月 1 日众筹活动结束之日，众筹金额已突破 700 万元，远超京东出版众筹最高纪录，创造了中国出版众筹的新奇迹。以上众筹项目的成功都体现了京东众筹在出版项目领域的深厚实力。

京东众筹的发起项目首先进入京东众筹商家后台管理系统，发起项目细分到“我是企业”和“我是个人”，企业账户要使用企业账户登录，以企业资质为主体申请入驻平台并发起项目，而个人用户发起项目仅限于出版、设计、手工艺和音乐四种，发起人提交众筹项目申请，制作详情页和视频，设置回报档位，然后京东会进行资格审查，发起方邮寄样品给京东，提交资质资料，接着批准符合要求的项目上线，并针对性地提出一些运营、推广方面的建议。达成预设筹资额后，京东会有3%众筹平台扣点，给予商家70%预收款，来支撑发起人完成众筹项目。京东金融和京东商城提供流量支持，当发起者按照事先约定给发起人承诺以后，把30%尾款完结给发起人，在采销环节提供1对1项目对接服务。

相比众筹网，在京东众筹项目上，多了关注和点赞的按钮，并在右侧有手机APP二维码，咨询jimi、在线客服、我要吐槽、问卷调查的业务，注重细节和质量，增添了在线人工客服可以快速处理问题，并设置与发起者的私信功能，在项目进展里记录了项目的相关细节，有发起者和支持者自由交流的话题板块，在出版项目的回报设置中有不同金额，从低到高设有不同的回报机制，支持者可以自由选择感兴趣的进行支持。京东众筹会对图书选题项目进行筛选，从中选出最有创意、高质量、受欢迎的项目，并且会引导发起者与支持者进行沟通交流，引导支持者积极参与内容制作、项目更新与优化、后期制作等，主动挖掘好的出版创意，帮助发起人将出版项目宣传营销为畅销书。

电商类众筹平台，有着坚实的平台基础和庞大的用户群，影响力和知名度可想而知，也增添了用户对众筹平台的信任度，具有很大的优势。为出版众筹的发展建立了有力的后盾，项目成功的概率相对来说也很高。电商类平台可以在帮助发起方的基础上，利用自身丰富的资源，深入挖掘和分析用户信息，把控好众筹出版的项目审核和后期出版推广发行，提升用户的活跃度、增加用户参与度，强化对平台的黏性，提高众筹平台的影响力。并且能够有效地把控好出版项目的审核和广告发行，加上自身配有完整的供应、配送等服务，保障了出版项目的正常运作，图书及其他回报的及时送达，这些都提升了用户对平台的信任度，增加了用户的参与性，提高了项目的号召力。

三、社交型众筹出版平台

通过社交型平台来发起众筹已经不再是新鲜事物了，成熟的社交型众筹平台的基因开始显现巨大价值，一个合格的众筹平台需要三个要素，有创造能力但缺乏资金的人或机构；对筹资者的故事和回报感兴趣的，有能力支持的人或机构；连接发起人和支持者并制定和监督众筹规则的互联网终端，而社交型平台经过多年的积累已经是较为完善的众筹平台。所有参与众筹的项目，都会讲一个故事，来尝试打动更多的支持者，这是众筹中比较常见的交流。但在凡事都可以用网络直播的时代，单方面的交流显然已经不够，项目发起者和支持者，甚至支持者之间，都需要更为直接的交流互动方式，这些可能更适合社交类型这样的社交平台来实现。

微博众筹

2016 年 4 月，微博上线了众筹功能。微博作为现在中国互联网的热点和传播平台，媒体属性越来越大，具备了众筹需要的基因和土壤。首先，在流量方面，微博财报显示，截至 2016 年第二季度末，微博月活跃用户为 2.82 亿，日常活跃用户 1.26 亿。在移动客户端，微博的月活跃用户大约 2.5 亿，日常活跃用户也超过 1 亿，这对一个众筹项目来说，是一个大流量。其次，在形成社群方面，微博作为一个聚集各行各业、信息资源丰富、言论开放的平台，其积累了各种兴趣爱好及需求的用户，并且自由话题资源也可以轻松利用，这对众筹项目来说是一个优势。同时，众筹发起者自身的粉丝相当于一个社群，可以带来大量流量。最后，微博是专注交互和传播方面的平台，这是其他众筹平台不能相比的地方。微博作为社交媒体平台，不仅有充沛的流量支撑，更重要的是可以让项目发起者和支持者，以及支持者之间，产生直接的沟通交流和扩散，形成有一定影响力的话题，能够增强支持者的信心，提高项目成功率。

在众筹的发起者中，一些项目的需求为扩大产品的知名度，发挥传播和交互性优势，利用社群的存在，传播定位精准。不仅如此，微博的用户是多元化的，近年来的垂直化运营也使用户基于兴趣建立的社交关系更具黏性，在微博上做众筹的产品类型会更加丰富，将会有一个更大的市场。

其一，微博众筹的项目发起、运作过程。从微博的众筹出版历史来看，出版众筹被分在文化及其他之中。现阶段微博众筹只能在手机 APP 上发起，PC 版也引导用户下载 APP，发起人也只有橙 v、蓝 v 可以在众筹发起项目，如果不是，必须先去验证，然后确定众筹目的，不同于其他众筹网站，微博众筹要确定发起众筹的微博账号，随之确定众筹页面素材，确定项目上推广的节点，在如何做成优质项目上，微博众筹列出发起项目，微博粉丝数量多，所有图片有格调性，样式简单清晰明了，项目描述有故事性、有情怀，档位回报设置合理丰富、支持价格低于市场价，回报描述清晰明了，档位最好不限制限定名额，项目发起方宣传项目主动性强等条件，微博众筹意在发起区别于电商的众筹项目。在档位设置里细分为×抽奖档，低价支持项目，提高用户参与度，增加支持项目用户数；秒杀档是超级让利秒杀，可限制数量，提高项目参与热度；标准档为核心档位，支持金额低于市场价，保障项目顺利运作；限量档为加入限量珍藏概念，提供个性化领域用户需求；团购档，打包售卖，满足大量购买产品的用户需求；无私档位。在项目提交以后经过微博审核就可上线预热，进入筹款阶段。

以成功结束的《东京咖啡时间》项目为例，以东京咖啡内容小众出版，设置 5 个回报档位，以微博号一居生活发起，该公众号自有粉丝 18 万，在项目发起 1 个月内得到了 2705 人的支持，最终筹款 100120 元，项目的成功运作说明基于社交关系的众筹是微博的独特优势，对于很多项目来说，打开知名度是第一需求，参与众筹的营销价值远大于商业价值。淘宝、京东等电商平台交易属性很强，而传播属性相对不足，微博反而是更合适的众筹平台。

其二，特点。社交类的众筹项目上，用户一般是有联系、相互熟悉的用户，发起的众筹项目就可以精准地推送给相关领域的粉丝，做出宣传和预热。同时因为社交平台的属性，用户之间会相互交流、转发，影响更多人，加速众筹项目的完成，客户体系全是社交平台自带的优势。另外社交类平台监督成本低，出版众筹在项目选题、运行商上都不同于其他平台，传统类众筹平台的工作人员扮演着催促者的角色，需要花费时间和精力去催促发起人推荐项目运行，而社交类平台是社会生态的延伸，对于众筹项目的发起者来说，发起者或作者的粉丝就是最大的推进者与监督者。比如新浪微博上有粉丝头条这样的召集工具，它不仅仅是一种营销策略，还是一种自发性的监督，用户随时查看项目进度，对发起人进行监管，社交平台的影响力较大，发起项目者是否守信也必须在约束中进行，这提高了项目成功运行的概率。

四、垂直化、专业化的出版众筹平台

随着众筹平台的发展，各个平台都跻身于众筹领域，垂直型的众筹平台便应运而生，垂直型众筹平台专一，使得平台规模化，满足用户个性化的需求，并且形成了自己的文化特色，增强了平台的专业性、权威性，准确的定位也可以吸引特定的人群，为自身平台增加黏性。

（一）亿书客

2015年，垂直型的众筹出版平台“亿书客”开始运行，搭建服务于出版社、作者、读者的互动平台，为发起者提供众筹、出版、销售一条龙的综合出版服务。亿书客同其他的众筹平台发起方式大致相同。随着互联网的发展，出版按需求印刷，发现优秀的作者，并实现同步发行都可以通过众筹平台实现。与综合类、电商类平台不同的是，亿书客是一家专门组织出版专业的众筹平台，服务于出版产业链，为的是推动文化产业的发展，并且融合传统出版。

亿书客致力于通过互联网技术帮助普通人完成自己出书的愿望，不同于其他的众筹平台，亿书客专注于图书出版，掌控图书出版行业资源，降低出版门槛。有专业的项目筛选和对接机制，其在出版行业拥有非常丰富的资源和合作伙伴。正是因为这些核心优势，亿书客不同于单纯的众筹平台。众筹的成败取决于作品、宣传和运营等多重因素，除了给参与众筹的网民提供纸质图书，亿书客也与众多互联网公司合作，为发起众筹者提供更多回报选择，为图书出版解决后顾之忧。并且亿书客为项目发起作者免费提供知识产权维权服务，提供有效维权策略，保证作者权益最大化。

亿书客不同于其他众筹平台，与传统出版行业紧密结合，服务于出版社，提供免费的亿书客网站的图书宣传推广服务，提供低价超值的新闻传播、宣传推广服务，转变传统销售模式，提供图书预售发行平台回款快捷，实现资金快速回流，并汇集优秀的作者资源，这些都提高了众筹出版的效率，减少了库存压力。

（二）垂直型出版类平台特点

垂直型出版平台专项业务熟练，较其他平台而言，是与传统出版行业连接最紧密的平台，在传统出版模式下构建的出版平台，保证了出版项目的质量。垂直型的平台，也会挖掘出更多较为专业和有共同兴趣的人士，让出版项目实现最大的价值，节省筹资的时间，并且提高了项目运作效率。

第二节　众筹出版发展的限制性因素

众筹出版是融合了传统出版与互联网策略的一种创新尝试，出版商或图书发起者通过平台创新创作内容，改变了原有的推广方式，可以提前预知市场，为出版行业带来了一定的创新。我国的众筹出版起步较晚，现在还处于发展初期，从发起者、众筹平台、支持者三方面都面临一些制约因素，阻碍了众筹出版进一步的发展。

一、从项目发起者方面看限制性因素

（一）法律监管等外部环境不健全

法律监管等外部环境的不健全是我国众筹出版面临的主要问题之一。我国众筹在法律监管方面没有专门的法律，缺乏法律机制的保护，这样就存在很大的风险。缺乏法律机制，就导致众筹平台鱼龙混杂，让公众对众筹出版失去信任，导致了部分众筹平台停止运营。法律机制、保护机制的不健全除

了导致对平台失去监管，也关系到是否能吸引投资者与发起者。只有开放的互联网环境，却没有健全的信用制度，就限制了众筹出版模式的发展，没有正式的法律文件，众筹的生存和创新的空间较小。

（二）版权保护风险

众筹在让出版更容易的同时，知识产权风险也随之产生。众筹出版中版权保护问题对发起者来说面临一个大的风险，为了保证项目的正常运作，宣传预热项目，发起者必须提前将自己的创意发布出来，但是现阶段我国还未颁布相关法律，这就会造成创意被窃取的风险，进而失去优势。如果为了保护自己的创意，有所隐藏，又不能激起支持者的兴趣，支持者不能看到核心的内容，项目就会失去吸引力，如何保护发起者的创意是众筹出版要面临的问题。法律在众筹出版方面的不健全和众筹项目运行的过程中出版时间较长，导致很多出版项目被模仿和剽窃，让原创者利益受损以及破坏市场秩序。另外有些投机者会对项目创意进行模仿，换个平台进行众筹，这些对各大众筹平台的监管都提高了要求，也就加大了众筹平台的运行成本。

在众筹项目运作过程中，发起人需把握项目创意展示的度，并增强自身的知识产权保护意识，对可能涉及的专利、著作权等进行申请以及布局外，并慎重选择较为专业、信誉度高、影响力大的众筹平台。对一些较容易被模仿的选题，缩短众筹出版筹资期，避免众筹时间过长。发起方要充分利用项目创意优势，并在众筹前进行知识产权的布局，化解可能遇到的剽窃风险，如果产生知识产权纠纷，众筹平台能否提供必要的帮助，比如现在的众筹平台——亿书客就有专门的产权保护服务，为发起方提供知识产权保护。

（三）众筹出版项目的单一性

目前，众筹市场出版的图书项目较单一，不是所有选题都适合众筹出版。比如，明星类的产品，利用自己的粉丝号召力与个人的品牌价值，来激发用户的热情；提供特有人群的服务性回报，如学习沙龙、交流会等；还有具有周边开发的小众出版。但现阶段，众筹市场不具备多样性，小众型项目很难取得成功，比如众筹网上发起的《张家庆教授谈长寿》，在项目筹资过程中仅有 15 人支持，筹款 447 元，在回报设置中前几档均为著作一本和不同的小礼品。没有了名人效应及铺天盖地的宣传，让某些类型的图书很难众筹成功。

（四）出版内容质量问题

众筹出版与传统出版方式不同，其中一项是增添了回报设置，会吸引一部分支持者。现在众筹平台上参与回报的方式五花八门，有的离出版甚至很遥远，比如和名人一起吃饭等，但这些回报方式吸引了很多支持者，也让更多的发起者模仿将回报设置方面比出版内容更加用心，这就使众筹出版失去了意义，本是因众筹出版内容的优良或者创意来吸引支持者，但却随着整个平台的环境变化，而不再注重出版内容。

在众筹出版项目中，不是所有项目都能通过审核然后上线，即使上线运营过程中也可能因筹资不利导致项目运作失败，也就是众筹出版项目运作过程中选题要提前进入市场，接受市场的检验，这个时候发起者可能会为了一味迎合大众，发一些没有思想内容的项目，或者有一些发起者会选择热门内容进行跟风，重复一样的热点，虽能带来一定的经济效益，但不能保证出版内容的质量。众筹平台在审核项目时除了要把握项目运作流程，更要把关图书内容，对低俗、跟风模仿的创意限制上线，对已经成功众筹的图书把关好图书质量，因为相对于传统出版社，众筹平台的发起人大多数没有出版经验，不能严格对图书质量进行把关。在已有出版的项目中，会出现图书质量不过关的现象，比如印刷错误、有错别字等，这些都是众筹平台需要把关和需要关注的问题，没有专业的编辑和后台客服团队，很难保障图书质量。

众筹项目的发起人门槛低，对身份没有限制，众筹平台对图书质量的审核难度很大，图书从发起到项目的运行，也不能像传统杂志社一样进行反复的校对，很难保证图书的内容达到出版的要求。众筹出版的发起是要挖掘新鲜创意、优良的内容，而不是马虎草率，只求数量和不顾质量，那就失去了众筹的意义，这就对众筹平台提出了更高的要求。但是现在国内的众筹平台都处于初级发展阶段，不能满足这一需求。图书内容的粗制滥造，一味为了迎合读者的需求，会导致图书过于娱乐化、低俗化，失去图书的阅读性，久而久之会造成图书行业的不健康发展，将图书变成快餐式图书，扰乱正常的图书市场秩序。

（五）众筹出版的粉丝效应——宣传大于出版

从现有的众筹出版成功的案例不难发现，其成功出版的大部分项目都是名人或知名机构，自身拥有一定的粉丝量，也就产生了粉丝效应。《社交红利》一书采用众筹模式的成功为传统出版业打开了新的市场渠道，引起了行业的关注，该书首先在众筹网进行预售，两周内售出 3300 本，筹集资金 10 万元，随后在一个月中连续加印 3 次，共售出 5 万本。随后更多的出版项目试水，乐嘉的《本色》获得共 52662 元的筹资额，达成预定目标的 106%，获得 873 人支持，杨毅的《永远 20》共 14434 个支持者，并筹款 1054413 元，远远超过原有的目标筹资。这些项目的成功运行都为传统出版业带来了新曙光。但同时也为众筹出版平台带来了一些问题，基于名人效应而出版，让宣传意图超过出版本身的意义，名人效应下强大的粉丝群，让书可以直接变为“畅销书”，或是新的宣传方式，名人效应下的出版筹资不再是关键，而是互联网下新的宣传方式。加之发起者的身份一般是名人，精力有限，在实施过程中不能合理地支配运行项目的时间，如何抛开限制性因素，合理地运行出版众筹项目，这些都是需要思考的问题。

二、从众筹平台方面看发展的限制性因素

（一）众筹平台盈利模式不清晰

众筹平台盈利模式不清晰，难以支撑众筹平台的长期发展。但国内的众筹平台大多数是综合性众筹平台下的出版模块，垂直类的出版众筹平台较少。目前，众筹平台处于萌芽阶段，大部分众筹平台收取很少的费用，这就难以保持众筹的持久性。众筹平台的盈利模式是依靠平台收取项目运作费、广告费、流量导入等，还需要有一个明确定位。在众筹项目依靠互联网生存的基础下，能引起互联网热点，但也容易失去关注。分析几大众筹平台发现，众

筹出版项目现在项目运作的成功概率并不高，很容易失败，很多项目在众筹平台上很难生存，缺少好的项目运营，众筹平台更难发展和生存。而且大部分众筹平台现在流量有限，没有大流量的用户，也就没办法吸引更多的投资者，众筹平台发展就变得举步维艰。我国众筹平台还需要摸索出一套相对清晰的运营盈利模式，不能让众筹平台变成一个变相盈利、宣传的预售平台。

（二）众筹出版平台规模不足

现阶段随着互联网平台的火热，很多大流量的网络平台也跟风众筹平台，想要分一杯羹，但是没有明确的定位，也只能用下线宣告失败。国内的出版行业处于初级发展阶段，相对于国外的众筹出版平台市场，国内的众筹网站规模不足，专业化低，用户流量低，发展融资规模较小。虽有专业化的垂直类出版平台，但起步晚，知名度较小，另外一些众筹平台的转型也还在摸索当中。拥有大流量的电商类众筹平台中的出版项目较少，比如微博众筹平台，众筹出版并没有专门的分类，其发出的出版项目少之又少。京东众筹作为现在电商类众筹平台的龙头。截至目前，众筹出版项目成功也仅有 279 项，从出版类最新上线的项目中不难发现，新上线的众筹项目较少，且类别单一，复制类版画居多，热度较低。而专业的众筹平台众筹网中，虽然出版类的项目占据了首页，但在众筹中的项目却屈指可数，并且流量较小，比如由发起人博客中国发起的卢文悦著的《晚来的词》，到项目截止的第 35 天，仅有 5 个支持者，仅筹款 230 元，很多项目只有寥寥无几的支持者。通过对现有众筹出版平台的研究发现，虽然众筹平台取得了一定的成绩，但是总体规模较小，缺乏知名度。

（三）受众参与和内容创意的冲突

众筹出版的特点，提前进入市场，并与支持者互动。受众参与到项目的创作中来，这一方面预知了受众需求，使项目更加符合市场，但是也会使项目失去原有创意。仅从受众的角度出发，没有特定的支持者人群构成，支持者肯定有不同的看法，可能图书出版时热度越高，参与的人越多，意见也就多，这些都会造成发起者分散原有的精力，在创作过程中失去自我，失去原来的创意，难以做出最终的决策。因此，在众筹出版过程中，如何协调受众需求与原创创意之间的冲突，是需要重新定位的，把握好其中的度，是现阶段众筹出版面临的问题之一。

（四）社群互动模式不完善

众筹项目的发起及运行，依靠社群互动，让读者参与到图书的出版制作中。但纵观现有的平台，都不够完善，没有形成特定的社群互动。众筹出版其中一个特点就是互动性，支持者可以提前知道图书的出版内容，并参与其中，在参与过程中形成了一个特定的互动社群，比如对同一创意、项目内容、设计风格等，会形成一个相同爱好的社群。社群对众筹平台的推动性将大大提升，有了支持者的互动，大大提升了项目成功运行的可能性。原本参与众筹的人群相互之间是陌生的，并不认识，没有社交关系的存在，那也就要求众筹平台的可信性，社群成员对众筹信任是在深入互动的基础上构建的，社群的传播能力、影响力都是不能被低估的。社群中的每个人都是传播者与参与者，借助自身的平台对产品进行二次传播，助推众筹项目的成功运行，但是现阶段各个众筹出版平台都没有搭建了一个完善的社群互动平台，没有深入挖掘用户需求，也没有对已有的支持者进行分类，形成特定的共同爱好的群体，这就失去了很大一部分潜在用户，并降低了参与热情。比如现有众筹的出版项目如果有特定社群，他们除了参与项目，分享转发评论，与社群内的成员讨论聊天，并且会投入时间和精力，因为共同的爱好和认知去投入一定的资源，共同完成自己的心愿。这样出版项目就变成了一个有社群互动关系的众筹平台，可以加快项目的运作完成。

（五）众筹出版平台宣传力度较小

目前，我国众筹平台影响力不大，知名度不高，众筹出版的宣传力度不够导致普通用户对众筹出版并不了解，这对众筹出版发展限制性很高，尽管已成功的众筹案例有了一定的影响。但还不足以达到普通人对众筹平台的认可，加之用户容易把众筹和非法集资联系起来，这种错位的认识对众筹发展形成了一定的制约，加大众筹出版的宣传是建立用户对众筹平台信任的基础。

我国众筹平台网站虽然很多，发展迅速，但是大多数网站知名度很小，而且很多网站的创立者都是创业者，缺乏资金的支持。另外电商类的众筹平台虽然有一定的知名度，但并没有对其旗下众筹平台与大流量的客户进行宣传，电商类的众筹平台定位也不同，更多的是注重商品众筹，并没有更多地关注出版类众筹。众筹网是起步较早、较为成熟的众筹平台，众筹网在国内网站排名位于5000名以后，呈下降趋势。没有知名品牌力的支撑，受众不会对平台形成信任，平台也不会吸引投资者，加大对众筹平台的宣传才能保证更多项目的顺利运作。

（六）众筹平台的不良现象

随着互联网电商经济的发展，有不少投资者为了达到宣传的目的，用“刷单”“自我营销”“刷评论”等不法行为欺骗消费者，众筹平台也不例外。为了炒作和抬高人气，会有一些投机者购买网络水军来进行刷单，从而引起支持者的从众心理，严重扰乱了众筹市场的竞争秩序，众筹平台有义务承担起责任，对刷单虚假交易行为采取严肃处理的方式，维护众筹行业的健康发展。

在众筹项目开始的时候，发起人为了吸引支持者，扩大知名度和影响力，发起者会自己投资自己的项目，给自己的项目当托手，让支持者跟风投资，运用从众心理，为了聚集流量从而欺骗支持者，这些都违背了众筹的意义，是一种欺骗行为，扰乱了正常的秩序，众筹平台也要对此严格把关，避免这些行为的发生。

（七）众筹项目的回报模式因素限制

众筹项目的回报方式、回报力度等影响因素限制了众筹出版的发展。有的发起者创意不足，没有吸引人的项目亮点或者合理的回报设置。对于创意的设置，出版众筹项目在增值回报中越来越看重，甚至超过了图书的内容。

而支持者也越来越看重回报设置的增值服务，造成本末倒置，主次不分，引发负面影响。扭转这一风气，让有创意和高质量的图书内容比回报方式更加有吸引力，对图书众筹来说，更为重要。

另外，在项目筹资结束以后，对项目的支持者在回报方式方面，并没有一套完善的流程。比如让这些支持者如何变成自身的粉丝，而不仅仅是这一次参与本次项目，通过这些支持者打开市场，如何维护项目的支持者等都是在项目回报中需要考虑的问题。

三、从项目支持者方面看发展限制性因素

（一）众筹意识和阅读意识淡薄

首先，社会公众对于出版众筹现阶段认识不足，多习惯于实体产品消费，而不愿意购买概念类的产品，这也源自互联网的信用机制比较薄弱，公众对平台缺乏信任，国内大部分的众筹平台都不成熟。无论是发起人、众筹平台、支持者，都是经验不足，大部分项目发起人也是首次发起众筹，对众筹模式的运行并不了解，也不知道如何进行宣传营销。而项目参与者则是觉得项目新鲜，对项目真正的价值并不了解，大部分基于对互联网环境的不信任，会将众筹平台与非法集资联系在一起，不管是作者或参与者都对众筹模式了解得很少。这需要各大媒体宣传众筹模式的流程、操作方式，帮助众筹平台规范化，增加众筹平台的人流量，或者对项目发起者有专业的培训，提高项目的成功率。其次，国人的阅读习惯随着互联网的发展，变得碎片化与移动化，并且没有那么大的阅读量。在快节奏的生活中，捧着书来看的人正在逐渐减少，不仅是纸质版的书本，包括移动端的阅读量也在压缩，被其他产品替代。

（二）缺乏完善的信用体系及项目风险控制模式

因为众筹出版是支持者提前投资，那就面临一个风险，项目发起方不能按规定履行合约，这就让投资者面临风险，降低了投资热情。如果有项目不按时履行事先约定，又没有完善的措施来保护支持者的权益，权益者维权成本又太高。众筹项目面临的风险有时间风险、项目失败、发起方破产等，这

些都是要解决的问题。首先，支持者面临的风险还包括出版者、众筹平台、参与者之间的信息不对称，发起方在项目更新中的信息不准确，另外在出版时的不规范操作，发布虚假消息，让支持者做出错误的投资。而投资者在项目运行过程中只能通过网上项目发起方更新来了解项目，通过留言板或者讨论区发起提问，等待答复。

其次，对于发起方和支持者来说，大多数发起方是首次发起众筹，并不懂得分析风险，支持者维权意识薄弱，支持者不能见到办公室场地、运作过程等实地，只能通过发起者用视频、文字、图片等项目详情的更新来了解项目的进展，这又增加了一定的风险。另外，众筹平台缺乏信用监督机制，支持者在选择项目时难以分辨发起人的信用情况。例如，在微博上取得成功的出版项目《东京咖啡时间》，项目回报方面就存在一定的问题，有支持者反映书籍在项目完成四个月以后一直未收到，打不开项目链接，请公告下项目进度等疑问，并且一直无人回应，也没有平台的处理结果，这将会大大浇灭支持者的热情。

（三）缺乏支持者权益保护机制

相对于其他众筹，出版类众筹风险较小，因为书的定价较低，附加的服务价格相对于信贷型众筹、股权型众筹较低，出版类众筹一般以产品预售的模式展开，但是还没有完善的支持者权益保护。现在众筹平台应该配备一套完善的管理机制来保障支持者的权益。比如项目在筹资成功以后，发起者缺乏与支持者的互动，忽略了项目更新，影响了支持者的用户体验，或者支持者反映的一些问题迟迟得不到回复，没有解答，发起者违约而支持者想要维权成本太高。项目发起方以经验不足、印刷错误、印刷时间增加而导致没办法按时进行回报等托词难以界定，没有完善的制度，支持者的权益得不到保护。

项目在发起时，没有配备一套完善的运营制度，如项目进度计划表，与哪家出版社合作，预计项目回报时间，在设置不同回报的同时要有一定的限定，另外需要承诺平台方和支持者第一时间更新项目详情，不能擅自更改项目运作内容及回报设置，如果对项目进行调整，支持者应有权选择终止支持该项目的运作，并且需提前告知支持者，将项目运作操作得更加规划化、流程化。众筹平台应成立专业的客服团队来处理售后，做好沟通工作，减少支持者的担忧，并可建立信用评价机制，让支持者对项目发起方进行评价，平台对发起者全方面地评分，供支持者参考，保障支持者的权益。

第三节　众筹出版的未来趋势与方向分析

众筹出版是出版业的一次创新和尝试，为传统出版业注入了新鲜的血液。但目前，我国众筹出版面临着更大的挑战，要认真研究面对遇到的问题，保证众筹出版的持续发展，众筹出版现阶段的运作模式还处于摸索阶段，没有较为完善的法律法规，不能保障作者和支持者的权益，平台打造垂直类专业化的众筹平台、拓展项目选题多样化、建立完整的信用体系等是今后众筹出版的发展趋势。

一、健全法律法规，保障作者与消费者权益

我国众筹平台出现较晚，在法律法规方面还不健全，需完善法律制度与规则，补齐众筹平台操作方面的短板，保障众筹平台的规范运行。目前，众筹出版平台突破传统的出版业，以互动性强、效率高、提前预知市场需求的优势，有效地为作者解决资金问题，极大地降低了出版难度。但由于众筹平台上的信息真假难辨、作者的创意容易被窃取、支持者的权益不按约定执行等，引发质疑和追问，阻碍了众筹出版平台的发展。

众筹平台需要相关的法制规范，不能游走在“灰色地带”，不能让用户与非法集资、非法洗钱等方面联系在一起，也要为作者、支持者提供保护屏障，并为用户提供良好的服务，保证众筹提供的信息内容合法。而提供服务的众筹平台，在众筹项目发布前对其进行充分审核，提升强化审核项目内容的能力，发起者必须提供全面、充分、真实的个人信息资料，包括收入、财产等

状况、工作状况等内容，严格落实审核、把关责任，对众筹平台上的信息及行为负责，让众筹平台良性运转，打造众筹平台的权威性和公信力。除了完善相关的法律法规，相关部门也应强化监管，构建严密的监管体系，规范科学管理众筹平台，让众筹平台在法治轨道下运行，稳中有进地发展。

国内众筹的立法也可以借鉴国外先进的经验，美国是众筹立法比较早的国家，国内也有较多学者提出借鉴美国众筹立法的建议。《众筹条例》是美国在2015年10月30日众筹立法的最终规则，《众筹条例》的内容包括众筹豁免的条件、对众筹发行人的规制、对众筹中介的规制以及其他豁免和规制。把众筹纳入合法范围内，针对众筹平台、发起者都制定一定的法律法规，这让众筹平台得到了有序的发展。国内的众筹立法也在一步步提上日程，2014年颁布《股权众筹融资管理办法（试行）》，对股权众筹非公开发行的性质等问题进行了界定。2016年京沪“互联网＋”行动意见出台，其中包括鼓励众筹业务发展，打造股权众筹中心等。并把众筹纳入十三五规划纲要之中，规范发展众筹。纵观互联网的快速发展，我国的众筹法规要顺应我国的国情，走访调查众筹市场的现状和深入挖掘市场需求，在汲取他国先进经验的基础上，致力于解决我国众筹监管中的难题，完善法律法规。

另外，健全众筹征信体系也刻不容缓。众筹平台征信体系的不健全给众筹投资增加了风险，众筹与征信相结合是今后众筹出版发展的趋势。互联网金融的快速发展在没有信用体系作为监督的手段下，使投资人产生了对互联网的不信任，并产生了一些负面影响。缺乏征信体系的建设，众筹平台与支持者在选择项目时面临较大的风险，在项目审核和筛查时，对发起者难以进行准确的信用评估。而对现在众筹平台上已经出现的刷单、不按时完成合约、项目方欺诈等行为，都属于信用问题，也是阻碍众筹进一步发展的重要因素。众筹平台想要建设良性的市场环境，必须健全征信体系，只有切实保护好支持者的权益，才能让众筹平台得到规范长久的发展。

二、打造专业化的出版类众筹平台

打造专业化的出版类众筹平台，做好众筹平台的品牌建设，提升权威性和知名度，是现阶段众筹出版发展的一个趋势。专业化、规模化的众筹出版平台能够降低成本，提供专业的服务，满足用户不同的需求。目前国内知名的众筹平台，大多是综合类众筹平台，如众筹网、京东众筹、淘宝众筹等，综合类及电商类的平台都包括很多行业板块，不能对所有行业特点都进行深入了解。众筹领域的发展过程中，平台有明确的战略定位显得尤为重要，关键要做到平台专业化与开放化，不能千篇一律，要做到差异化定位，按照产业与项目分类进行不同垂直细分的专业众筹网站，打造垂直类的众筹平台也就成了众筹出版平台转型的一项。

目前，国内也有垂直类的专业出版平台如亿书客，但是平台起步较晚，知名度较低，还未形成成熟的平台，还有部分平台正在向专业化转型，可以看出这将成为众筹出版的发展趋势。专业的平台会更好地展开市场调研，深入挖掘客户需求，更加接近市场。专业的众筹出版平台，可以在发起众筹项目的同时为发起者提供出版服务，在项目完成众筹以后，为发起者提供编辑、设计、印刷出版、校对、营销、售后等一条龙服务，也能实现众筹平台与传统出版社融合发展。与传统出版社建立健康的合作方式，依靠出版社提供专业的出版服务，提高项目运行的效率，降低项目失败和违约的风险，借助传统出版也能让用户产生信任感，在一定程度上保证项目内容的质量与发行时间，加之出版社本身也有自己的营销手段和资源，众筹平台又为出版社带来了一定效益，项目更容易成功。在图书项目出版以后，有自己的宣传合作平台及专业的物流服务，供发起者选择，保证项目的顺利运作。同时，平台要注重发起者与支持者的互动，维护支持者，形成一个完整的产业链。

除了专业定位，众筹出版平台还需要提高平台的影响力和信任度，除了完善的规则制度，平台要善用名人效应提高平台的知名度。现阶段大多数人对众筹了解少之甚少，更不要谈信任，众筹平台要想发展必须提升权威性，通过名人效应，除了给平台带来一定的流量，也让用户了解到众筹出版平台投资门槛相对较低、风险性小，增加对平台的信任度。另外，出版众筹平台必须当好把关人这一角色，坚守监管红线，对于网站上线的所有项目，必须进行严格的审核，除了对发起人的信用、经济状况等审核以外，还要考虑项目是否符合市场规律、是否有创意、内容是否有意义等，并对发起者提供全方位的一条龙服务，解除发起者的后顾之忧，并减少发起者因为初次发起众筹等因素而导致项目不能正常运作的风险。

专业的众筹出版平台除了和传统出版社相结合以外，随着图书发行渠道的变化，电商图书销售强势崛起，移动互联网下手机阅读、电子阅读的普及，都是众筹出版可以与之合作发展的方向。与大流量的图书商城合作，如当当网、卓越网等。在图书销售时向购买者展示同类作品或同一作者的众筹项目，为项目聚集同一爱好的社群，培养潜在用户，让本有需求的用户了解众筹出版，关注众筹出版。现在手机阅读也占据了阅读市场，国内的阅读网站都在快速崛起，例如起点中文网，是目前国内领先的原创文学门户网站，众筹平台可与网站合作，帮助一部分有出版愿望的作者进行实体出版，实行试阅读与众筹出版相结合的模式，或者对作者发布作品时显示该作者拥有的众筹项目详情，这些举措都有利于扩大目标客户，不仅发起人的项目内容有了质量保障，也并对市场需求了解得更加准确，保障了项目的成功率。众筹出版平台根据现有的资源建立自己的 APP、公众号等，及时与用户沟通交流，增加了一定的公信力，避免因信息的不对称造成信息传递错误。比如，在微博公众号公布项目的运作情况，与用户进行及时的互动交流，这都有助于提升平台的公信力，迎合时代的发展潮流。

三、让平台盈利模式多样化

目前，众筹平台的盈利模式比较单一，现主要有三种模式。第一种是收取平台交易服务费，一般按照项目筹资金额的特定比例收取，如京东众筹收取标准是募集金额的 3%，募集失败不收取费用。众筹网为保证众筹资金安全，众筹项目下的资金均由第三方支付公司代为划转，由此产生的支付渠道费由项目发起人负担。项目众筹成功后，众筹网将扣除项目众筹总金额的 3% 作为资金支付渠道费，并支付给第三方支付机构。如众筹项目不成功，则不收取该笔费用。仅靠项目资金靠募资项目抽成的商业模式在国内运行艰难，中国众筹市场正处于萌芽阶段，众筹项目资金规模小、项目少、可持续性差，因此，大多数的众筹平台都收益较低。第二种增值服务收入模式，比如众筹平台在项目运作过程中向发起者提供服务，然后从中收益。第三种则是流量导入，包括合作营销、广告分成之类的，这部分收入目前还比较少。在众筹平台发展的初期，收取手续费是平台生存的基础，但随着众筹平台的快速发展，只有寻找多样的盈利模式才能支撑众筹平台健康发展。

众筹平台网站要生存下去，部分平台已经在盈利模式上进行了探索。众筹项目在运行过程中，要把整个项目变为一个完整的产业链，将资源进行整合与再利用，为发起者提供一条龙服务，建立自己的服务体系，包括物流体系、宣传推广、后期服务等。在众筹项目成功以后，可以像电商平台一样，只有支持者确认收到相应回报以后，众筹才能将全部资金打入发起者手中，并让支持者对发起人进行评价，众筹平台对违规项目进行惩罚。众筹网就有一项服务协议为项目保证金，项目发起人在众筹网平台发起的项目，由众筹网作为代收款方，收取项目投资人基于项目投资明细单而支付的众筹金额。项目众筹成功后，众筹网留存项目众筹总金额的30％作为保证金，在项目发起人兑现对项目投资人的回报承诺后，众筹网将该保证金返还给项目发起人。如果项目发起人未兑现对项目投资人的回报承诺，则众筹网有权直接支配该保证金以用于兑现对项目投资人的回报承诺。在保证了平台服务的同时，也能在其中找到新的利益增长点。众筹平台因为包括各行各业的项目，是各行各业资源的整合，如果将平台上的所有资源进行整合，那就会延伸出来别的项目，可以把平台逐渐发展成资源平台，以商业模式为优质项目提供完整的方案。众筹平台发展成熟以后，因为掌握着第一手的项目资源，可以直接投资平台上的优秀项目，又可以变为项目的孵化器。

另外要增加众筹出版的合作形式，探索增值渠道。第一，可以对成功众筹出版的产品进行周边开发，比如对金融类的书籍，开发出相应的网络课程，对小说类的书籍，开发相应的纪念品、T恤等。因为了解用户的需求，这些产品的营销对众筹平台增值、带来人气是很好的途径。第二，随着现在网络阅读平台已逐步收费，可以让发起者向支持者提供付费式问答模式，比如咨询相关内容，甚至为用户提供某些咨询服务，把这些都放入回报模式中。第三，就是利用平台优势，在发起项目的过程中，发起线下模式活动。比如众筹网上的项目《瓶华之美》，可以线下组织插花展，邀请发起者与作者在馆内布置与讲解，并组织支持者参观，一方面调动了参与者的热情，让参与者参与到项目中来，更加了解项目；另一方面让平台有了新的利益增长点。由中国人民大学出版社发起的《汉服归来》，除了可以开展有关汉服的交流会与签售会，让支持者参观中国汉服博物馆，也可以通过号召活动的支持者，开发相应的汉服产品，对支持者进行个性化定制，支持者可直接购买，开发图书的延伸价值。第四，图书的价值除了线下开展活动以外，还可以融合其他行业，比如将图书项目延展到影视剧开发、游戏开发等，转变原有的经营思路，寻找多样化的盈利模式，满足产品和服务需求的多元化。

四、加强众筹项目内容质量建设

目前，各众筹网站项目鱼龙混杂，加强众筹项目内容质量建设，才能保证众筹平台良性发展。首先要加强出版内容建设，现在众筹市场项目有跟风趋势，一个出版项目比较火热，其他发起者也会跟风出版相近的内容。众筹平台要想有好的项目，在审核时需精心打磨选题，需要提前做市场调研，研究相关的法律法规政策和出版规律，并注重编辑队伍的培训提升，在此基础上帮助发起者进行众筹出版。发起人要把内容建设、创意放在第一位，创新形式，推出更多优质的图书，发挥工匠精神，提高图书质量。

其次发起者要学会包装众筹项目，在项目描述中要充分发挥文字的力量，调动用户的热情与兴趣，最好有关于这个项目的背景故事，引发参与者的情感共鸣，参与者自然会关注项目的进度。这就要求发起者不能千篇一律，要有自己的特点，不能把项目变成一个预售平台，否则普通用户就会失去兴趣。如在众筹平台上由毅义非凡发起的《远方不远》，是一名记者通过骑摩托车穿越大漠去中东，旅途凶险莫测也异常艰苦，并在旅途中探访用生命采访的战地记者等，不少支持者在评论区留言“默默支持着你，做了我一直想做的事情，希望你一直走下去”等，发起者以记者的视角、纪实的手法，把沿途的经历真实地呈现给读者，以期影响更多不甘平庸的人，这就能打动在都市里生活的很大一批人，击中一部分人的内心，顺利完成项目众筹，并会对项目持续关注。最后众筹上线周期，不宜太长，以 30～45 天为宜。因为筹集时间太短的话，筹集难度很大，宣传推广较慢，而众筹出版筹集时间及回报周期太长或拖延，将直接影响支持者的信任感，时间必须设置准确一点。

在众筹项目内容的选择上，不是所有选题都适合上线，现在众筹项目上线成功率较高的一种是名人类的产品，比如娱乐体育明星、著名教育学家、经济学家等，如乐嘉的《本色》，号召力较大。第二个就是发起者有合理和明确定位的回报机制，比如《社交红利》的成功，在回报设置中除了图书，还有《社交红利》首发研讨会“如何从微信微博 QQ 空间等社交平台带走海量用户、流量与收入”现场门票、读书沙龙活动、作者零距离交流机会等。2015 年 8 月 25 日，徐志斌在众筹网再次发起众筹，为寻找答谢当年的众筹支持者，项目中详情描述因为众筹的后台系统限制，要释放出这个消息，只能通过发起一个最低为 500 元的小众筹的方式。这一众筹的发起，证明参与项目的用户在他们人群中自然扩散所带来的效应，也再一次提升了用户参与众筹出版的热情。还有就是小众出版，小众出版在众筹平台上线成功率较低，众筹出版作为一种提前预知市场需求的模式，小众众筹出版将降低出版风险，可以提前预知市场需求、生产成本、推广销售。随着用户日益增长的精神需求以及个性化的阅读需求，众筹出版平台可以对图书进行细致的分类，挖掘不同的题材来满足不同需求的群体，以某种特殊爱好和背景的用户为定位，让众筹出版面对特定用户，因为传统的小众图书出版风险较大，加之传播范围较窄，发行量较小等问题，把小众出版和众筹平台相结合，能满足有特定需求的读者，又解决了原有问题，并建立起社群，吸引潜在用户，将小众图书最终推向市场。

五、创新推广方式

知名度较低、影响力较小是现在众筹出版平台的现状，我国专业的众筹出版平台成立时间较短，提升众筹平台的影响力是今后众筹出版平台的努力方向。社交平台的火热为出版提供了新的可能性，众筹出版可以借助社交媒体力量将大众引入众筹出版方式中来。在项目运作时利用社交平台如微博、微信、qq等，可以更加深入用户，以用户为核心，加强用户之间的分享、互动、传播。社交平台与众筹出版平台同样能达到共赢，社交平台一方面提供大量用户，另一方面众筹平台又加强了社交平台的社交关系链的维护。利用社交平台，可以制造关于众筹出版的共同话题以及热点，为出版众筹提供丰富资源。相对于自身的沟通平台，社交平台更有利于用户与发起者之间进行沟通交流，并自发带有监督作用，在互联网信用较欠缺的情况下，社交平台上有了一定粉丝量的监督，一旦发起者违约，将很快失去用户的支持。

众筹出版平台在能够深入与支持交流的同时，也可以利用社交平台的资源，进行广告推广，例如微博上的热点话题等，能按照用户需求特别推荐。支持者在支持项目的同时，也变成了传播者，在参与过程中，支持者也与作者相互融合，读者有可能会直接参与到图书的创作和发行中来，图书内容会更容易被认同，用户的参与心理容易得到满足，利用社交出版可以让用户得到话语权，充分参与，减少信息不对称，也可以与作者的观点进行碰撞和交流，产生新的创意和想法，更好地拓展项目出版的内容，帮助作者与参与者实现个人价值。

结语 EPILOGUE

众筹为人们梦想的实现搭建了良好的平台，也为传统行业的转型、发展提供了新思路、新理念，使得众筹模式成为各行各业纷纷采取的重要融资模式。目前，我国出版行业正处于整合与转型的关键时期，传统出版业为了实现自身的发展与完善，开始积极探索一种新的出版模式。而众筹出版则是传统出版业进行改革与创新的成果，实现了传统出版与互联网之间的良好融合，也为出版业的发展注入了充足的发展活力，众筹出版未来将发展成为出版业的重要应用模式。实际上，出版行业将众筹出版看作互联网时代出版业的开创性行为，为传统出版业的发展提供了新思路与新路径。目前，众筹出版是具有创新型的产业模式，是社交化的媒介工具，虽然众筹出版处于我国当前的政策环境下尚未得到充分发展，但是众筹出版已经引起了我国各个行业的重视与关注，众筹出版不仅对传统出版的生产方式进行了重组与解构，也使得出版行业在面对新媒体时代提出的挑战与要求时能够应对自如，从而实现出版业的发展与进步。

对于出版业而言，众筹出版模式只是对互联网时代的一种探索与创新，为出版机构、出版人寻求自身的发展与完善提供了新的机遇。如今，国际上的众筹出版都已经积累了大量的实践经验，并探索出了较为完善的商业模式，建立了多种形式的众筹出版平台。但是由于我国国情，国外众筹出版与国内众筹出版的发展环境存在明显的差异性，我国的众筹出版虽然也开展了丰富的实践活动，并取得了可喜的成绩，但是我国众筹出版整体上仍处于发展的初期阶段，在发展过程中面临着诸多问题，急需要制定针对性的策略，这样才能有效地解决我国众筹出版存在的问题及弊端，以此实现众筹出版的良好发展与完善。因此，我国众筹出版的活动规模及范围比较小，属于小众活动，并没有建立完善、系统的运作模式。只有采取有效的方式正确地开发和引导众筹出版，调动用户的参与度，提升众筹平台的影响力与知名度，同时要注重众筹出版在草根读者中的积极效用，才能充分发挥众筹出版的普惠性特质，从而推动众筹出版的稳定、和谐发展。

虽然我国众筹出版在发展过程中遇到了很多困难与阻碍，但是众筹出版拥有十分广阔的发展前景和潜力。国内众筹出版并不是昙花一现，只会随着众筹理念的普及与渗透得到进一步发展，也会在互联网金融机制的支撑下实现众筹出版的进步与完善。实际上，众筹出版并不会对传统出版业造成严重打击，而是为传统出版业的创新与突破提供了新的发展思路与理念，使得传统出版业在互联网浪潮中应付自如。

参考文献 REFERENCE

[1] 刘建．众筹出版融资的法律风险及其防范 [J]. 出版发行研究，2017 (01)：64～66+60.

[2] 杨扬．基于互联网众筹的出版产业链重构 [J]. 出版发行研究，2017 (01)：28～31.

[3] 张斌．"众筹"视野下的民族出版思考 [J]. 出版发行研究，2017 (07)：68～71.

[4] 赵振营．众筹方式下图书出版与传播新模式浅探 [J]. 出版广角，2017 (02)：61～63.

[5] 李德全，路畅．论众筹模式下的出版营销变革 [J]. 郑州大学学报 (哲学社会科学版)，2017，50 (04)：155～157.

[6] 何华征，盛德荣．论众筹出版模式下的知识生产 [J]. 天府新论，2017 (04)：136～143.

[7] 刘嘉雯．浅析我国众筹出版的基础、态势与发展 [J]. 新闻研究导刊，2017，8 (17)：251.

[8] 张庆鸣．国内众筹出版研究的文献计量大数据分析 [J]. 中国科技信息，2017 (19)：63～64.

[9] 田殿卿．对新互联网模式下图书出版商业模式的思考 [J]. 新闻研究导刊，2017，8 (20)：256.

[10] 赵文义．学术期刊数字出版的众筹模式研究 [J]. 出版发行研究，

2017 (02): 56～58.

[11] 赵泓，卢佳雯．基于用户需求的纸媒个性化出版研究 [J]. 中国出版，2017 (04): 47～50.

[12] 甄烨，薛耀文，王文利．众筹模式下创意出版的建构路径分析 [J]. 出版发行研究，2017 (03): 29～32.

[13] 葛继宏．“互联网＋”时代出版业发展的一点思考 [J]. 出版发行研究，2017 (05): 28～30.

[14] 厉亚，程晓峰，郭蔚．“互联网＋”时代高校优质出版产品推广传播研究 [J]. 出版科学，2017，25 (03): 102～106.

[15] 黄健青，黄晓凤，殷国鹏．众筹项目融资成功的影响因素及预测模型研究 [J]. 中国软科学，2017 (07): 91～100.

[16] 高德龙．基于 SWOT－PEST 模型的图书出版众筹模式分析 [J]. 传播与版权，2017 (10): 37～38＋41.

[17] 蒋晓敏，陈智，吴昱静．众筹模式在国内出版行业的可行性分析 [J]. 海峡科技与产业，2017 (02): 67～68.

[18] 王丙炎，刘若男．小众图书出版的众筹之路探索 [J]. 出版发行研究，2016 (01): 37～40.

[19] 王林生．众筹出版：加强优质要素的配置与整合 [J]. 中国图书评论，2016 (02): 59～65.

[20] 张飞相，周雪卉，宗利永．众筹出版研究现状及趋势 [J]. 出版发行研究，2016 (03): 18～21.

[21] 杨桂丽．浅谈图书编辑应对众筹出版的策略 [J]. 出版发行研究，2016 (03): 62～65.

[22] 马虹．众筹出版——传统出版的新思路 [J]. 商，2016 (09): 197～198.

[23] 武小菲．共赢模式：众筹出版传播的升级版 [J]. 出版发行研究，2016 (04): 55～58.

[24] 何明静．当前众筹出版存在的主要问题——以众筹出版的流程为视

角［J］．新闻研究导刊，2016，7（06）：253～254．

［25］钟悠天．互联网金融视野下的出版众筹［J］．中国出版，2016（08）：47～50．

［26］王高峰，张淑林，吴亚娟．互联网众筹出版投资者消费意愿影响因素研究——基于消费价值理论的实证分析［J］．科技与出版，2016（05）：32～36．

［27］厉国刚．众筹出版的优势与路径［J］．编辑学刊，2016（02）：23～27．

［28］彭莹．“众筹”模式对出版产业链的影响和再造［J］．出版科学，2016，24（03）：65～68．

［29］管晶．互联网时代的出版新思路——众筹出版［J］．商，2016（16）：219．

［30］陈放．我国出版众筹中知识产权保护的困境与监管路径［J］．中国出版，2016（13）：44～47．

［31］白志如．众筹出版项目支持社群的基本特征与发展建议［J］．编辑之友，2016（07）：48～51．

［32］翟香荔．数字出版视角的众筹翻译出版的审视与思考［J］．现代交际，2016（14）：59～60．

［33］瞿欧玲．互联网模式下我国众筹出版的现状与发展建议［J］．新闻研究导刊，2016，7（16）：288～289．

［34］鲍金洁，周荣庭．众筹出版的运作模式和实践策略研究——以《消失的世界》AR科普绘本为例［J］．科技与出版，2016（08）：57～62．

［35］李大林，余伟萍．众筹出版成功项目文本的修辞要素分析［J］．科技与出版，2016（09）：137～142．

［36］张特．图书众筹出版的现状与问题［J］．新媒体研究，2016，2（16）：96～97．

［37］杨晓丽，杨秀丽．众筹模式下的出版产业链重塑［J］．新闻与写作，2016（09）：98～100．

［38］高欢欢，陈立强．小众图书众筹出版的可行性分析、实践策略及思考［J］．中国出版，2016（17）：54～57．

[39] 余武英．教辅报刊众筹出版经营优势浅析 [J]．传播与版权，2016 (07)：38～39+43.

[40] 何华征．论众筹出版的伦理意蕴及其隐忧 [J]．大连海事大学学报(社会科学版)，2016，15 (05)：80～84.

[41] 李旸，甘浩辰．图书出版众筹模式与借贷模式的比较研究 [J]．广义虚拟经济研究，2016，7 (03)：15～21.

[42] 何华征，盛德荣．论众筹出版伦理秩序形成的价值论基础及其内在逻辑 [J]．编辑之友，2016 (09)：26～30.

[43] 武小菲．书籍众筹：问题与对策——基于构建以出版社为主导的书籍众筹出版传播模式的思考 [J]．编辑之友，2014 (09)：10～12+75.

[44] 杨会，王云芳．试析新媒体时代的众筹出版 [J]．传播与版权，2016 (08)：18～20.

[45] 杨春磊，江华．论众筹出版的融资风险与立法完善 [J]．科技与出版，2016 (11)：116～121.

[46] 杨云，厉国刚．众筹出版的功能与实现 [J]．青年记者，2016 (29)：90～91.

[47] 杜川，杜恩龙．众筹出版是一种出版创新 [J]．出版广角，2016 (15)：32～34.

[48] 甄增荣，段润佳，李玥．自媒体时代我国众筹出版的问题与对策 [J]．河北经贸大学学报（综合版），2016，16 (04)：10～13.

[49] 范军，沈东山．众筹出版：特点、回报和风险分析 [J]．中国出版，2015 (01)：19～24.

[50] 刘尧远．浅析众筹出版的融资模式 [J]．科技与出版，2015 (02)：118～120.

[51] 马瑞洁．众筹能否出版？——关于众筹出版的价值反思 [J]．编辑学刊，2015 (03)：16～20.

[52] 王炎龙，李兵兵．科技期刊众筹出版风险规避及可行性探究 [J]．中国科技期刊研究，2015，26 (05)：455～459.

[53] 周雪卉，陈敬良，宗利永，胥轶．出版众筹投资参与者回报方式的比较研究 [J]．科技与出版，2015（06）：25～29.

[54] 祁雪冻．众筹出版平台非法吸收公众存款的风险与对策 [J]．中国出版，2015（11）：38～41.

[55] 韩红星，覃玲．社会化媒体时代众筹出版发展探析 [J]．中国出版，2015（13）：55～58.

[56] 朱德东．2014 年我国众筹出版研究盘点 [J]．科技与出版，2015（07）：19～23.

[57] 钟建林．众筹出版的制约因素及对产业转型的影响 [J]．出版发行研究，2015（07）：29～32.

[58] 李婷，杨海平．众筹出版新模式研究 [J]．中国编辑，2015（04）：30～33.

[59] 张敏．论众筹出版的合同法规制 [J]．中国出版，2015（16）：65～69.

[60] 马傲雪．众筹出版，如何“引”众？ [J]．传播与版权，2015（06）：46～48.

[61] 王佳，孙守增，赵文义，芮海田．学术期刊众筹出版的可行性探索与实践 [J]．出版发行研究，2015（09）：55～57.

[62] 杨扬．浅谈台湾众筹出版模式背后的成功逻辑——以众筹网站 FlyingV 为例 [J]．出版发行研究，2015（09）：89～91.

[63] 杜恩龙．当前众筹出版存在的主要问题 [J]．出版参考，2015（16）：32～34.

[64] 王雯，许洁，李阳雪．论众筹出版的三个功能 [J]．出版科学，2015，23（05）：58～62.

[65] 朱德东．学术期刊众筹出版模式研究 [J]．科技与出版，2015（11）：57～60.

[66] 张颖，王喜荣．基于众筹出版的传统出版业角色重塑 [J]．传播与版权，2015（10）：72～74.

[67] 于晓燕．我国众筹出版的现状与问题探析 [J]．新闻世界，2015 (11)：127～129.

[68] 何竞平．众筹出版下的图书营销策略 [J]．出版广角，2015 (15)：62～63.

[69] 周明．多一点互联网思维——畅谈众筹出版为出版业和印刷业带来的机遇 [J]．数字印刷，2015 (03)：60～62.

[70] 关峥．浅析我国出版业众筹的融资风险 [J]．经贸实践，2015 (13)：89～91.

[71] 夏德元．互联网思维与传统出版媒体融合的路径选择 [J]．编辑学刊，2015 (06)：13～18.